U0006426

重返國史大綱

錢穆與當代史學家的對話

以姓氏筆劃排序

王汎森
王健文
孔令偉
丘文豪
徐兆安
高震寰
許凱翔
游逸飛
傅揚
鄭丞良
閻鴻中

——合著

目次

開放性思考的歷史敘事——《國史大綱》與通史精神　閻鴻中　90

貳

國史大綱的歷史世界

主要參考書目　特於本書開頭說明，《國史大綱》採用的版本為臺灣商務印書館於二〇二三年三月出版的《國史大綱【出版83週年紀念版】》，各篇章引自此書之文字不另列註釋，僅標注冊次、頁碼。另，《國史大綱》以綱目體、雙行夾注寫作，本書引用不以原書方式呈現，均使用現行學術論文引用格式，若引用之段落為原書的雙行夾注，則加上〔〕表示。

出版緣起

商務一百二十五年　出版不朽始終如一

王春申／臺灣商務印書館董事長

呈現在讀者眼前的這本《重返國史大綱：錢穆與當代史學家的對話》，乃是臺灣商務印書館與王雲五基金會於二〇二二年合辦「重返《國史大綱》」系列講座的成果。二〇二二年是臺灣商務印書館遷臺七十五週年暨商務印書館創辦一百二十五週年的重要日子，我召集同仁集思廣益，設想如何慶祝這個別具紀念意義的年份。在同仁的建議之下，我們決定推出兩項大型的系列講座：一是《國史大綱》、二是《歷史的轉換期》，後者因為時間安排和疫情反覆的緣故，不得不割愛。

選擇錢穆《國史大綱》作為系列講座主題的理由很簡單，《國史大綱》一直長踞臺灣商務暢銷書排行榜前三名，迄今已經是第五版了（最新版為二〇二三年三月出版）。學院內外的讀者也都知曉錢穆的大名，在一個紛亂的年代，重溫大師的經典之作，不失為一件好事。我們的規劃是每週進行一次講座，壓軸場則在當年度（二〇二二）的國際書展會場舉行。我要感謝應邀演講的諸位師長，我參與了每一場講座，獲取許多過去我不知道的知識。我也要特別感謝王汎森院士，王院士在國際書展的講座高朋滿座，因為場地時間的限制，讓許多讀者未能盡興。我看著臺下一雙雙求知若渴的眼睛，在講座結束後，又特別勞駕王院士加演特別場，希冀能一解讀者求知的慾望。這些講座的影音，我們也後製完成，放在臺灣商務印書館的YouTube官方頻道，提供給無暇與會的讀者觀看。

最後，我要藉著這個機會，向讀者介紹王雲五基金會。位處新生南路巷弄的王雲五基金會已經整修完成，一樓有常設的王雲五展覽，地下室則有講座和上課的空間。王雲五基金會除了推廣講座活動之外，對於偏鄉教育、兒童閱讀和自學獎學金亦大力支持。我誠摯歡迎讀者前來參觀基金會，也衷心希望大家加入我們的行列。

二〇二三年五月

企劃序

重返一九四〇 與錢穆對話

陳建守／臺灣商務印書館選書顧問

二〇二二年春天，臺灣商務印書館董事長囑咐我規劃關於《國史大綱》的系列講座，要作為紀念臺灣商務印書館遷臺七十五週年的慶賀。我接獲任務後，心中浮現兩個想法：第一，實體講座要有相互搭配的成果出版，不能在演講結束後，隻字片語也隨之煙消雲散；第二，講者的規劃既要有術有專精的成熟學者，也要有初出茅廬的年輕學者。因此，我的規劃就朝這兩方面去進行。有學者從《國史大綱》的成書脈絡和錢穆的學術交游切入，有學者從《國史大綱》的專題史和時代分期入手。後者主要交由年輕學者來進行，看中的是他們在各自專業的領域上，重讀《國史大綱》的反響。

「重返《國史大綱》」系列講座一共進行了十二場，我很感謝這些受邀而來的學者不僅提供了這麼精彩的講座，還耗費心神將演講逐字稿改成書面文章，交付臺灣商務印書館出版。《重返國史大綱：錢穆與當代史學家的對話》分為兩大部分：第一部分是「錢穆的思想世界」，主要著眼於錢穆的學思歷程與《國史大綱》蘊含的義理。這部分有孔令偉和徐兆安的兩篇文章，原先是安排在《國史大綱》專題史的範疇，惟臺灣商務編輯部同仁閱讀後，認為安排在第一部分更加妥貼，我閱畢內容後，從善如流接受同仁的建議。本書的第二部分是「《國史大綱》的歷史世界」，由出色當行的年輕學者各自分工，層層剖析《國史大綱》的歷史分期。更重要的是，他們還提出近來研究的新趨勢，這等如是和錢穆進行時代對話了。要特別說明的是，錢穆在《國史大綱》是以朝代的遞嬗作為書寫的重心，講座的安排則是以講者的專業和講題為主要考量，也因此會出現以時段為主的「中古」和以朝代為主的「宋元明清」混用的情況，這點還請讀者諸君諒察。

「重返《國史大綱》」系列講座舉行之時，正是臺灣疫情反覆的最後一波高峰，這當然影響了講座時間的規劃和參與的人數，但絲毫不減損講者的風采與內容的豐富。臺灣商務印書館同仁為了體恤無法參加的讀者，花了一番心力將影片後製放上網路。如今講座更編為書籍《重返國史大綱》，出版在即，正是讀者重溫《國史大綱》的最佳時機。相較於講座進行的場次順序，讀者現在可以更自由地挑選，無論是要按照書中編排的次序去搭配觀看影片，還是要按照自己的想法，挑著閱讀饒富興味的篇章，都無妨於各位進入錢穆的世界。與此同時，讀者也可以藉此細細品嚐口語與文字的力量與溫度。

二〇二三年五月

壹

錢穆的思想世界

歷史時間是延續的嗎？

錢穆與民國學術

王汎森／中央研究院院士

這文章的題目是臺灣商務印書館幫我決定的，[1] 事實上我在十幾年前寫過一篇錢穆（一八九五—一九九〇）與晚清以來的學風（〈錢穆與民國學風〉，收於《近代中國的史家與史學》），它與以下內容有相關，請讀者參看。

我認為錢穆《國史大綱》的重要性已經無庸置疑，這是一本有經典價值的著作，雖然裡面當然有很多細節，從現代人看來，值得進一步深化或辯正（尤其在史料大出之後），可是整體上是一本很了不起的作品。而它的撰成，與民國的七個學術思想議題不無關係。

在鄉的新知識份子

我將針對「錢穆與民國學術」表示幾點看法。首先，我覺得我們在討論近代思想跟學術時，往往忽略從晚清到五四時期，地方上不上不下的新知識份子。其中包括一些留日回來、身在地方的知識份子，並沒有在當時全國矚目的北京、上海等的地方活動，這是我們一向比較忽略的。我覺得錢穆在《師友雜憶》裡透露了他對這一個層次的人物及功能的關懷和描述，包括他對家鄉幾個文人的描述，像秦仲立、朱懷天（一八九七－一九二〇）等等都是在地的新知識份子，有的有留日、有的靠函授，各式各樣的。地方新知識份子對當時新流行的社會主義、對五四運動的關注，超出我們想像。我們大部分只注意全國那幾個大城市，經常忽略了晚清以來，各種新知識份子在地方上的活動。

我覺得這些人所產生的氛圍、這些人對於時代變局的看法，對了解錢穆與民國學術是非常重

1 我想趁這個機會說明，商務印書館是近代中國影響非常大的出版社。關於商務印書館當然已經有若干專門的研究，法國遠東學院以前的院長戴仁（Jean-Pierre Drège）寫過 *La Commercial Press de Shanghai 1897-1949*，有中譯本。我在美國唸書的時候，劉子健老師不只一次告訴我，應該有人針對商務的「人人文庫」對近代中國的影響寫一本書。英國的 Everyman's Library 影響非常大，有書討論這個問題。此外，商務當時在各個地方的分支，對各地學者有時還帶有銀行的支兌性質，在傅斯年書信裡面有不少這方面的材料。

要的。從錢穆在回憶錄的描述，以及我另外在一些地方看到的感覺，他們的態度好像深深影響錢穆。新文化運動領袖陳獨秀（一八七九—一九四二）喜歡引韓愈（七六八—八二四）所說的「不塞不流，不止不行」：沒有把舊的塞住，新的不能流動；沒有把舊的停止，新的不能實行。可是這些地方上的新知識份子看法不同，他們認為舊的跟新的可以同時在一起，至少錢穆所欣賞的幾位地方人物即是如此，這也深深影響他後來的學術態度。

我們都只注意到晚清以來全國矚目的舞臺上出現的新知識份子，鼓動激烈地推倒傳統文化以容留新文明，可是事實上在地的新知識份子也用他們的方式在吸收新知，在詮釋這個新的變局。也就是說「文化」這件事情，不一定要像陳獨秀所主張的「不塞不流，不止不行」，沒有停掉舊的，沒有辦法有新的，沒有塞住舊的水，就沒有辦法有新的河流，而是認為兩者是互相幫扶的，這是第一點。

一九三〇年代的三種歷史觀

我認為一九三〇年代的中國有三種歷史的觀念在競逐著。錢穆出版《國史大綱》已經在五四運動以後二十年了，他對於當時新文化運動以來的新的歷史著作其實非常清楚，所以他寫此書的時候，我覺得有三種歷史觀很有力量。

第一是左派的史學。左派的史學在一九三〇年代已經非常流行，影響非常大。那個年代或稍早的小說，有很多是反映當時一般青年的想法，常常會出現一個詞叫做「歷史的輪子」。坐上火車，歷史的輪子就載著我們到理想的新社會去，這個想法頗受當時辯證唯物主義歷史觀的影響。辯證唯物史觀裡面認為歷史發展有定律，馬克思（Marx, 1818-1883）在《政治經濟學》的〈導論〉中就說歷史發展有定律，以前人沒有發現這個定律，將來人類就會照著這個定律走。跟著定律走，就可以到達光明的世界。後來史達林（Stalin, ?-1953）在《聯共黨史》把這個定律又擴展成五階段論——原始社會、奴隸社會、封建社會、資本主義社會和社會主義社會。歷史就照著定律走，也就是所有的人生、所有的學問、所有的奮鬥都應該聯繫到社會發展定律，在當時是非常有力量的思想。譬如葉紹鈞（又名聖陶，一八九四—一九八八）的《倪煥之》，就是反映五四青年要轉變成左派青年的過程，裡面很多有價值的史料，其中的主角王樂山由五四青年走向共產青年，反覆講的就是「歷史的輪子」。

譬如溥儀（一九〇六—一九六七）的自傳中提到，他在思想改造的過程中，正是在社會發展定律的框架下體認一種光明的未來。社會發展是有定律的，人是可以了解這個定律的，我們應該照著這個定律走，之後就是一片光明，沒有那些個人的煩惱與憂慮。當時有一位左派的學者沈志遠（一九〇二—一九六五）寫了一本《新人生觀講話》，裡面講到要「聽史由命」，不是「聽天由命」，天意已經由「史」取代了，跟著歷史中社會發展的定律走，最後就是一片光明。郭沫若（一八九二—一九七八）的《十批判書》也講了，因為歷史發展定律使他整個人都變了，發現原來學問跟人生可以這樣的結合。中國作家舒蕪（一九二二—二〇〇九）在回憶錄《舒蕪口述自傳》裡說，他原來是新文化運動的支持者，可是後來讀了俄國的米丁（Mitin, 1901-1987）寫的《辯證唯物論與歷史唯物論》（沈志遠譯），發現在這部書中井井有條地鋪陳從過去的歷史到未來的道路，「使整個世界井然有序地呈現在眼前，為任何聖經賢傳所未有」。舒蕪也在回憶錄中提到，當時家裡一些左派的年青人會開大會，鬥上嚮往新潮的姑媽，鬥完覺得渾身舒暢。我推測在他們看來鬥爭是實踐社會發展定律的一部分，是「歷史的輪子」的一部分。

這就是一九三〇年代第一種「聽史由命」，也就是錢穆在《國史大綱》〈引論〉裡面提到的新式的史學。他在〈引論〉中提到新的那些史學，先是梁啟超（一八七三—一九二九）影響的文明史，下半段其實就是當時的左派史學。他認為他們的優點是可以宣傳、可以動人，可以給人一個歷史的概念；他們的缺點則是偽造歷史，為了要講出某一套理論，扭曲歷史。但是他說，這還是好的。為什麼？至少給人一個關於國家歷史的觀念。

一九三〇年代第二種重要的歷史觀，就是以中研院歷史語言研究所跟北京大學中胡適（一八九一—一九六二）、傅斯年（一八九六—一九五〇）等等一群人領導的所謂「歷史考證學派」。「歷史考證學派」提倡客觀史學，而且認為所有東西都不能把它當作一個定點，而是要看它的發展、看它的過程、看它如何適應環境、看它未來的發展。此外，它提倡「評判的態度」，胡適引用尼采（Nietzsche, 1844-1900）的話「重新評估一切價值」，講的即是一種「評判的態度」。

錢穆在《國史大綱》〈引論〉裡面痛罵，這是把活的歷史化為死的史料的學派。他認為這個學派，雖然對歷史作為客觀研究地推展有相當大的貢獻，但是沒有辦法給人提供一個全幅中國歷史的看法。但是，當時學術界最有力量的當然是「歷史考證學派」。有一次我跟史語所早期的所長高去尋（一九〇九—一九九一）談天，我問他，傅斯年對錢穆到底為什麼這樣敵視？他說，傅斯年跟他講過錢穆就是做考據的，怎麼每天罵考據。錢穆對這個也有警覺，他在《師友雜憶》中提到，張君勱（一八八七—一九六九）曾經跟他講，你鄙薄考據，那麼為什麼還與胡適、傅斯年一樣做考據呢？錢穆當時如果完全走宋明理學的路，可能就沒有人理他了，在無可奈何之外，錢穆似乎還有「即使做考據，我也要比你們強」的意態。

錢穆在《國史大綱》〈引論〉中說他講的第三派就是舊的文史記授之學、掌故之學，而他自認為不是屬於這一派。錢穆當然不是真正的老派，錢穆的思想非常新，我在以前發表過那篇文章便提到，錢穆對晚清以來的新知識很了解，讀很多新書，譬如說他如果不熟悉《馬氏文通》及西文文法，怎麼會寫《論語文解》？但他反對「不塞不流，不止不行」，所以主張新的跟舊的可以合起來。在一九三〇年代，梁啟超的文明史觀已經慢慢沒有影響力了，雖然讀他書的人還是很多。所以當時當令的第一派就是「聽史由命派」，第二派是「歷史考證學派」。

從「內部」或「外部」評判歷史

我認為一九三〇年代，第三派是錢穆及很多跟他同樣想法的人，他們有很多也在做著歷史考證的工作，但文化理念上與錢穆接近，在《師友雜憶》等書中都可以看到。錢穆這一派的人其實不少，有許多跟中研院還有北大這些專業史學機構密切相關的歷史學者，在文化態度也與錢穆頗為同道。湯用彤（一八九三—一九六四）、陳寅恪（一八九〇—一九六九）、鄭天挺（一八九九—一九八一）、羅常培（一八九九—一九五八）等，在當時都是以專業史學而聞名全中國的，可是他們在文化觀點上與錢穆是同志。

錢穆的特色是要從中國歷史的內部、而不是外部來評判中國歷史。梁啟超與胡適這兩個影響極大的學派，都是從外部來評判中國歷史。梁啟超基本上發動了晚清的史學革命，他在一九〇二年發表的那幾篇革命性的文章，大幅改變了歷史研究的發展，還有他所寫的不管是《中國近三百年學術史》、《清代學術概論》等這些書，都是改變晚清民國史學氣候最重要的作品。梁啟超受日本當時流行的「文明史」影響，認為世界文明都走在同一個階梯上。這個階梯就是由上古、中古、近代，有文藝復興，有宗教改革，有啟蒙運動，全世界都在這個階梯上。雖然現在西方在上面，中國在下面，但以後都要走一樣的路。

錢穆原來很尊敬梁啟超，他說梁啟超以滄江、明水對話寫的文章，讓他非常感動。可是很快地，錢穆的史學已經跟梁啟超的歷史框架完全不同，一個是「文明的」、一個是「文化的」。「文明的」相信世界歷史只有一個階梯、一把量尺；「文化的」則相信這世界歷史中的各個文化都有自己的階梯，每個文明自己是一個階梯，不是所有文明都在同一個階梯上往上爬，有的在前，有的在後。這是一個非常關鍵的不同。所以錢穆在《國史大綱》等書裡反覆強調，要從中國歷史的內部來看本身的特色，以及它的生機所在、受病之所在，而不是在全世界單一的階梯上看。所以錢穆在解釋為什麼要寫《中國近三百年學術史》的原因之一，是因為梁啟超在《清代學術概論》等書裡認為清代是中國學術的「文藝復興」。錢穆說中國沒有「文藝復興」，也沒有「宗教改革」，也沒有「啟蒙運動」，因為中國歷史的內部有一套自己的標準。

《國史大綱》〈引論〉說：「寫國史者，必確切曉瞭其國家民族文化發展『個性』之所在，而後能把握其特殊之『環境』與『事業』，而寫出其特殊之『精神』與『面相』。」（上冊，頁四七）這其實是《國史大綱》〈引論〉裡面很重要的一部分。為什麼〈引論〉一再提到，不要硬說網球選手與音樂家是同一種人，適合互相比較。中國歷史與西方歷史，一個是網球，一個是樂器，是不一樣的東西。這是文化的（culture），不是文明的（civilization）。

所以錢穆反對晚清革命以來，動輒就說兩千年來一片黑暗，全部都在睡覺的觀點。他主張平情看兩千年來內部的發展，它有睡覺的時候，可是也有醒來的時候。它內部有很多變化，如果以「文明的」角度看，才會認為這兩千年來都在睡覺。

「文化的」或「文明的」

前面已經提到，從清末到民國，「文化的」或「文明的」是廣大思想界中的一個重要議題。「文明的」、「文化的」，大致是拿破崙（Napoléon Bonaparte, 1769-1821）戰爭以後發展出來的兩種觀點。當時法國代表「文明的」，最先進的、最浮華的、最漂亮的、最吸引人的，可是德國人認為德國不能完全照著這個走，德國自己有他們很強的文化傳統，鄉土的、土地的、宗教的，甚至有說還有點「神祕的」等等，這個是「文化的」。

商務印書館的杜亞泉（一八七三—一九三三）是當時比較屬於調和論的思想家，一九一六年就已經寫過相關文章，如「要文化不要文明」。就是要把各國作為他們自己的主體內部來看發展，而不全部以歐洲「文明」為標準來衡量。梁漱溟（一八九三—一九八八）《東西文化及其哲學》區別三種文化，東方的、印度的、西方的，看起來也是屬於「文化的」。不過梁漱溟《東西文化及其哲學》底子有點模糊，其實他在相當程度上還是受「文明的」影響。這是我的感覺。雖然他區分三者，認為三者不能比較，用湯瑪斯．孔恩（Thomas Kuhn, 1922-1996）的話是「不可比較（共量）性」（incommensurability），可是梁漱溟有他的論證方式，根本上還是認為沒有西方那一套國家不能生存。

五四新文化運動期間，包括李大釗（一八八九—一九二七）在內等人都發表了這一類的文章，這裡面馮友蘭（一八九五—一九九〇）跟泰戈爾（Tagore, 1861-1041）的一次對話，頗具說明性。馮友蘭在哥倫比亞大學（Columbia University）讀書的時候，泰戈爾剛好去紐約，所以馮友蘭去見泰戈爾，他們的對話發表在《新潮》。《新潮》與《新青年》是新文化運動時期最重要的兩個刊物，《新青年》是老師輩胡適、陳獨秀等人所辦；《新潮》則是學生輩傅斯年、羅家倫（一八九七—一九六九）等人所辦。老師跟學生各編一個重要刊物，到了後來有一段時間，學生的勢力還超過老師。這時候在湖南辦《湘江評論》的毛澤東（一八九三－一九七六）整天盯著北京這些刊物看，所以《湘江評論》裡面有一些文章，其措辭、想法其實都跟《新青年》、《新潮流》有關。毛澤東是在地的新知識份子，但他很注意《新青年》與《新潮》在講什麼。

在我印象中，馮友蘭與泰戈爾談話的主題之一便是：應該採取「文化的」，還是「文明的」態度，是應該尊重各自文化的發展，還是一定要朝現代化走。「文化的」就不一定要現代化，各個文化都有自己的路、有自己的變化，而不一定非要放棄自己的文化傳統來現代化。「文明論」則認為所有的傳統文化非現代化不可、非文明化不可，沒有文明化就不是文明的人。馮友蘭問泰戈爾，我們到底應該是「文化的」，還是「文明的」？泰戈爾跟他講我們要「文化的」。馮友蘭在文章後面有講，但是還是要取各別的文化的優點來用，但是主體態度我們還是要「文化的」。這場對話有收在《馮友蘭全集》中。由這個例子知道，當時的人普遍認為到底是走「文化的」還是「文明的」，是一個重要的問題。

「新通史」

《國史大綱》出來以後，因為〈引論〉刊登在報紙上，所以引起很多人的注意。當時人們認為這是一篇大文章，因為〈引論〉講出了「新國史」（或「新通史」）。「新國史」是要為現在指路的，是要指出方向的，是要從歷史中找出以前的毛病在哪裡，以前的強處在哪裡，然後為當代、為未來指出一個方向。

從《國史大綱》的敘述、分析、評論中，處處可以看出這種關照現實處境並希望解決現實的史觀。譬如以與抗戰局勢最為相近的第三十四章〈南北再分裂：宋遼金之合戰〉為例。錢穆到處強調如果政權能得其人，則局勢是如何可為。為了突出中國在地理上是一個天然的勝土，非常難以被攻滅，他強調說：「中國疆境遼廓，到處崇山大水。天然的形勢，既極壯偉，又富變化。而且列城相望，百里之間，必有一城。以此蒙古兵雖橫行全世界，宋、金雖均以積弱，而就蒙古兵隊征服各地而言，只有中國是最強韌、最費力的一處。」（下冊，頁一二八～一二九）故不必失去自信，不必自洩底氣。而且我們也經常可以看到「若非××之故」，則局勢如何如何可為的筆法。

而且《國史大綱》中講完史事後，輒有一段評論，而其中有一些評判的標準便與中國經學、理學的傳統分不開。如講蒙古歷史時，說蒙古人沒有精神修養，他說：「蒙古人的統治，在大體上說來，頗有一些像古代貴族封建的意味，只是春秋時代的貴族階級，自身有一種珍貴的文化素養，而蒙古人則無之。他們在武力的鎮壓與財力的攫佔之外，缺少一種精神生活的陶冶。他們只有一種宗教迷信，算是他們的精神生活。」(下冊，頁一四八～一四九)

這與當時的專業史學有所出入。以傅斯年為例，他說中國古代歷史研究之所以不發達就是什麼都想要馬上致用，而左派史學研究歷史是為了搞宣傳，所以不會進步。他說歷史的致用當然是可以的，但是不要隨便把古文明打扮成黃金時代來誤導人們，而不知反省自己的文化病徵。此處隨引當時一位青年史家孫毓棠（一九一一—一九八五）的話為例：「真正學術的歷史，沒有實用的意義。」

在這一方面陳寅恪其實也與傅斯年一樣，當時有人批評陳寅恪說，按照你的考證，中國歷史上有能力、有創造性的東西，大部分都是從印度、中亞或胡族來的。陳寅恪則說沒有反省過去，就不能策勵將來。譬如陳寅恪的《隋唐制度淵源略論稿》中提到，當時特別會蓋房子就是西域胡族，當時長安宮城的重要建築，便出自他們之手。

《國史大綱》對當時的新研究相當清楚，譬如陳寅恪認為李唐氏族出於胡人這一點，他在《國史大綱》中其實有所回應。他說近人有主張李唐皇室是胡人這件事情，他表示一半同意、一半不同意。錢穆說確實李唐皇室沾染胡風甚重，從唐初帝王的母親每每是胡人，都是獨孤、竇氏等，但是他沒有說男性一支是胡人。

余英時（一九三〇—二〇二一）在為新版《國史大綱》寫的〈導論〉裡提到一個例子。北朝的宇文泰（五〇五—五五六）、宇文邕（五四三—五七八），史書多說他們是鮮卑人，但錢穆在《國史大綱》中主張他們是南匈奴，余英時認為這是受到史語所周一良（一九一三—二〇〇一）的〈論宇文泰的種族〉的影響（上冊，頁二四）。周一良在這文章一開始說，傅斯年有天跟他聊天時，便提到他認為宇文泰應該是南匈奴，所以他才寫成這篇論文。我們都忘了蒙古、甘肅這一整帶很多都是南匈奴人，只注意到北邊的匈奴，但事實上後來很多重要的歷史事件都跟南匈奴人有關。南匈奴值得好好注意。

又譬如《國史大綱》中提到後岡的發掘，龍山文化層在下面，仰韶文化層在上面，這就是梁思永（一九〇四—一九五四）有名的「後岡三疊層」論點。之前都是認為黑陶文化在東，彩陶文化在西，兩者獨立發展。可是一九三一年後岡的發掘有三層遺跡，地層的堆積由上而下分別是小屯、龍山，與仰韶三期的疊壓。在《國史大綱》中，錢穆說：「上層有白陶，今稱之曰『小屯文化』。中層黑陶，即代表『龍山文化』。下層彩陶，即代表『仰韶文化』，是其地乃不斷有陶文化。」（上冊，頁八三）由上述這一段話，可見錢穆雖然未直接提到梁思永的論文及觀點，但實際上他對梁思永的「後岡三疊層」論著是很清楚的。余英時也曾指出，《國史大綱》中接受了王國維（一八七七—

一九二七）〈殷卜辭中所見先公先王考〉及〈續考〉兩文之「新得」，但對王氏《殷周制度論》的周代封建制是從父子相傳之制卻不認可，並且各舉史實以證其誤。（上冊，頁二二）

事實上錢穆在北大寫《國史大綱》之前，中國通史課程只教了六年。所以我常勸朋友們，一門課上四次後就應該把它寫成書了，錢穆教中國通史其實前後也僅六次而已。錢穆在離開北大出發南行時，並沒有撰寫《國史大綱》的想法，他只帶著六大本筆記。

錢穆曾經提到，他為了要給北大學生發講義，從古書裡抄了一百多萬字給學生做課外閱讀。一般可能沒有注意到，熊十力（一八八五－一九六八）的學生謝石麟曾經回憶說，早年有一陣子錢穆住在湯用彤家，他記得錢穆曾雇了十幾個人抄史料：「架起木板，鋪上毯子做書桌。這些資料都是他事先選好的，後來編成《先秦諸子繫年》。」謝石麟的回憶可能略有出入，當時所抄的主要是中國通史課的講義。我推測這批史料是錢穆後來在西南撰寫《國史大綱》的主要根據之一。綜合前面所述，錢穆並未自外於五四運動以來到一九三〇年代最新的史學發展。他立志要做的是結合這些歷史考證的材料跟新的觀點，來寫成一種「新通史」，指導人們下一步要往哪裡走。

事實上錢穆在寫《國史大綱》〈引論〉之前，即還曾經鮮明地提出「新通史」的觀點，但似乎並未引起特別的注意。他在一九三七年二月發表在《歷史教育》的〈如何研究中國史〉中其實就已經講了，史學家的任務就是要綜合過去，放眼未來，指導現在，文中也提到網球選手與足球員的比喻，他說：「近人好以西洋史學家講論西洋史的節目來移用的中國史上，則殆如以足球家傳中之節目移用於網球家也。」這說明了「新通史」的構想並不始於西南聯大時受陳夢家之勸才開始的。而且在《國史大綱》〈引論〉之後他還寫過一些類似的文章，如〈中國今日所需要之新史學與新史家〉（一九四三）。在文中，錢穆仍再度強調：「鄙意研究中國史的第一立場，應在中國史的自身內裡去找求，不應該在別一個立場」、「所以看中國史，並沒有如西洋史一般如火如荼的宗教戰爭，掠奪海外殖民地的戰爭，革命大流血、階級鬥爭等等。而自有其生命與進程，並非二千年如睡獅，只在矇矓打瞌睡也」、「中國的前途，在我理想上，應該在中國史的演進的自身過程中自己得救。」

以上是針對錢穆在民國時期於特定學術議題上的立場所做的討論。而我認為，問題尚有不在特定學術議題之內的，厥為對整體文化、生活的感受及所取的態度。所牽涉到的問題是「歷史時間是不是連續的」？

時間是斷裂的還是連續的？

如前所述，晚清民國以來，較為急進的新派對時間是採取刻意（至少在主觀意願上）與舊的時間「斷裂」的態度，「不塞不流，不止不行」，不只是思想文化上的口號，同時也是生活態度上的。而過去認為是「有機的整體」的生活及文化也往往從接榫處分裂開來，有時並以「分裂」的狀態作為追求的理想，如錢穆隨意指出的「文史的互相懸絕」，如「生活與傳統的分裂」皆是。

錢穆則基本上認為時間是連續的，而且沒有必要斷開。他認為中國四千年文化並沒有問題，它之所以在此時喪失生機、一團混亂，是因為清代後期以來的動亂所造成，故受病之原不是這個文化的生原本身，而是一時的、偶然的不幸。只要戰亂、外患能夠克服，再度回到歷史文化傳統的舊軌上，便可以從其內部再度產生新機運。在錢穆若干文字中，也一再提到，他認為嘉道咸以降，出現了一種新的歷史觀，順其發展有可能帶來新機運。我覺得錢穆對少年以來無錫一地種種朝氣蓬勃的新發展的觀察，也指向這種不必與舊文化時間斷裂的可能性。

我一直對錢穆道咸以來「新歷史觀」的提法感到好奇，並嘗試在他的著作中尋找確切解答，但是並未能如願。我推測應該是章學誠（一七三八—一八〇一）歷史思想中，所蘊含的一種關注當世的、致用的、重視變遷的歷史觀。無論如何，因為錢穆不認為中國文化傳統的「生原」有病，認為目前的問題是偶然的、外生的，不必以切斷歷史時間作為救治之方，這使他對民國以來或幾種「斷裂」狀態感到不滿。

錢穆認為在理想的狀態之下，生活與傳統應是不即不離涵化其間，但是在刻意要求刷洗舊汙的見解之下，兩者應該是分裂的，「傳統」是「傳統」，它已不適合現代生活。陳獨秀在〈孔子之道與現代生活〉中主張，孔子（前五五一－前四七九）在春秋時代是了不起的，但它不適合「現代生活」，所以理想上「傳統」是「傳統」，「現代生活」是「現代生活」，它們應該被打成不相干的兩端。

錢穆文章中另一個反覆出現的主題是「書院」與「大學」的對比。一言以蔽之，錢穆與當時一群學者莫不認為在傳統的「書院」之中，知識的、道德的、生命陶冶合為一體，並反覆表達他們對當時新建立的「大學」只有知識傳授，而沒有生命的陶冶表示強烈不滿。這方面的言論甚多，此處指徵引兩段為證。「進學校如在客堂，歸家如進臥室」，在燕京大學「於是知職業與私生活大不同。余當於職業外自求生活，此想法為余入大學任教始有。又念在大學任教，惟當一意在自己學業上努力，傳授受業諸生，其他校事盡可不問，應能使職業於生活不相衝突」、「余本為宋明理學家言，而不喜清代乾嘉諸儒之為學，及余在大學任教，專談學術，少涉人事，幾乎絕無宋明書院精神，人又疑喜治乾嘉學，又一無可奈何之事矣。」對現代大學不滿的另一個原因，即錢穆所指出的，現代大學系統被五四派所盤據，從而對傳統文化採取不應有地激烈抨擊。

在《師友雜憶》中，錢穆指出民國學術界的另一個斷裂現象是文史兩途互相懸隔。他認為文史兩途並不是分裂的，而是有機體中的兩個不同部分，但是在白話文運動之下，文學方面群趨宋明以下的白話文學，而在歷史考證學派的鼓倡之下，學者則群趨於上古先秦。錢穆似乎認為，正因刻意鼓吹時間的斷裂意識，使得它們裂開成不相干的零件，漂浮散碎。

錢穆說中國古代不是「專制」，因為不是「專制」，故受病之原不在政制，故中國制度史還有講授的價值。錢穆在《師友雜憶》中說，他在北大原想開授一門「中國政治制度史」，但系主任陳受頤（一八九九—一九七八）不允，「大意謂中國秦以下政治，只是君主專制。今改民國，以前政治制度可勿再究。」錢穆認為傳統政治與今日政治應該是連續的，而當時北大新派認為兩者是斷裂的。

中國歷史的「本質」是什麼？

我注意到至遲在抗戰時期，以錢穆所發展出的文化保守主義者，它與先前的保守主義者無所不用其極的論證西方有的我們也有，或是論證西方有的我們不一定希望有不同，而是主張我們所有的比西方更多、更好，成為錢穆一生思想的主調。這與五四之後，新派主流所主張的古代一無是處、中國古代是「五鬼鬧中原」（胡適）截然相反。

這種「我們比你們多」、「我們比你們好」的意態隨處可見：譬如他說中國文化已經發展成一個比較完整而健全的系統，「符合於文化演進之正常軌道」。中國以「道德精神」為最高領導，此可以包括科學。並強調健全的文化發展是三層次的（生物人→自然人→文化人），西方只有兩個層次（生物人→自然人）。唯中國文化發展出以「心世界」、「道德精神」領導的第三層世界。在講到政治哲學時，他強調希臘未曾發展出「大群政治」，猶太更是如此，而中國發展出了「大群政治」。又如《湖上閒思錄》中發揮此思想強調中國發展出「大群文化傳統」等，不一而足。

這個思路與錢穆對中國歷史種種「本質性」的論斷有關。他往往要對中國歷史文化作「本質化」的闡發，並以此態度來研究歷史。他給孫國棟（一九二二—二〇一三）的信中反覆強調的「經義」並沒有「史義」、「興衰治亂在史，其所以興衰治亂者不在史而在經子集諸部中」、「否則只是敷衍，一切皆不足道也」，兩者是分不開的（請參考本書〈錢穆與余英時〉）。國家情勢越危急，這個思路就越明顯，他最常用的口頭禪是：「研究中國歷史所應該有的認識。」這方面的材料相當普遍，在這裡謹借錢穆一九五〇年在香港演講的《中國歷史研究法》為例。

在〈如何研究通史〉中，他說：「但中國歷史的大趨向，則總是嚮往於團結與融和。西方史則總像易趨於分裂與鬥爭。」在〈如何研究政治史〉則說：「亦可說中國民族擅長政治，故能以政治活動為其勝場。能創建優良的政治制度來完成其大一統之局面，且能維持此大一統之局面歷數千年之久而不敗。」同樣的思路在〈如何研究文化史〉中也可以找到：「中國傳統文化，政治方面可說是最見長的。」在〈如何研究社會史〉中說：「我講中國歷史，則將社會中『士』的一階層之地位變化，來指出中國社會演進之各型態。」「中國社會堅韌性最大，持續力最強，故能延續迄今有四千年以上之悠久傳統。」在〈如何研究經濟史〉時說：「低水準的必須經濟，對人生是有其積極價值的，可是不必須的超水準經濟，卻對人生並無積極價值。」他強調中國的「低水準經濟」之上有一個最高的人文理想作為領導。這種經濟是以道義經濟為基礎，或是以道德意義或禮義意義為立場。在〈如何研究學術史〉中說：「中國歷史文化傳統源遠流長，在其內裡，實有一種一貫趨嚮的發展。我們並可說，中國歷史上之傳統理想，乃是由政治來領導社會，由學術來領導政治，而學術則起於社會下層，不受政府之控制。在此一上一下循環貫通之活潑機體之組織下，遂使中國歷史能穩步向前，以日臻於光明之境。」在〈如何研究歷史人物〉中說：「因此歷史雖說是屬於人，但重要的只在比較少數人身上。」

整體而言，他認為：「中國整部歷史，正是嚮嚮於此善。中國整個民族，也是嚮嚮於此善。此乃中國學術思想最高精神所在。若沒有了這『善』字，一切便無意義價值可言。」而且認定「心學」與「史學」是學術史核心，他說：「若我們能把心學與史學配合研究，自見整個中國民族一部中國史主要精神嚮往，大可用一『善』字來概括。」上述歷史態度與當時史學界的主流，像「歷史考證學派」所強調的，接近於蘭克（Leopold von Ranke, 1795-1886）所主張的「歷史要寫出歷史真正發生何事」，是有差別的。

上述思路的另一個發展，是更系統而強烈地反對西方宗教哲學。他認為西方哲學、宗教大多是錯的，西方不可以作為衡量一切標準的尺，因為西方文化早已有大危機，資本主義、自由主義有極大的流毒，世界文化的前景與新生，不可以近代西方文化為模式，而應由各地文化產生新生，尤其是西方文化中無所不在的「對立性」（文化與自然對立、都市與鄉村對立表示反感）。為抵抗西方思想中「對立性」的毛病，則為傳統儒家思想中「即現象即存在」、「這這如如」的思想傾向。雖然錢穆在抗戰時期似乎頗受伯格森（Henri Bergson, 1859-1941）、詹姆斯（William James, 1842-1910）等人思想的影響，但是錢穆對他們既吸收又反駁，認為即使伯格森比較重視經驗與直覺，仍然是從「對立」出發，而「對立性」乃近代西方哲學的病徵。他認為佛教本旨與西方一樣，都是向著「未來、無限」，與儒家原旨之「這這如如」有出入，直到後來佛教融入儒家，乃有禪宗及華嚴，乃能「即現象即存在」。而「即現象即存在」的思維也與他所謂的「大群文化論」的提出有關，他說：「以心為幾何般空間，或場所，而外面的大群文化與傳統，如實地攝入此心的空間之中，即為健康的心性之學。」一九四八年他在《湖上閒思錄》中即大力發揮此思想。

抗戰時期，錢穆歸宗於宋明理學的傾向越益濃厚。可是即使歸宿理學，其中還是有一個變化。有一段時間他評判歷史、評判事情，主要是受清初三大儒：顧炎武（一六一三—一六八二）、黃宗羲（一六一〇—一六九五）跟王夫之（一六一九—一六九二）的影響。尤其是顧炎武。我曾經比較過《中國歷代政治得失》和《國史大綱》裡對史事的判斷，感覺他所持的標準深受顧炎武的影響。他有一段時間則對王陽明（一四七二—一五二九）比較注意，可是到後來慢慢轉向朱熹（一一三〇—一二〇〇），所以他的最後一部大著作是《朱子新學案》，由王陽明到朱熹，意義不大一樣。

小結

最後，我要再回到《國史大綱》。在當時的時代困局中，《國史大綱》的影響非常之大，錢穆自己說過，在北方有人把整部抄起來，他在西南聯大上中國通史課的時候，學生擠滿教室，他進教室必須踏在課桌椅上才能夠到達講臺，就是因為他講的是要跟時代有關的，要指導時代的方向，這就是他的「新國史」。而在形塑「新國史」的過程中，以上所討論的幾個主題，都發揮著或強或弱的影響。

最後，我想藉班雅明（Walter Benjamin, 1892-1940）的「歷史的新天使」來作結。班雅明的「歷史的新天使」裡面有一段，他用了法國的畫家克利（Paul Klee, 1879-1940）有一幅圖是〈新天使〉

（*Angelus Novus*），身體往前，可是頭往後看。班雅明說這便是歷史學家的角色。人們不一定要刻意曲解歷史，可是每一代史學家書寫的歷史仍然不同。為什麼？因為你身體一直往前，可是頭卻往後面看以前的歷史。所以錢穆的《中國近三百年學術史》裡面選的人物跟梁啟超相當不一樣，梁啟超所選的與清代的國史《儒林傳》也很不一樣。這就是身體往前，一直進到未來，可是頭往後面看到的歷史樣貌有所不同。所以，我們今天重新來寫一部通史，其中固然有穩定的部分，可是很多部分也會與《國史大綱》不同。

我年輕時深受《公羊傳》的一段話所吸引：「六鷁退飛，過宋都。」《公羊傳》的作者看到六隻蜂鳥退著飛過宋都，歷來的註解者做了各式各樣的解釋，但是我最近突然想到，這會不會就是班雅明歷史的「新天使」、「六鷁」退著飛向未來。不過這只是我的一種玄解而已。

需要一種新的國史

錢穆與《國史大綱》

王健文／國立成功大學歷史學系教授

歷史書寫與國族形塑

《史記》是最早通過歷史書寫來確認華夏群體的存在樣態的著作，〈五帝本紀〉與〈三代世表〉建立了這個框架。

〈五帝本紀〉開始談到黃帝跟蚩尤之間的戰鬥，黃帝擒殺蚩尤、征服了天下不順者。於是「東至於海，登丸山，及岱宗。西至于空桐。南至于江。北逐葷粥，合符釜山，邑於涿鹿之阿……」。黃帝擒殺蚩尤是夷夏之爭最早的敘事典範，司馬遷（前一四五—？）在黃帝敘事中同時劃定了華夏的空間範圍，但我們知道，這個空間範圍絕不可能是傳說中的黃帝在四千多年前擁有的統治版圖，這個空間範圍之對應於華夏，基本上是戰國秦漢以後的事。這是西漢中期的司馬遷通過傳說中黃帝V．S．蚩尤的敘事，置入了當時華夏天下的空間範圍。

〈三代世表〉則建立了五帝三王的世系，所謂五帝，黃帝、顓頊、帝嚳、堯、舜，以及三王，夏、商、周三代。根據〈三代世表〉，這些帝王、統治者都是黃帝的直系血親後代，每位帝王都可以數得出是黃帝的幾世孫。當然我們今天也認為這些都是虛構的，不可能是真實的，但這就是司馬遷在西漢中期時所進行的華夏族群書寫。華夏作為一個人群集體，我們用今天的語言稱之為族群。我群必須有一個他者作為對照組，才能夠確定出其邊界，蚩尤就是不可或缺的他者。然後司馬遷界定了四境的空間範圍，他也建立起上承黃帝的軒轅氏子孫的統治者傳承世系。所以在時間、在空間、在族群界限上，《史記》的〈五帝本紀〉與〈三代世表〉共同建立起一個基本框架。這樣的華夏族群書寫，主要侷限在統治者間的血緣聯繫，華夏族群的血緣共同體要擴大到一般人民，必須等到晚清以後，那時所建構的是擴大為「五族共和」的「中華民族」。

晚清至民國初年，傳統的夷夏之辨轉成中西文明之辨。原本野蠻的夷狄，變成先進的西方列強；原來居於天下之中的華夏，卻成為卑屈低下的中華民族。華夷之間文明高度的逆轉，當然與鴉片戰爭以來中西之間國力之消長有著絕對的關係。而華夏族群的認同，轉化擴大為「中華民族」的概念，也因為西方這個「新夷狄」的出現，促使華夏邊界向外挪移，而將「舊夷狄」的「滿、蒙、回、藏」都納入了華夏之中，並因此擴大建構了「五族共和」的「新華夏」，這個新華夏，當時命名為「中華民族」。

從晚清到民國初年，許多知識份子通過新的國史書寫，打造了一個脫胎於華夏的新國族，梁啟超倡之，從劉師培（一八八四—一九一九）、曾鯤化（一八八二—一九二五）、夏曾佑（一八六三—一九二四），到柳詒徵（一八八〇—一九五六）、呂思勉（一八八四—一九五七）、張蔭麟（一九〇五—一九四二）、錢穆，莫不致力於此。

從「華夏」到「中華民族」，從司馬遷的《史記》到錢穆的《國史大綱》，雖然各有不同歷史情境，表現形式也各不相同，但通過歷史書寫來打造「國族認同」，卻有著內在理路的一脈相承。當然，司馬遷時代的華夏認同，與當今使用的「國族」概念，顯係二事；司馬遷在新時代新氣象中，以歷史書寫架構「天下」格局，和錢穆在危急存亡之秋，以書寫新國史救亡圖存，亦大異其趣。但是以歷史書寫建立集體認同、釐清個體時空定位，大致是在同一種思維架構下的產物。

中華民族：一個新國族的誕生

從十九世紀末葉，在外患方殷，圖強屢挫的歷史處境中，知識份子期待通過國史之改造，以書寫新的國史，形塑新的國族認同，作為救亡圖存的重要途徑。在這個新國史書寫運動中，錢穆的成就最為突出，顧頡剛（一八九三—一九八〇）稱道此書最「後出而創獲最多」。

《國史大綱》寫作完稿未出版時，〈引論〉先在報刊發表，引起知識界矚目。發表後有些人非常肯定，比方說陳寅恪表示這是一篇重要的大文章；有些人則不屑一讀，如傅斯年。《國史大綱》出版後，張其昀（一九〇一—一九八五）在重慶見到傅斯年，請教傅斯年對《國史大綱》的看法。傅斯年說：「向不讀錢某書文一字。彼亦屢言及西方歐美，其知識盡從讀《東方雜誌》而來。」

傅斯年的批評來自錢穆的回憶，寫在《師友雜憶》裡。必須謹慎地說，不能確定事實與否，但是錢穆的記憶中有這麼一件事情。從相關資料當中也很清楚地看到，傅斯年跟錢穆在知識上長久以來站在敵對的位置。而這段談話，傅斯年的不屑反應跟陳寅恪對《國史大綱》〈引論〉的高度推崇，正好反映了當時同樣通過新的國史書寫以救亡圖存的知識份子，有著不同的路線、不同的位置、不同的策略。輕鄙錢穆的，傅斯年當然其中之一，不會只有傅斯年。甚至，傅斯年對錢穆與《國史大綱》的負面評價，恐怕更能代表當時主流知識份子的態度。

錢穆是個文化保守主義者，相較同時代反傳統的新文化運動者，對待中國歷史傳統的姿態迥異。當然，就當時的知識界來看，錢穆無疑是個主流之外的邊緣人，是時代潮流之中的反潮流者。

我試著把歷史的景深拉得更遠一點。

前面談過，司馬遷通過《史記》的書寫建立了天下的架構，而此架構其實並不始於司馬遷。《國語》五服、《周禮》九服，數字不同，其實概念是一樣。都是以同心圓、或是回字形的由內而外，然後逐漸擴展對天下的空間性之認識框架。

天下的核心是「王畿」（或是帝國京城），第二圈是設置郡縣的「華夏」，華夏之外是夷狄，夷狄又以「蠻夷要服」、「戎狄荒服」的概念區別內外，與華夏關係稍近的是「要服」的「內蠻夷」，有時必須接受華夏政權的羈縻，形式上可能需經過華夏政權的冊封儀式來確立其政權之正當性。與華夏關係遙遠則是「荒服」的「外蠻夷」，既然是正朔所不及，相對於華夏政權，其實是絕對獨立自主的國度。可以說，華夏只是通過一種想像或是虛構的權力關係，將其納入天下架構，「戎狄荒服」成為華夏邊緣之外的天下的最邊緣，相對於「中國」的「天涯海角」。

「五服」的秩序觀中，天下成了一個由內而外層層包覆的同心圓，從華夏核心到華夏邊緣，乃至最外圍的、僻處於天之涯海之角的、「正朔」所不及的四夷，「國」的概念在天下之中，為華夏所獨享，中國之外別無他國，「外國」這個概念起初是不存在的。

正史中第一次出現了「外國列傳」，是在元代官修的《宋史》。《宋史》始立外國列傳，收入：夏國；高麗；交趾、大理；占城、真臘等九國；天竺、于闐等九國；流求、定安、渤海、日本、党項、吐蕃，計八卷。另有蠻夷傳四卷，載西南諸蠻夷。

《宋史》〈外國一列傳〉序言中，所謂「外國」，仍在「戎狄荒服」的概念下理解。雖然出現了「外國」這個新的名詞，但是在觀念上還是沒有超脫五服的天下架構。

晚明為近世中西交涉新的起點，地理大發現將東西方世界藉由海洋連結為一整體，對當時的華夏民族而言，這是前所未見的「新夷狄」，雖然中西接觸之始，華夏朝廷與士人仍然藉由傳統的天下觀認識這些遠渡重洋而來「陌生人」，但是這些來到眼前的「陌生人」卻也帶來了一種全新的世界觀。

《明史》的〈外國七列傳〉裡面談到大家所熟悉的利瑪竇（一五五二—一六一〇），他的萬國全圖將天下畫為五大洲，分別是亞細亞洲、歐羅巴洲、利未亞洲、南北亞墨利加洲等等，中國只是亞細亞洲的一部分，這對過去的華夏士人來說是不可想像的。當然我們知道戰國時代鄒衍（約前三〇五—前二四〇）大九州的說法，但是那始終不曾成為中國主要被認可的世界觀。所以當利瑪竇帶進了新的世界觀，而這個新的世界觀，其實是我們現代人所接受且熟悉的，但是對明代士人來講，簡直是天方夜譚。然而《明史》〈外國七列傳〉裡寫著，雖然「其說荒渺莫考，然其國人充斥中土，其地固有之，不可誣也。」好像也不得不承認，儘管利瑪竇所描繪的世界似乎虛無飄渺，儘管朦朦朧朧卻可能是真實是存在的。

雖然新的世界圖像早在晚明即傳入中國，但是華夏第一次認真看待，並且重新以此圖像作為世界觀的新依據，甚至藉由世界圖像的革命性轉向，顛覆了舊有根深柢固的天下觀（傳統的天下觀開始被新的世界觀所取代），必須等到十九世紀中葉，西方藉著船堅炮利，強行叩關之後。

魏源（一七九四－一八五七）比較《海國圖志》與過去中國相關的海圖著作，根本差別在於：「彼皆以中土之人譚西洋，此則以西洋人譚西洋也。」這樣的說詞，當然在彰顯作者自道其能夠超越過往的華夏偏見，嘗試以西洋人的角度來看待西洋。換言之，從此刻起，因為外在的世界直接逼近眼前，「華夏之眼」必須要轉換視角。雖然改從西洋人角度觀看，卻始終是站在中國的立場，此所以「為以夷攻夷而作，為以夷款夷而作，為師夷長技以制夷而作。」

近代中國知識份子開始學習超越「華夏之眼」的侷限，卻往往落入了新的「西方之眼」的偏見。但是即使是採取他者的眼光觀看自我，卻始終是為著自我的救亡圖存。

魏源的〈敘言〉預示著一個新時代的來臨，在這個新時代裡，中國知識份子開始學習超越華夏之眼的侷限，可是越到後來，到了清代更晚期，再到了民國初期，越來越多的知識份子開始唾棄自己舊有的歷史傳統文化，認為必須要去引進西方更高、更卓越的文明，才能夠挽救中國之危亡。這其實就落入了另外一種「西方之眼」的偏見。但是，即使這是所謂「西方之眼」，新文化運動者、反傳統者，儘管採取他者的眼光來觀看自我，但是他們的終極目的還是為了自我的救亡圖存。

前面提到的梁啟超，他的文字非常渲染、激動人心，晚清到民國初年，每個知識份子談到成長或成學的過程當中，幾乎都曾受到梁啟超的啟發，所有人都會談到「我年輕的時候讀梁啟超」，然後得到巨大的一個震動、震撼，從此改變了對歷史、對世界的看法。

梁啟超一九〇六年的〈新民說〉，他強調要救中國，必須在中國實行民族主義。而中國要實行民族主義，必須要先「新民」，也就是把舊的中國人轉換成新的中國人。

所謂「新民」有兩個方向，其一是「淬厲其所本有而新之」；其二是「採補其所本無而新之」。也就是，梁啟超的新民說，並沒有完全徹底地、百分之百地否定中國固有的東西，「非欲吾民盡棄其舊以從人也。」只是他很清楚知道固有傳統是不夠的，必須要引進西方文明新的刺激、新的價值，才足以讓中國舊有的、本有的、不足的東西可以得到改造，創造新氣象。

梁啟超許多文章都主張，在中國提倡民族主義，必須去重新打造一個中國國族；而打造中國的國族必須要通過歷史的書寫，來凝聚民族的集體認同。可是這個新的國史書寫，梁啟超認為一開始就存在著根本難題：中國沒有國名。

英國、美國、法國都有自己國家的名字，但是中國沒有國名。一九〇〇年他寫〈中國少年說〉表示：「且我中國疇昔豈嘗有國家哉？不過有朝廷耳。」秦、漢、隋、唐、宋、元、明、清，這些是朝代的名字。我們從來不會說這是一個什麼樣的國家？這個國家的名稱是什麼？梁啟超以為朝代只是一家之私產；國則應該是人民之公產。「然則吾中國者，前此尚未出現於世界，而今乃始萌芽云爾。」

梁啟超表示，我們最感慚愧的，莫如我國無國名——我們只有朝代名，沒有國名。若說夏、漢、唐，那都是統治者的朝代名；西方人稱我們為震旦、支那，不是自稱，而是他稱。如果我們自稱中國、中華，那又好像是妄自尊大。那怎麼辦呢？我們並不存在一個既有的國名。梁啟超說：「萬無得已，仍用吾人口頭所習慣者，稱之曰中國史。雖稍驕泰，然民族之各自尊其國，今世界之通義耳。」

如果從我前面談的歷史脈絡來講，傳統的五服框架的天下觀，國只存在於華夏之中，並沒有「外國」的概念。前此只知「天下」，不知「世界」，是天下的五服，而不是世界的列國。從今天回頭看百多年前，其實是：當「世界」出現了，才有釐定「國名」的需要。

國史書寫改造運動：需要一種新的國史

梁啟超又說中國一直以來沒有歷史。過去所謂的史，不過是帝王將相的歷史，而不是為全體國民而寫的歷史，所以他說中國不曾有史。因此必須要開始一個史界的革命。一九〇二年梁啟超寫作〈新史學〉，他認為過去歐洲的民族主義所以發達，列國之所以文明躍升，史學的貢獻是最大的。所以今天要提倡民族主義，使四萬萬同胞能夠在這個優勝劣敗的世界裡能夠站得起來，必須首先要有一個史界的革命。須得有史界的革命，中國開始書寫真正的歷史，才有可能形塑中國的民族主義，拯救衰敗沉淪的中國。「悠悠萬世，惟此為大。新史學之著，吾豈好異哉！吾不得已也。」

書寫新國史的籲求，是在對傳統史學的徹底批判下，在傳統史學的廢墟中的重構行動。之所以要有新國史的書寫，則是為了打造一個新的國族，藉著國族主義重起衰敗下的中國。而中國的再造，基本上是通過對傳統的否定以及同步地學習西方文化來完成。既要揚棄傳統，又要書寫國族之過往，這當中豈非存在矛盾。

換言之，傳統既然該被唾棄，為何又要重新審視？廢墟既然已經傾倒，何需拾回遍地之磚瓦？然而，這正是進行現代化／西化運動的國家，打造國族的過程中內在的弔詭。因為傳統若真被徹底否定，國族主義便失去了打造的地基。因此，在反傳統的西化進程中，「整理國故」的風潮也應運而生。必須承認，傳統並非一無是處，國族主義才有成立的積極意義。故而，在破壞傳統之後，同樣的一群人，卻開始從事「整理國故」的事業。

許嘯天（一八八六－一九四六）在一九二七年的《國故學討論集》這本書的自序裡面提到：

> 老實說一句，我們中國莫說沒有一種有統系的學問，可憐，連那學問的名詞也還不能成立。

如果學問的名詞只能稱作物理學、化學、數學、哲學、人類學，中國的確從來沒有這些名詞。當我們開始移植了西方的知識體系，從西方知識體系的新概念框架，要回頭去搜尋中國過去的知識史，當然找不到可以框進去的東西。此所以許嘯天會焦慮沒有一種「學問」能夠在中國成立。那怎麼辦？唯有，把一個囫圇的國故學，什麼政治學、政治史、社會學、社會史、文學、文學史、哲學、哲學史，以及一切工業農業數理格物，一樣一樣地整理出來，再一樣一樣地歸併在全世界的學術界裡，把這虛無飄渺學術界上大恥辱的國故學名詞取銷。

「國故學」當然不是一種知識學門的名稱，勿寧是相對於現有的知識體系而言，一種無法被歸類、近乎陳列於博物館內的物件罷了。許嘯天所謂中國連那學問的名詞也還不能成立，正確地說，應該是中國舊有的知識體系已經讓位於西方傳入的現代知識體系。現代知識體系以「政治學」、「社會學」、「文學」、「哲學」等架構出人文社會諸學科，不是四部的「經」、「史」、「子」、「集」可以指稱。因此，當時的「整理國故」運動，究其實，只是將傳統知識重新編碼，貼上以用現代知識體系歸類指稱的新標籤。

胡適則指出與其稱「國粹」不如用「國故」這樣中性的語詞，不含褒貶，「最為妥當」。因為「國粹」一詞意味著一種價值肯定，「國故」則平實指涉國族過往傳統，正當反傳統的新文化運動浪頭稍過，從茅廁坑中撿起的故紙堆，也許還有作為新學問之材料的價值。

在胡適看來，「國故」的中性特質，最能夠避免一切可能產生的矛盾：

「國故」包含「國粹」；但他又包含「國渣」。我們若不了解「國渣」，如何懂得「國粹」？

因為在原來激烈反傳統的時刻，「國故」只能是「國渣」，但是當致力於打造新而光明的國族時，「國故」又不能盡是「國渣」，必須有能提煉出國族價值的「國粹」，國族之建構才能盡其功。

二十世紀初，因應學習西方的新式教育，產生了新編教科書的需求。劉師培於一九〇五年寫作《中國歷史教科書》，強調「政體」、「制度」、「種族」、「進化」、「學術」等諸面向，以為「中國史書之敘事，詳於君臣而略於人民」，則顯然與梁啟超並無二致。比劉師培稍早兩年，曾鯤化也寫作《中國歷史》，書中強調：

> 調查歷代國民全部運動進化之大勢，最錄其原因結果之密切關係，以實國民發達史之價值，而激發現在社會之國魂。

通過書寫新的國史以喚起「國魂」，殆即國史改造運動的終極目的。

從二十世紀的開端，梁啟超草擬中國史寫作的綱要，曾鯤化、劉師培、夏曾佑等書寫中國歷史教科書以來，新的國史書寫蔚為風潮。一直到一九四〇年對日抗戰期間，在西南後方，錢穆寫作《國史大綱》，張蔭麟寫作《中國史綱》（完成了上古部分）；在上海孤島，呂思勉完成了《中國通史》，莫不帶有深切之情感與國族危急存亡之秋的激切之感。

這四十年來的國史改造，一言以蔽之，即在進行一場國族書寫運動。大體而言，新的國史儘管彼此立意可能不同，對傳統的評價可能互異，確有著相似的書寫結構。

新國史的第一個根本的改變，是國史的「主詞」更改了，換言之，是國史的主體更改，由過去的所謂「君史」（帝王將相的歷史）改變為「民史」（國民的歷史）。

國史書寫的主體變更之後，追溯國族起源的「始祖」、裁斷國史正統的「紀年」、詮釋國史興革的「分期」、劃清國族邊界的「界限」、表彰國族榮光的「英雄譜系」，乃成為新國史書寫中的幾項基本元素。

錢穆在這樣的時代浪潮中，開始登上歷史舞臺。

時代潮流之外／內的錢穆

錢穆出生於一八九五年乙未割臺的那一年，也終老在臺灣。

一八九五年乙未割臺，錢穆生於江蘇無錫七房橋，九歲入果育小學，十二歲入常州中學堂，一九一〇年退學轉入南京鍾英中學，隔年適逢辛亥革命，遂輟學返鄉，次年任教於無錫三兼小學，十八歲的錢穆開始他的教學生涯。

時代風潮中，少年錢穆也曾經激進輕狂。常州中學就讀期間，錢穆遇到一生感念的恩師呂思勉，當時的監督（校長）屠元博（一八七九—一九一八）是元史大家屠寄（一八五六—一九二一）長子，也對錢穆愛護有加。一九一〇年，十六歲的錢穆退學離校，竟是參與領導了一次「學潮」。

錢穆自常州中學退學，對他愛護有加的屠元博不以為忤，代為安排於一九一一辛亥年轉學南京鍾英中學。當年暑假，因病返鄉休養，三個月後乘滬寧鐵路返校：

> 車中讀報，始悉革命軍已於昨夜起義武漢。是日為八月二十日。既至校，同學四散，乃意欲待革命軍進城投效，留校不去。事益急，學校下令驅逐全體師生仆役悉離校不許留，乃乘南京開出最後一班車，僅能赴上海。翌日為重九，上海街頭掛白旗，高呼光復。余與家中音

訊久絕，急歸。先母見余，抱余頭，幾泣，曰：「方慶汝再生，初謂今生不復得見汝面矣。」

革命夢碎，少年錢穆雖然感到遺憾，母親卻慶幸撿回一個孩子。第二年，十八歲的錢穆結束學生時代，開始教學生涯，年歲漸長，為人師表的錢穆，開始要面對更年輕激進的學生。

一九二二年之前，錢穆皆於小學任教，到廈門集美學校任教開始與稍年長的中學生接觸，二十八、九歲的錢穆，當角色轉換之後，教師錢穆與中學生錢穆關於學潮態度顯然轉變甚大。在廈門集美學校及後來轉任蘇州中學，遭逢學生罷課，錢穆都扮演反對勸阻的角色。一九三〇年以後，錢穆分別任教於燕京大學、北京大學，經歷九一八事變，東北淪陷，日本侵華氣焰日益高漲，在救亡圖存激切心情下，大學生的學潮較之中學有過之無不及。燕京、北大時期的錢穆，沉潛著書講學，「凡屬時局國事之種種集會與講演，余皆謝不往。」盧溝橋事變後，流寓西南大後方，錢穆開始於報章雜誌發表有關時局國是的評論，又與當局有所往來，乃與當時反政府的教授學子往往勢如水火，更是站在學潮的另外一面。

我特別提及少年錢穆的激情與青壯年錢穆的持重（或者更多人會稱為保守），一方面希望呈現歷史行動者的複雜多重面向，以及每一面向與其歷史情境的可能關聯；另一方面也希望讀者勿以為劇變年代的保守主義者，只是僵化固守傳統的頑固份子，對於新思潮一無所知。錢穆當然是現狀的改革者，只是他並不認為「現狀」即是「傳統」，更不認為對現狀的改革必須顛覆傳統。

三十六歲以前，錢穆輾轉任教於各小學及中學，一九二七年蘇州中學期間，是他人生的重要轉折階段。任教於蘇州中學的三年，錢穆完成了《國學概論》與《先秦諸子繫年》書稿，始有文名，初會胡適、顧頡剛，與胡適不歡而散，卻深獲顧頡剛賞識。〈劉向歆父子年譜〉一文駁「新學偽經」，雖與顧頡剛見解大相逕庭，顧頡剛並不介意，刊載於其主編之《燕京學報》，並分別推薦錢穆至廣州中山大學與北平燕京大學，錢穆辭中山大學，爾後接受燕京大學聘書，一九三〇年三十六歲，他北上燕京大學任教，次年轉任北京大學。

相較於並世的史學界領袖人物，錢穆可謂大器晚成，遲遲才躍上全國性歷史舞臺。大他四歲的胡適，二十七歲自美返國任教北京大學，引領時代風潮，開創思想新局，成為全國性思想領袖；大他兩歲、蘇州出身的顧頡剛，三十出頭提出「層累造成說」，倡導疑古史學，崩解傳統儒家兩千年根深柢固的三代史觀，成為中國現代史學新一代宗師；小他一歲的傅斯年，二十四歲領導五四運動，歐洲遊學六年，返國後即任廣州中山大學文科學長（文學院院長），次年三十三歲，創辦中央研究院歷史語言研究所，與顧頡剛成為領導中國現代史學的一時瑜亮。

這是認識錢穆學術風格與實踐路線的重要背景。三十六歲以前，錢穆僻處邊緣，地理空間上，相對於冠蓋滿京華的北京，無錫、蘇州自是邊緣；在文化學術場域上，在中小學任教達近二十年之久的錢穆，比之在北京大學講堂領導學術風騷的學者，更是邊緣中的邊緣。晚清到民國初年，風起雲湧，世變日亟，國家民族在危急存亡之秋，政治體制與文化思想面臨翻天覆地的劇變，錢穆身處地理空間、文化場域、知識份子身分的多重邊緣，但卻又是在核心風暴圈的周邊（蘇州無錫距北京遙遠，但上海就在數十里之外；中學學堂難比大學廟堂，但卻是知識傳播的第二線；中學教席雖不登學術界大雅之堂，但錢穆卻以其著述引起學界領袖如胡適與顧頡剛的關注），因此從青年錢穆到前中年期的錢穆，始終在時代潮流的邊緣，卻又同時處於時代風暴圈內。錢穆處於時代風潮的外內之間，這個特別的知識文化位置，成就了他的特殊風格，一個在潮流中逆風而行的文化保守主義者。

《國學概論》一書是錢穆蟄居蘇州任教中學後期著作，完稿後兩年，錢穆北上燕京大學，進入全國文化學術核心場域，開啟人生次一階段。因此，此書反映的是僻處多重邊緣位置的錢穆，在開始移動變換角色前的最後著作，特別是〈最近期之學術思想〉一章，充分呈現了錢穆對當代學術思想的認識與評析，也表述了他當時的基本主張。錢穆雖僻處邊緣，對於時代新浪潮的新舊交疊、多樣呈現並不陌生，他對各種新思潮的評論簡潔明快、頗有見地。《國學概論》相對於十一年後成書的《國史大綱》，提供了很好的參照點，我們可以清楚看到錢穆進入學術江湖之前與之後的延續與可能變化之處。

初任小學教職，十八歲的錢穆遍讀嚴復（一八五四－一九二一）翻譯西書，尤其嚴譯斯賓塞（Herbert Spencer, 1820-1903）的《群學肄言》（*The Study of Sociology*）、穆勒（John Stuart Mill, 1806-1873）《名學》（*A System of Logic*）受益最深。錢穆在晚年自述《八十憶雙親》中，回憶自己年輕時在江南鄉間，雖僻處於反傳統的新文化運動歷史狂潮之外，但是仍深刻感受到時代巨變：

時余已逐月看新青年雜誌，新思想新潮流坌至湧來，而余已決心重溫舊書，乃不為時代潮流挾捲而去。及今思之，亦余當年一大幸運也。

一九一九年五四運動之前不久，錢穆與縣四高小同事朱懷天結為至交，談學論世，頗為投合。兩人曾經討論當時剛引進日本學者河上肇（一八七九－一九四六）所轉介的共產主義學說，朱懷天頗為心儀，錢穆卻不以為然。這時錢穆與朱懷天還有一段深具寓意的對話：

余告懷天，君治佛書，又遵師說欣賞共產主義，然則他年將逃世避俗出家居山林為一僧，抑從事社會革命為一共產黨人。一熱一冷，一進一退，君終何擇。懷天曰，君尊儒，言必孔孟，我恐兄將來當為一官僚，或為一鄉愿。余言此四者皆當戒，幸各自勉。

這段談話後不久，五四運動震動全國，上海罷市，無錫就在上海左近，「縣四高小全校師生結隊赴四圍鄉村演講，懷天熱血噴迸，聲淚俱下。」錢穆應該也參加了這次民間開講，錢穆如此評論摯友：

其論學時雖有偏激，然其本源皆發自內心深處。惟當以一字形容曰『愛』，愛國家，愛民族。雖言共產，言佛法，然絕無共產革命之兇暴意，亦無離親逃俗之隱遁意。他日學問所至，必歸中正可知。

殆因朱懷天英年早逝，即便是「改朝換代，天翻地覆，社會一切皆已大變」，亂世中朱懷天何去何從？終將走上怎樣的道路？皈依佛法？還是投身共產革命？已是無可解答的問題。但是兩人相互的提問與提醒：「一熱一冷，一進一退，君終何擇。」「君尊儒，言必孔孟，我恐兄將來當為一官僚，或為一鄉愿。」「此四者皆當戒，幸各自勉」，卻像是一則深刻的寓言。

錢穆回憶早年的四個學生。鴻謨學校時有人命其二子從學余錢穆，其中幼子性格決絕，在錢穆離開鴻謨時，割指血書請學校堅留。後來兄弟二人轉學上海，錢穆任教無錫三師時，幼子忽來，力勸錢穆加入「同善社」，錢穆拒絕，「越數日，又來，請益堅，幾不容余吐一語。乃嚴辭命之出。」另外兩位是三師的學生，後皆加入共產黨。宛如巨大漩渦的大時代，每個人都困在其中，各自衝決網羅，尋求出路。「余今連帶憶及此四人，則一時人心之紛歧，人才之奔溢突出，無共同之趨向。而國事之艱，社會人事之亂，亦可由此推想矣。」朱懷天早逝，他的人生道路嘎然而止，錢穆對摯友的預言無可驗證，朱懷天對錢穆的提醒與兩人的自惕，也許常在錢穆心中，時時自問吧！

北上進京，踏入歷史舞臺的聚光場域前，錢穆在時代洪流的邊緣，是個旁觀者，也在一定程度是參與者。他無可避免地被捲入時代的漩渦，面對著自梁啟超、胡適、顧頡剛、傅斯年、吳宓（一八九四—一九七八）、馮友蘭、聞一多（一八九九—一九四六）、蔣介石（一八八七—一九七五）……等日後與他的生命或深或淺交會的並世人物般的歷史情境，在類似的語境中，回應著不盡相同、甚至相互對立的解答。錢穆常在潮流之外，或者至多只在潮流邊緣，更多的是時代中的反潮流者。這些，在他走進歷史的主場後，有著更深刻地糾結與交戰。

錢穆終於到了北京大學教書，首先開授「中國上古史」。他是一個舊學出身的歷史學者，不像王國維懂得甲骨文、書契。有人批評他，不通龜甲文，憑什麼由能教上古史？錢穆當然有點不堪，他告訴學生，我雖然不懂龜甲文，所以課堂上不會談龜甲文，可是龜甲文之外，上古史還有很多可談的事，為什麼非得懂甲骨文才能夠談上古史？

相較於錢穆在北京大學的第一年教授上古史遭質疑不懂龜甲文，次年他改開授「中國政治制度史」時，更深切感受到激烈反傳統思潮下，中國歷史文化傳統如何遭到汙名化，被貶抑得一文不值：

余在北大，任近三百年學術史一年。翌年，改開中國政治制度史。系主任陳受頤弗允。受頤人素謙和，主講西洋史。聞其於西洋中古史頗有深入，實際並不任系務，乃由孟真幕後主持。大意謂中國秦以下政治只是君主專制。今改民國，於以前政治制度可勿再究。……屢爭，終不允。……余意欲開此課，學校似不宜堅拒。遂終允之。北大選課，學生可先自由聽講，一月後始定選。到時乃無人選余此課。

傅斯年是否此事背後影武者？恐怕難以查證。但是從主持系務的先生反對，到學生不願選課表態，錢穆應當更深切感受到中國歷史文化傳統的日薄西山、不絕如縷。

意義危機與技術危機：《國史大綱》的寫作

一九三三年秋，錢穆在北京大學第三年，其一人獨任「中國通史」授課，這是錢穆第一次在大學講授整部中國通史，授課講義乃成為後來撰寫《國史大綱》的底本。

九一八事變是一個重要的歷史時刻，錢賓四先生曾對學生說：「研究歷史是從九一八事變後開始的，目的是要探究國家民族還有沒有希望。」錢穆當然不是在一九三一年之後才開始「研究歷史」的，這裡所謂「研究歷史」，應當指的是一種有意識地重探國史內在精神，以講授書寫國史召喚國魂的救亡圖存志業。這樣的心志當然不是始於九一八事變的衝擊，雖然在這之前，錢穆的學術論著以考辨為主，《先秦諸子繫年》是其主要代表作。但是一九二八年錢穆寫作的《國學概論》，特別是末章〈最近期之學術思想〉，已經充分反映了錢穆並非是在書齋中不問世事皓首窮經的純粹學者，而是有著深切現實關懷，有志探求中國出路的知識份子。

國家的危急存亡之秋是知識份子長期的內在的精神焦慮，可是九一八事變讓人感受淪亡在即，就好像在二〇二二年俄羅斯（Russia）軍隊已經開拔進入烏克蘭（Ukrayina）邊境了，就是那種感覺，覺得好像亡國滅種這件事情立刻、隨時就要發生。錢穆當然不是從九一八以後才開始研究歷史，可是真正讓他下定決心要寫一部國史，恐怕是從九一八以後開始。

從梁啟超開始，許多知識份子都認同必須要形塑中國民族主義，同時要通過新的國史書寫來打造中國民族主義，藉以救亡圖存。大家都認識到國家即將亡國滅種的強烈危機感，這是一個重要的意義危機。可是對於錢穆來講，文化存續存亡對他來講是更重大的意義危機，這有點像顧炎武講的亡國跟亡天下之間的差別。政權覆滅是亡國，文化淪喪則是亡天下。迫在眉睫的日本侵略戰爭是外部危機，而晚清以來主流知識界的文化自譴、拋棄傳統則是內部危機，對錢穆來講這是一個更深刻的意義危機。當時的主流知識份子意識的是前一個意義危機，就是國家要亡了。所以一樣是要書寫國史，但是錢穆跟其他主流知識份子所意識到的危機其實不同。因此，當他們以反傳統的手段去書寫國史是為了救亡圖存，對錢穆來講，這是搞錯問題，因此開錯處方，反倒讓已經垂危的病人更為危殆。所以在解決意義危機的過程中同時出現了技術危機，也就是到底書寫國史的策略、位置，新國史的書寫要走哪一條路？

顯然錢穆認為與他同時代的知識份子走錯路了，不能真切認識意義危機的所在，無疑將導致錯誤的手段，導致解決意義危機過程中的技術危機。錢穆的新國史書寫志業，必須同時面對且解決意義與技術的雙重危機。因此，錢穆強調要有意識地重探國史的內在精神，講授或書寫國史以召喚國魂，這是錢穆的救亡圖存志業，具體地呈現就是《國史大綱》的書寫。

《國史大綱》在書寫之前，錢穆其實做了充分地思想準備。抗戰軍興之前，一九三六至三七年間，錢穆陸續寫作幾篇札記式的短文，後來彙集為〈略論治史方法〉一文，其中一條札記以運動家與音樂家，乃至網球與足球兩種運動譬喻中西歷史之不同調，此一譬喻，後來寫進了《國史大綱》〈引論〉。可以說，錢穆從一九三三年獨任「中國通史」課程後，書寫一部新國史的意志，便橫梗在他的胸中，逐漸發展出《國史大綱》的創作理念與書寫策略。

一九三六年九月，錢穆寫著：

> 治史者先橫亙一理論於胸中，其弊至於認空論為實事，而轉輕實事為虛文。近人每犯此病。

十一月，錢穆進一步表明：

> 近人治史，每易犯一謬見。若謂中國史自秦以下，即呈停頓狀態，無進步可說。此由誤用西人治史之眼光來治中史，才成此病。
>
> 今試設譬，有兩運動家，一擅網球，一精足球，若為此兩人作年譜，乃專事抄襲網球家定稿，來為足球家作譜，豈得有當。近人治中國史，正多抱此意見。……
>
> 中國史與西洋史精神上之差異，至少尚遠過於足球家與網球家之不同。或仍過於運動家與

美術家之別。……今完全以西洋目光治中國史，則自秦以下宜為一個長期停頓之狀態。

熟悉《國史大綱》〈引論〉的讀者，讀到這些文字會覺得一點都不陌生，因為裡面好多內容都放進《國史大綱》的〈引論〉。

從而，錢穆具體指出：

中國新史學之成立，端在以中國人的眼光，發現中國史自身內在之精神，而認識其以往之進程與動向。中國民族與中國文化最近將來應有之努力與其前途，庶幾可有幾分窺測。否則舍己之田，而芸人之田，究亦何當於中國之史學。

一九三七年一月，錢穆正式宣告創寫新國史的急切必要：

今日中國處極大之變動時代，需要新的歷史知識為尤亟。……時時從舊史裡創寫新史，以供給新時代之需要，此不僅今日為然。……中國以往舊史，亦不斷在改寫中。而今日則為中國有史以來所未有之遽變時代，其需要新史之創寫則尤亟。

這樣的新國史，不可以只是「錮蔽全國人之心思氣力以埋頭於二十四史九通，為舊史料之記誦。」也不能是以「自秦以來，莫非專制政體之演進」之類「晚清革命變法潮流之下……當時一種黨人之宣傳。」（此一革命史觀在民國後轉而為主張西化的「近代中國人之維新觀」，錢穆稱之為「崇洋媚外」觀。）亦不能是「根據西洋最近唯物史觀一派之論調，創為第二新史觀。其治史，乃以社會形態為軀殼，以階級鬥爭為靈魂。」這些批評，在後來出版的《國史大綱》〈引論〉中重新分類為傳統派（記誦派）、革新派（宣傳派），並新增科學派（考訂派）。所謂科學派，錢穆如此評論：

> 至「考訂派」則震於「科學方法」之美名，往往割裂史實，為局部狹窄之追究。以活的人事，換為死的材料。治史譬如治岩礦，治電力，既無以見前人整段之活動，亦於先民文化精神，漠然無所用其情。彼惟尚實證，夸創收，號客觀，既無意於成體之全史，亦不論自己民族國家之文化成績也。（上冊，頁四二）

錢穆毫不掩飾地直言批判傅斯年領導的科學的歷史學派，充分反映了兩人史學態度與觀念的截然異趣，無怪乎〈引論〉發表之後傅斯年亦應之以不屑一讀。兩人嫌隙之深可見。

錢穆並總結新史學之創建，新國史的書寫，「應扼要而簡單，應有一貫的系統，而自能照映我們家現代種種複雜難解之問題。」最終是「要能發揮中國民族文化以往之真面目與真精神，闡明其文化經歷之真過程，以期解釋現在，指示將來。」「然若真能為客觀合科學的新史家，必從識得中國史之變動何在始。中國史之變動，即中國史之精神所在。」

「解釋現在，指示未來」、「中國史之變動，即中國史之精神所在」。這是幾年後成書的《國史大綱》的關鍵詮釋，錢穆已然做好準備。不到一年，盧溝橋事變，中國全面對日抗戰，北大師生間關萬里、輾轉流徙至遙遠的西南邊境，兩年之內，日軍席捲大江南北，國家民族存亡絕續只在一線之間。空襲聲中，教學餘日，錢穆避居宜良山間，未及一年，《國史大綱》終於完稿。

為故國招魂

一九九〇年，錢穆高弟余英時的悼念文以〈一生為故國招魂〉為題，深刻地扣準了錢穆生平志業。余英時指出晚清知識份子援借日本傳入的「國粹」、「國魂」等概念，蔚為流行。特別是國粹學派，「一方面在尋找中國的『國粹』、『國魂』，……但另一方面，他們對於當時以進化論為基調的西方社會學則視為天經地義。」因此，或者認定西方所崇尚之基本價值中國古已有之，是真正的中國「魂」；或是主張漢民族西來說，中西既然同源，魂魄則一而已矣。

這樣的「中國魂」，軀殼尚在，靈魂則失，既然西方成為放諸四海皆準的普世價值，在西方世界找回的「中國魂」，即便容貌未改，也只能是「世界人」而非「中國人」。錢穆期期以為不可，因此《國史大綱》念茲在茲，探問中國歷史的獨特性，追索中國歷史之精神，就是想問問「中國人」有別於世界其他國族的獨特內涵是什麼？

《國史大綱》的書寫，雖然早自一九三二年九一八事變起心動念，一九三三年獨任中國通史教學發展了上課講稿，一九三六至三七年間困思衡慮，數年來，史綱一書的寫作時在錢穆心中盤旋計較。但是錢穆回首當年，一九三八年西南聯大時期同事，也是燕大時學生陳夢家（一九一一—一九六六）時相過從，兩個晚上的暢談，陳夢家的期待成為史綱開始寫作的臨門一腳：

夢家勸余為中國通史寫一教科書。余言材料太多，所知有限，當俟他日仿趙甌北《二十二史劄記》體裁，就所知各造長篇暢論之。所知不詳者，則付缺如。夢家言，此乃先生為一己學術地位計。有志治史學者，當受益不淺。但先生未為全國大學青年計，亦未為時代急迫需要計。先成一教科書，國內受益者其數豈可衡量。余言，君言亦有理，容余思之。又一夕，又兩人會一地，夢家續申前議……余言，汝言甚有理，余當改變初衷，先試成一體例。體例定，如君言，在此再留兩年，亦或可倉促成書。……余之有意撰寫《國史大綱》一書，實自夢家此兩夕話促成之。

一九四四年，抗戰已近尾聲，錢穆回憶與馮友蘭的一段對話：

又一日，馮芝生忽亦自重慶來成都，華西壩諸教授作一茶會歡迎，余亦在座。不知語由何起，余言吾儕今日當勉做一中國人。芝生正色曰，今日當做一世界人，何拘拘於中國人為。余曰，欲為世界人，仍當先作一中國人，否則或為日本人美國人均可，奈今日恨尚無一無國籍之世界人，君奈之何。

「中國人」與「世界人」的我群想像，正是錢穆與同時代追求西化的知識份子的根本差異。曾鯤化在重寫國史時，要求要能「激發現在社會之國魂」。當對日抗戰期間，中國面臨亡國的重大且立即之危機時，錢穆書寫《國史大綱》，欲藉新國史之書寫以召喚國魂。所謂「國魂」是有著國族身分的精神，而非放諸四海皆可的世界人。

早在一九二八年進京前兩年，還只是個中學教員的錢穆寫作的《國學概論》最後一章，其實已經表現出他對於中國救亡圖存問題的基本見解：

凡此數十年來之以為變者，一言以蔽之，曰求救國保種而已。凡此數十年來之以為爭者，亦一言以蔽之，曰求救國保種而已。其明昧得失有不同，而其歸宿於救國保種之意則一也。然則有以救國保種之心，而循至於一切越近變其國種之故常，以謂凡吾國種之所有，皆不足以復存於天地之間者。復因此而對其國種轉生不甚愛惜之念，又轉而為深惡痛疾之意，而惟求一變故常以為快者。

錢穆以為，當國族處於亡國兼而亡天下（政權與文化的雙重危機）的危急存亡之秋，「需要新史之創寫尤亟」，而「今日所需之國史新本」，必須「能將我國家民族，以往文化演進之真相，明白示人」；又能「於舊史統貫中映照出現中國種種複雜難解之問題」。後者消極地面對當前病症提出診斷，前者則積極「求出國家民族永久生命之泉源，為全部歷史所由推動之精神所寄。」

因此，《國史大綱》〈引論〉中指出，自秦以後，中國社會之進步，在於「經濟地域之逐漸擴大，文化傳播之逐次普及，與夫政治機會之逐次平等」。而這樣的進步，背後有一種「理性精神」在指導著。歷史有曲折起伏，「今日之治國史者，適見我之驟落，並值彼之突進，意迷神惑，以為我有必落，彼有必進，並以一時之進落，為彼我全部歷史之評價，故雖一切毀我就人而不惜。」錢穆雄辯滔滔，以一部在戰亂中寫就的新國史，意欲拯救國族之危亡。

〈引論〉中又指出：

> 今日所需要之國史新本，……一者必能將我國家民族已往文化演進之真相，明白示人，為一般有志認識中國已往政治、社會、文化、思想種種演變者所必要之智識；二者應能於舊史統貫中映照出現中國種種複雜難解之問題，為一般有志革新現實者所必備之參考。前者在積極的求出國家民族永久生命之泉源，為全部歷史所由推動之精神所寄；後者在消極的指出國家民族最近病痛之證候，為改進當前方案之所本。（上冊，頁四六）

國史需要改寫，自梁啟超、劉師培、曾鯤化、夏曾佑、傅斯年、雷海宗（一九〇二—一九六二）、王桐齡（一八七八—一九五三）……以來，知識界並無異議，但是改寫國史的態度，與通過國史改寫所欲達致之目標，則錢穆顯然異於前人。反傳統學者的國史書寫，是通過自我否定、複製西方的方式，來打造新的國族，價值取向是外求的。錢穆的國史書寫，則再重新詮釋國史之精神與進路，說明國史發展的軌跡，自能指向民族復興之路。國史本身自給自足，不假外求。

錢穆的新國史書寫，雖然也在晚清至民國初年，大約四十年間的國族建構脈絡之中。然而，同樣是打造新的中華民族，同樣是通過國史書寫來完成使命，錢穆卻是對傳統充滿了溫情與敬意，這和許嘯天、胡適等人的整理國故截然不同。他更在全書扉頁，極為特別地提出作者對讀者的要求：

> 凡讀本書請先具下列諸信念：
>
> 一、當信任何一國之國民，尤其是自稱知識在水平線以上之國民，對其本國已往歷史，應該略有所知。
>
> 二、所謂對其本國已往歷史略有所知者，尤必附隨一種對其本國已往歷史之溫情與敬意。
>
> 三、所謂對其本國已往歷史有一種溫情與敬意者，至少不會對其本國已往歷史抱一種偏激的虛無主義，亦至少不會感到現在我們是站在已往歷史最高之頂點，而將我們當身種種罪惡與弱點，一切諉卸於古人。
>
> 四、當信每一國家必待其國民備具上列諸條件者比數漸多，其國家乃再有向前發展之希望。
>
> （上冊，頁三七）

這麼強勢的作者宣言，當然反映了錢穆在寫作這部書的時候，內在使命感之強烈。這四大宣言裡面，大家最熟悉的就是第二宣言所談到溫情與敬意。基本上，錢穆國史書寫總是在這個基調裡面。

中西文化異同千頭萬緒，但是中國兩千年（秦以下）的專制政治，則是在救亡圖存的政治革新中不證自明的病灶。一九三二年錢穆在北京大學歷史系開講「中國政治史」，非但系上行政阻撓，甚且歷史系學生無人選修，應當給予錢穆難以磨滅的印象。

中國古代政治發展，錢穆首先從「王室」、「政府」、「民眾」三者關係的變遷談起。

> 漢初若稍稍欲返古貴族分割宰制之遺意，然卒無奈潮流之趨勢何！故公孫弘以布衣為相封侯，遂破以軍功封侯拜相之成例，而變相之貴族擅權制，終以告歇。博士弟子，補郎、補吏，為入仕正軌，而世襲任蔭之恩亦替。自此以往，入仕得官，遂有一公開客觀之標準。「王室」與「政府」逐步分離，「民眾」與「政府」則逐步接近。政權逐步解放，而國家疆域亦逐步擴大，社會文化亦逐步普及。
>
> （上冊，頁五二）

政權的解放是歷史發展的火車頭，國家疆域的擴大、社會文化的普及隨之而來。

就全國民眾施以一種合理的教育，復於此種教育下選拔人才，以服務於國家；再就其服務成績，而定官職之崇卑與大小。此正戰國晚周諸子所極論深覬，而秦、漢以下政制，即向此演進。特以國史進程，每於和平中得伸展，昧者不察，遂妄疑中國歷來政制，惟有專制黑暗，不悟政制後面，別自有一種理性精神為之指導也。（上冊，頁五三）

這裡錢穆提到了「理性精神」一詞，而此「理性精神」來自晚周諸子「極論深覬」的思想成就。因此，秦以後的中國歷史，不但不是兩千年一成不變僵固的專制黑暗，甚至是此政權解放之「理性精神」開展歷程，而政權解放的具體內涵，則在「王室」與「政府」的分離，「政府」與「民眾」的靠近。

在秦漢歷史的開端，關於〈大一統政府之創建〉一章，錢穆如此概括：

經過戰國二百四、五十年的鬬爭，到秦始皇二十六年滅六國，而中國史遂開始有大規模的統一政府出現。漢高稱帝，開始有一個代表平民的統一政府。武帝以後，開始有一個代表平民社會、文治思想的統一政府。中國民族的歷史正在不斷進步的路程上。（上冊，頁一九四）

但是，歷史的道路有時曲折、有時倒退，漢代內外朝之分，外戚參政，錢穆以為是一種墮落：

政府漸漸脫離王室而獨立，為當時統一政府文治上之進步。王室削奪政府權任，而以私關係的外戚代之，則顯然為統一政府之墮落。（上冊，頁二四四）

一面是文治政府之演進，一般官吏漸漸脫離王室私人的資格，而正式變成為國家民眾服務的職位；一面則是王室與政府（士人），逐漸隔離而易趨腐化與墮落。（上冊，頁二四九）

王室侵奪政府，公私不分，是墮落的一面；王室與代表政府的士人疏離，趨於腐化，是墮落的另一面。錢穆在民眾與政府的靠近這一層面，特別著重的是接受良好教育的士人參與政府，因此良善的政治必須是士人充分參與的文治政府，如果士人與王室分離，也是傳統政治的致命傷。

東漢晚期的黨錮之禍，是朝廷與清流士人的一次大決裂，從此數百年，王室與士人疏離，各行其是：

> 然東漢士人正還有一種共遵的道德，有一種足令後世敬仰的精神，所以王室雖傾，天下雖亂，而他們到底做了中流砥柱，個別的保存了他們門第的勢力和地位。（上冊，頁二七四）

漢朝覆亡，而後是數百年的分裂時代，錢穆在此也充分表現了他對於國家分裂的憂心與對一統的期許，這當然也反映了錢穆身處民國初年國家分崩離析所致的焦慮。

在長期分裂時代的開端，錢穆如此總述：

> 一個政權的生命，必須依賴於某一種理論之支撐。此種理論同時即應是正義。正義授與政權以光明，而後此政權可以緜延不倒。否則此政權將為一種黑暗的勢力，黑暗根本無可存在，必趨消失。
>
> 東漢王室逐步脫離民眾，走上黑暗的路……舊統治權因其脫離民眾而覆滅，新統治權卻又不能依民眾勢力而產生。（上冊，頁二九九～三〇〇）

錢穆對時代的多重分裂，顯得憂心忡忡，他真正的焦慮在於當世，而非近兩千年前的古代。

國家本是精神的產物，把握到時代力量的名士大族，他們不忠心要一個統一的國家，試問統一國家何從成立？

當時士族不肯同心協力建設一個統一國家，此亦可分兩面說：一則他們已有一個離心的力量，容許他們各自分裂。二則他們中間沒有一個更健全、更偉大的觀念或理想，可以把他們的離心力團結起來。（上冊，頁三〇二）

數百年的長期分裂行將結束，新的「統一盛運」將臨，錢穆充滿欣喜與期待，這樣的期待，在歷史的後見之明下，之於隋唐帝國的降臨，當然沒有任何驚喜。但是，錢穆多麼盼望他自己的時代，也能看到這麼一天。

從學術影響到政治，回頭再走上一條合理的路，努力造出一個合理的政府來。從此漫漫長夜，開始有一線曙光在北方透露。到隋、唐更見朝旭耀天。（上冊，頁三八三）

再一次，良善的政治始終來自時代中最有智慧的一群人：

自行「均田」，而經濟上貴族與庶民的不平等取消；自行「府兵」，而種族上胡人與漢人的隔閡取消。北方社會上兩大問題，皆有了較合理的解決。中國的農民，開始再有其地位，而北周亦遂以此完成其統一復興的大任務。

〔一種合理的政治制度的產生，必有一種合理的政治思想為之淵泉。北朝政治漸上軌道，不能不說是北方士大夫對政治觀念較為正確之故。〕（上冊，頁四三八～四三九）

從學術影響到政治，回頭再走上一條合理的路，打造出一個合理的政府。這是錢穆一以貫之的觀點。他認為歷史發展背後的火車頭是知識份子，是學術思想，學術影響政治，政治決定人民的福祉。所以先有一種合理的政治思想，才產生一個合理的政治制度。

「統一盛運」再臨，除了分裂的中國重歸一統外，也在於政治制度再次走上理性的道路。

直要到政治意識再轉清明，政府漸上軌道，則君臣相與之意態亦變。〔其君不敢以私屬待其臣，其臣亦不復以私屬自居。君不以防制為事，臣不以篡奪為能。〕君、相仍為相輔成治，而非相剋成敵。其時則魏、晉以來的私機關，又一變而成政府正式的首領官，完全實替了秦、漢時代的相權，而即以扶翼君權，共同組成一個像樣的政府。〔其內包有王室。〕這便是隋、唐統一之復現。

此種轉變，無異乎告訴我們，中國史雖則經歷了四百年的長期紛亂，其背後尚有活力，還是有一個精神的力量，〔即是一種意識，或說是一個理性的指導。〕依然使中國史再走上光明的路。

（上冊，頁四九一）

然而，歷史的曲折不只一處，歷史的倒退也不會只有一回。晚唐的藩鎮割據、吏治敗壞，錢穆三致其嘆，我相信，他必然也在千餘年前的那段歷史，看到民國初年的軍閥政治。

從北魏到唐初，在中國士大夫心中湧出的一段吏治精神，唐中葉以後已不復有，則相隨而起的種種制度，自必同歸於盡。

府兵制度亦在同樣命運下消滅。〔換言之，府兵制度之破壞，全在時人對此制度所與的精神以及意識上之轉變。〕

（上冊，頁五二一）

從晚唐歷經五代，數百年的衰亂，到了北宋開始出現轉機。能夠挽狂瀾於既倒的，始終仰賴的是士大夫的自覺。

宋朝的時代，在太平景況下，一天一天的嚴重，而一種自覺的精神，亦終於在士大夫社會中漸漸萌茁。

所謂「自覺精神」者，正是那輩讀書人漸漸自己從內心深處湧現出一種感覺，覺到他們應該起來擔負著天下的重任。……他提出兩句最有名的口號來，說：「士當先天下之憂而憂，後天下之樂而樂。」這是那時士大夫社會中一種自覺精神之最好的榜樣。

范仲淹……感到一種應以天下為己任的意識，這顯然是一種精神上的自覺。然而這並不是范仲淹個人的精神無端感覺到此，這已是一種時代的精神，早已隱藏在同時人的心中，而為范仲淹正式呼喚出來。

（下冊，頁四五）

至此，我們也許必須回到〈引論〉中對於當今之世救國保種的困局，提出了三大難處：

清廷不能不去，王室不能復建，逼使中國不得不為一激劇之變動，以試驗一無準備、無基礎之新政體，而不能更於其間選擇一較緩進、較漸變之路，此為晚清革命之難局，一矣。民國以來，武人弄權，地方割據，日轉增長。內亂層見疊出，斲喪社會之元氣，障阻國家之前進，其間莫非有外力焉為之呼應。此猶人身變病，未先驅解，早服補劑，病根纏綿不去，生機奄息不復。此又為民國以來締構中央統一政權之難局，二矣。

尤難者，不在武人割據之不可鏟滅，而在政治中心勢力之不易產生。……此又民國以來，社會中堅勢力未能形成之難局，三也。

（上冊，頁六六～六八）

錢穆最終表示：「凡此皆輓近中國之病，而尤莫病於士大夫之無識。」因為國族面臨空前危機，晚清以來屢次變革均未能奏效，於是「轉而疑及於我全民族數千年文化本源，而惟求全變故常以為快。」卻不知「今日中國所患，不在於變動之不劇，而在於暫安之難獲。」惟國家有暫安之局，社會始能有更生之變。所謂「更生之變」，乃自國族內部自發新生命力，有賴於「自覺」之精神。然而「國人士大夫，乃悍於求變，而忽於謀安」。劇變之餘，國族動盪益甚，「藥不對病，乃又為最近百病纏縛之一種根本病也。」（上冊，頁六八）

錢穆寫到北宋士大夫的自覺與革新時，意趣昂揚，但是回顧自身所處當代困局，歸根結柢，其病在「士大夫之無識」。與錢穆並世的民國知識份子，莫不困心衡慮，憂心國族之危急存亡，也莫不有志於救國保種之事業。但是錢穆認為他們診斷錯誤、「藥不對病」，卻反而讓國族越陷於淪亡之危局。在錢穆眼中，他與並世反傳統知識份子存在著根本差異，同樣是改造新國史以求國族新生命，錢穆深入歷史探求國族內在靈魂，他稱之為一種「理性精神」，而後者卻反鄙棄國族靈魂而移植西方價值。錢穆以為這是欲求解救「亡國」危機反馴至「亡天下」的更深沉困境。

未來預言書

從十九世紀末葉，在外患方殷，圖強屢挫的歷史處境中，知識份子期待通過國史之改造，以書寫新的國史，形塑新的國族認同，作為救亡圖存的重要途徑。雖然梁啟超曾經警惕，新國史的書寫必須裁抑主觀而客觀忠實於歷史真相，必須以歷史自身為目的而非為手段。但是目的性如此強烈的國史書寫，恐怕時時走在主觀客觀交接的斷崖邊，也很難避免因目的使手段正當化的危險。

史為今用的思想推到極處，歷史卻成為未來的預言書。梁啟超雖未曾完成一部完整的新國史，卻曾於一九〇一年書寫〈中國史敘論〉一文說明書寫中國史的基本架構，有趣的是，這部計畫中的國史，除了寫到最近世的當代之外，還預言了中國歷史未來的發展。晚清知識份子救亡圖存情懷之強烈可見一斑。

> 第三，近世史，自乾隆末年以至於今日，是為世界之中國，即中國民族合同全亞洲民族與西人交涉競爭之時代也。又君主專制政體漸就湮滅，而數千年未經發達之國民立憲政體，將嬗代興起之時代也。

與錢穆的《國史大綱》約略在同一時刻寫作的，還有張蔭麟的《中國史綱》（上古部分）和呂思勉的《中國通史》（正好是顧頡剛評價最高的三部新國史書寫）。抗日軍興，危急存亡之秋，讓這三位史家都對中國的未來憂心忡忡，卻也因此對中國的過去滿懷敬意，更讓他們情懷激切，在國史的末章，極其特殊地都寫下了「未來的國史」，史家書寫過去、策勵當下，竟至於預言未來。其理未必得當，然其心可知，其情可感。

一九四〇年，張蔭麟在〈序言〉中說：

> 這部書的開始屬草在盧溝橋事變之前二年，這部書的開始刊布是在事變之後將近三年。

現在發表一部新的中國通史，無論就中國史本身的發展上看，或就中國史學的發展上看，都可說是恰當其時。就中國史本身的發展上看，我們正處於中國有史以來最大的轉交關頭，正處於朱子所謂「一齊打爛，重新造起」的局面；……第一次全民族一心一體地在血泊和瓦礫場中以奮扎以創造一個赫然在望的新時代。若把讀史比於登山，我們正達到分水嶺的頂峰，無論回顧與前瞻，都可以得到最廣闊的眼界，在這時候，把全部的民族史和它所指向的道路，作一鳥瞰。最能給人以拓心胸的歷史的壯觀。

又於《中國史綱》出版兩年之後，在報端發表該書之獻辭：

斯今日之所急，舍讀史而末由。惟我華胄，卓居族群；導中和之先路，立位育之人極；啟文明於榛狉，播光華於黯黮；人任既已降於新民，大難所以鼓其蘊力。屢蠻夷而滑夏，終德義之勝殘。否臻極而泰來，貞以下而元起。斯史實所柄乘，凡國民所宜稔者也。

呂思勉在一九四〇年出版的《中國通史》末章，第三十六章〈革命途中的中國〉這麼寫著：

中國革命前途重要的問題，畢竟不在對內而在對外。……我們今日一切問題，都在於對外而不在於對內。我們現在，所處的境界，誠極沈悶，卻不可無一百二十分的自信心。豈有數萬萬的大族，數千年的大國，古國，而沒有前途之理？悲觀主義者流：「君歌且休聽我歌，我歌今與君殊科。」我請頌近代大史學家梁任公先生所譯歐洲大文豪拜倫的詩，以結吾書。「希臘啊！你本是平和時代的愛嬌，你本是戰爭時代的天驕。撒芷波，歌聲高，女詩人，熱情好。更有那德羅士，菲波士容光常照。此地是藝文舊壘。技術中潮。祇今在否？算除卻太陽光線，萬般沒了。

馬拉頓前啊！山容飄渺。馬拉頓後啊！海門環繞。如此好河山，也應有自由回照。我向那波斯軍墓門憑眺。難道我為奴為隸，今生便了？不信我為奴為隸，今生便了。」

錢穆的《國史大綱》則以〈除舊與開新〉作為末章章題，並立最後一節為：

八　抗戰勝利建國完成中華民族固有文化對世界新使命之開始

本節諸項，為中國全國國民，內心共抱之蘄嚮，亦為中國全國國民當前乃至此後，共負之責任。不久之將來，當以上項標題創寫於中國新史之前頁。

（下冊，頁四三一）

歷史書寫本是對過去的回顧與呈現，然而在那個國族絕續只在一線、亡國與亡天下迫在眉睫的困難時刻，國史書寫者難以自抑地把國史末章變成未來預言書，試圖書寫那尚未來到的未來。他們真的相信，我寫故國在，書寫過去除了安頓現在，還能夠指示未來、使之成真？還是，那只是其情可憫可敬的一種時代情懷？

小結

數十年前的《國史大綱》當然不會是我們現在需要的新國史。我在本文所談的「需要一種新的國史」，指涉的是一百年前或八十年前當時許多中國知識份子的心情。雖然他們對新的國史應該是什麼樣子，有更多元的主張、更多樣的實踐，但是他們基本上都分享著同樣的心情。將近一百年的時間過去，時空情境迥異，我們該如何回頭看這一部書？

如果要我推薦給現在歷史系同學有關中國史的通論性著作哪一本總體成就最高？我可能還是很不好意思地要推薦《國史大綱》。所謂不好意思是，對這數十年來的中國史學者都很不好意思，為什麼？沒有人能夠超越錢穆的《國史大綱》。

所謂沒有人能夠超越，必須進一步解釋。錢穆當然有很多需要被修正的，許多新的材料，他沒有機會去看到。在他的時代裡他已經不熟悉同時代的學者運用的甲骨文了，更不要說甲骨文之後有太多新的材料，包括考古文書資料、各種出土文物等等。包括後來層出不窮許多新的眼光、新的見解、新的理論、新的詮釋，這些都是錢穆所沒有的。所以在許多各別的點上，錢穆當然都被超越了，都被修正了，甚至他可能的確犯了一些錯誤。但是我講的是一種整體的成就、對中國歷史系統性的詮釋、一種論述框架，以及他對問題的掌握所展現的敏銳與深刻。錢穆的得意弟子中最知名的是余英時，余先生許多重要學術見解常常是跟隨錢穆觀點的再詮釋。我們不能說，錢穆規範、或框限了余英時，而是余英時從錢穆一些敏銳觀察地啟發之下有更好的延伸發展。

所以再回過頭來說，我們今天怎麼去看錢穆這部書，可以有很多不同的層面。從中國史研究的層面來看，錢穆非常敏銳地掌握到一些關鍵問題，他對中國歷史的許多詮釋，大方向上我們還是必須向他學習、或是提出回應與他對話，即使是根據今天的新材料、新觀點可以修正、甚至推翻掉他的一些學術見解，但錢穆就是後代學者無法繞過的一座學術大山。從學術上來講，《國史大綱》就是一部八十多年前存在的文本，而這個文本在幾十年來對歷史學界有著深刻地影響，但終究是一個必須被學習也必須被批判的舊文本。

如果從時代所激盪的、對於歷史書寫與國族形塑的層面來看，錢穆的《國史大綱》示範了那個時代的知識份子一種書寫的方式、一種書寫的策略，提供一個範例。他不是唯一的，就像前面提到的，他甚至可能不只不是唯一的，還可能是屬於少數的、潮流之外的，比較邊緣性的一個，是那個時代知識份子的異端。但是歷史書寫者跟自己時代之間的繫聯是很難清楚切割開，有一種非常緊密的關係。錢穆的《國史大綱》也讓我們實際看到了一個歷史研究者的當代關懷跟他的歷史研究間可以怎樣連結，而這樣的連結也讓我們一方面看到錢穆的成就，另一方面也看到錢穆的危險。每個時代的歷史書寫者都有他自己的當代使命，過去的一個重要的範例，提供了我們很多學習、借鏡、批判、繼承的可能，端看你從那個面向觀看。

這些可能，可以讓我們回頭思考自己。我作為當代臺灣的歷史研究者，對於自己的時代有著深刻的關懷，我希望我的歷史書寫與歷史研究，跟我的關懷之間能夠有一種真切的連結，而這種連結可能會讓我的歷史書寫成為偉大的書寫，也可能會讓我的歷史書寫成為危險的書寫。錢穆的《國史大綱》提供了我們很多觀察的角度跟可能，而最終我們必須回頭去檢視自己。

臺灣當代也是一個尋找新的歷史書寫的年代，也是一個重新辨識自己國族身分的年代。而重新辨識國族的身分與我們的歷史研究、歷史書寫，也常常有著脫不開的關係。也就是說，具體的問題我們跟八十年多前不一樣、跟一百年前不一樣，但是這個問題的情境，我覺得有雷同的地方。這就是我們今天何以需要用心閱讀將近一個世紀前的經典著作。

作者案：本文根據臺灣商務印書館「重返《國史大綱》」系列講座第一場「需要一種新的國史：錢穆與《國史大綱》」（二〇二一年四月十六日）演講內容稍做文字調整。演講內容主要根據本人寫作學術論文〈需要一種新的國史：錢穆與《國史大綱》〉（收入李帆、黃兆強、區志堅主編，《重返錢穆》，臺北：秀威資訊，二〇二一年九月POD一版），並經主編與秀威資訊同意局部內容轉換以非學術論文形式發表。

參考書目

錢穆，《八十憶雙親師友雜憶合刊》。臺北：東大圖書公司，一九八三。
錢穆，《國學概論》。臺北：臺灣商務印書館，一九五六新版。
錢穆，《中國歷史研究法》附錄〈略論治史方法〉。臺北：東大圖書公司，一九九一再版。
余英時，〈一生為故國招魂：敬悼錢賓四師〉，《猶記風吹水上鱗：錢穆與現代中國學術》。臺北：三民書局，一九九一。
吳沛瀾，〈憶賓四師〉，中國人民政治協商會議江蘇省無錫縣委員會編，《錢穆紀念文集》。上海：上海人民出版社，一九九二。
鄧爾麟（Jerry Dennerline）著，藍樺譯，《錢穆與七房橋世界》（*Qian Mu and the World of Seven Mansions*）。北京：社會科學文獻出版社，一九九五。

印永清，《百年家族：錢穆》。臺北：立緒文化公司，二〇〇二。
沈衛威，《回眸學衡派：文化保守主義的現代命運》。臺北：立緒文化公司，二〇〇〇。
梁啟超，《中國歷史研究法》〈新史學〉、〈中國史敘論〉、〈少年中國說〉、〈新民說〉、〈政治學大家伯倫知理之學說〉，梁啟超著，湯志鈞、湯仁澤主編，《梁啟超全集》。北京：中國人民大學出版社，二〇一八。
劉師培，《中國歷史教科書》、《中國民族志》，收入《儀徵劉申叔遺書》。揚州：廣陵書社，二〇一四。
橫陽翼天氏（曾鯤化），《中國歷史》。上海：東新譯社，一九〇三。
張蔭麟，〈自序〉，《中國史綱．上古篇》。我用的版本是臺北里仁書局一九八二年翻印本，書名改題《中國上古史綱》。
呂思勉，《中國通史》。上海：上海古籍出版社，二〇〇九。
顧頡剛，《當代中國史學》。香港：龍門書店校訂重版本，一九六四。
許嘯天，〈新序〉，《國故學討論集》第一集。上海：群學社，一九二七。
胡適，〈整理國學的三條途徑〉、〈再談談整理國故〉，《國故學討論集》第一集。上海：群學社，一九二七。
吳文祺，〈重新估定國故學之價值〉，《國故學討論集》第一集。上海：群學社，一九二七。
唐德剛譯註，《胡適口述自傳》。臺北：傳記文學，一九八六年。
葛兆光，〈作為思想史的古輿圖〉，收入甘懷真主編，《東亞歷史上的天下與中國概念》。臺北：臺大出版中心，二〇〇七。
沈松僑，〈我以我血薦軒轅：晚清的黃帝神話與國族建構〉，《臺灣社會研究季刊》二十八期，一九九七，臺北。
沈松僑，〈振大漢之天聲：民族英雄譜系與晚清的國族想像〉，《中央研究院近代史研究所集刊》第三十三期，二〇〇〇，臺北。
沈松僑，〈召喚沉默的亡者：跨越國族歷史的界線〉，《思想》第二期，二〇〇六，臺北。
黃俊傑，〈錢賓四史學中的「國史」觀：內涵、方法與意義〉，《臺大歷史學報》第二十六期，二〇〇〇，臺北。
王晴佳，〈錢穆與科學史學之離合關係（1926～1950）〉，《臺大歷史學報》第二十六期，二〇〇〇，臺北。
宋家復，〈現代中國史學中「國史」實作意義的轉變：從章太炎到錢穆〉，《清華學報》第四十九卷第四期，二〇一九，新竹。
Prasenjit Duara, *Rescuing History from the Nation: Questioning Narratives of Mordern China*：杜贊奇著，王憲明譯，《從民族國家拯救歷史：民族主義話語與中國現代史研究》。北京：社會科學文獻出版社，二〇〇三。

開放性思考的歷史敘事

《國史大綱》與通史精神

閻鴻中／國立臺灣大學歷史學系兼任副教授

從我當學生開始，在中國通史的課上就讀了《國史大綱》。當我在歷史系講授「中國通史」的課程之時，在我前面的老師仍然使用《國史大綱》；而我教這門課以及別的課時，也幾乎每年都會讓學生閱讀部分《國史大綱》。對我來說，從讀中國史到教中國史始終沒有離開《國史大綱》這部書。現在有機會來談一談我對這部書的一些理解、想法，我覺得這是榮幸，也是一個責任。

先從我接觸《國史大綱》的背景開始談起。我是在一九八〇年進臺大歷史系。我們入學後，學生就開始登記買書，其中最重要的就是《國史大綱》，以及西洋通史的教科書。當年除了《國史大綱》之外，也同時使用傅樂成（一九二二－一九八四）的《中國通史》。那個年代的學生，沒有人去懷疑說，在市面上有一大堆新書的情況下，為什麼我們需要去讀一部五十年前寫作的書？我們的「中國通史」課由現在臺大的名譽教授鄭欽仁先生授課，他是日本東京大學博士，專精南北朝史。以鄭欽仁的學術背景，他對《國史大綱》很有意見，但是沒有全然拒絕使用這部書上課，而是經常評論這部書的觀點。可以說，當時歷史系的學生必須讀《國史大綱》，彷彿是理所當然的。但其實，這件事並不尋常。我求學時代的老師顯然不是讀錢穆的書來研究中國史的學者，而且臺大歷史系的學風與錢先生的史學其實頗有距離，這也是大家都知道的。我間接聽說，錢先生似乎提過，臺灣有很多大學都請他演講，唯獨臺大從來沒有邀請過他，可見雙方的距離很遠。然而，我們當年竟理所當然地讀著《國史大綱》，這是很神奇的事。由這個背景也可以推知，《國史大綱》無疑擁有某些穿透時間及學派、立場、觀點的魅力。這樣的書，我們可以說它有某種經典的意義。

一部經典作品，不代表它的內容不過時，也不代表它為大家所接受，它很多的論點都會被質疑、甚至推翻。但是，所有的問題並不妨礙它仍富有強烈的啟發性，這才是經典作品的特質。我個人覺得，《國史大綱》之所以在中國史的作品中有根本意義的經典性，基本上就來自其中的通史精神。

要講這一點，我們要先回頭去談談晚清民初時期的通史觀念。「通史」這個觀念絕對不是錢穆的獨創。

錢穆有一本著作《中國歷史研究法》，第一講談的就是「如何研究通史」，清楚反映出錢先生治史的理念，通史的觀念是始終貫徹的。儘管錢先生另有許多專門著作，可是憑《國史大綱》就標示了他是通史的代表性作者，這點毫無疑問。但通史不是錢穆獨創的觀念，可以講他是當行出色，但通史是那個時代共通的觀念。我們先回到背景脈絡，了解當時的通史觀念，然後再來談《國史大綱》作為通史的真正特點。

很多學者表示過《國史大綱》豐富地總結了當時學術許多研究的觀點和成果，余英時也這麼講。這話在我看來其實只講了一半。這部書裡確實結合許多那個時代做通史、做專門研究的成果，但這部書還有一些東西是想做通史、甚至於想做專門研究的學者渴望而沒有做到的，這部書就帶領大家更逼近了他們的目標。接下來談談通史觀念的緣起。

近代的「通史」和「國史」

從王國維到陳寅恪

首先，近代通史的出現，有個現實的成因——就是出於學校教育的需要。在現代學校裡的歷史課一定是講通史。當時的通史課有兩個範疇：「本國史」和「世界史」，本國史也就是「國史」，每個國家的學校都有本國歷史的課程；本國之外的歷史課的範圍儘管不盡然一致，概括起來可以說是「世界史」。無論如何，本國史、世界史的通史觀念是由學校教育所促成的，而學校教育所要求的通史知識也促進了一個新的學術觀念，要把歷史看成一個有系統的知識。

我們舉一個比較有趣的例子。日本的知名學者桑原騭藏（一八七一——一九三一）寫了《西洋史》、《東洋史》等名著，都是他在研究生時期為日本中等學校歷史課所寫的教科書。他的《中等東洋史》在一八九八年初版，次年就翻譯成中文，當時年僅二十三歲的王國維為譯本寫序，序中對通史的觀念作了清楚地闡述。他說：

> 自近世歷史為一科學，故事實之間不可無系統。抑無論何學，苟無系統之智識者，不可謂之科學。中國之所謂歷史，殆無有系統者，不過集合社會中散見之事實，單可稱史料而已，不得云歷史。
>
> 歷史有二：有國史，有世界史。國史者，述關係於一國之事實。世界史者，述世界諸國歷史上相互關係之事實。其界竊然。……
>
> 欲為完全之世界史，今日尚不能。於是大別世界史為東洋史、西洋史之二者，皆主研究歷

史上諸國相關係之事實，而與國史異其宗旨者也。

中國以往所寫的歷史，不過是散見的事實，即使匯集起來也沒有系統，「系統」在這裡不是指寫作的體例，而是知識觀念的系統，所以「單可稱史料而已，不得云歷史」。歷史要把許多事實組織成系統，呈現有意義的知識。

區分史料和系統知識，是一種近代的科學知識觀。對於系統可以有不同的界定。王國維說，可稱為系統的歷史只有兩種，一是國史，一是世界史。把國家當成一個歷史的單位，可以把歷史講得有系統；把整個世界當成一個歷史的單位，也可以有系統。國史表示邊界，通史則表示著完整性，是比較清楚的指標。國史可以構成系統，而世界史還不完整。這是王國維的歷史知識觀。

除了這兩者之外，還有其他可能把某種歷史講得有系統嗎？今天我們有怎樣的歷史知識領域課題可以是有系統的知識？我們可以說在臺灣同時有臺灣史、中國史和世界史，但臺灣史、中國史都是國史的變相，而世界史有沒有堪稱完整的系統也成問題。無論如何，王國維說，通史不光是一個時代的需求，也是一個學術的目標。這是王國維的觀念。

王國維接著說，要寫完整的世界史，今日還不可能，因為古代的世界就是分成西洋、東洋兩大區域，不得已則只能先講東洋史跟西洋史。無論如何，世界史或東洋史所研究的是國跟國的關係，跟本國史是不一樣的。一種是關係的歷史，一種是國族實體的歷史。

在王國維的時代，世界史和國史彼此互補，他所表達的知識需求無疑緊貼著當時世界的現況。今天看到這樣的觀念，會有各式各樣的回應。不過，儘管對於是不是可把國家看成一個有實質內容的歷史主體，可以打個問號，但在現實上，對於不同於國史、以及關係性的世界史的其他歷史之可能性，雖然歷經幾代人的努力探索，但成績還並不多。

總之，「通史」和「國史」其實是同源的概念。

在這個背景底下，桑原騭藏所寫的這部東洋史，中文翻譯成了《東洋史要》，也在中國成為閱讀世界史的教材。不但如此，隨即就有人參考該書、以及稍早翻印的那珂通世（一八五一——一九〇八）《支那通史》（一八九一年五卷出版，日本中學東洋史課程最早的用書）的架構來寫中國史，而成為從晚清到民國初年的中等學校中國史教科書所流行的撰寫模式。總之，從二十世紀初開始，中國學校的中國史教材就是用東洋史的架構來寫，而東洋史則模仿自西洋史的架構。

這是個什麼樣的架構呢？第一是歷史分期，例如上古、中古、近古、近世。這是西洋史的分期法，分三段或四段本質沒有不同。

可是，中國史可以參考西洋史的分期架構，卻不能套用西洋史實質的內涵，得改變成族群國家的歷史。例如，漢族最早的發展、漢族的全盛（漢、唐之間），到近古蒙古族的興起，成為超過漢人的、或漢人被征服的帝國範圍，進而西方的勢力來到了東方來。這本來是東洋族群關係史的架構，然而集中強調中國，也可以作為中國史的架構。有趣的是，臺灣商務印書館在二〇二〇到二〇二一年間新出一套《課綱中的臺灣史》、《課綱中的中國史》、《課綱中的世界史》系列書籍，其中中國史的內容正是把中國放進了東亞的脈絡。本來這就是東洋史的傳統，在清末民初曾經是教中國史的典範。

然而，這是合理的嗎？一九二九年，陳寅恪為北京大學歷史系畢業生寫過兩首絕句詩作為贈言，第一首說：

群趨東鄰受國史，神州大夫羞欲死。
田巴魯仲兩無成，要待諸君洗斯恥。

前兩句說，對中國知識份子來講，本國歷史要向日本人學習，多麼可恥！下兩句說，不肯那麼做的有兩種人，然而他們沒有解決問題，期待你們這些後起之秀來雪恥。詩裡的田巴、魯仲是譬喻，究竟是指什麼，學者提出種種聯想，如余英時、陳弱水各有解釋。我不認同把田巴、魯仲看成兩個人，或兩個特定學派的解釋。

我們回到典故出處，看原本的文義。田巴、魯仲的典故出自《魯連子》這部書，魯仲就是魯仲連（前三〇五—前二四五），田巴是其中一則故事裡提到的學者。這則故事說：

齊之辯士田巴，毀五帝，罪三王，訾五伯，離堅白，合同異，一日而服千人。……

魯連曰：「……國亡在旦暮耳。先生將奈何？」

田巴曰：「無奈何。」

魯連曰：「夫危不能為安，亡不能為存，無貴學士矣。今臣將罷南陽之師，還高唐之兵，卻聊城之眾。……願先生之勿復談也。」

許多學者認為，田巴「毀五帝，罪三王，訾五伯（霸）」的見解，涉及對古代歷史的翻案，藉以比喻古史辨運動；但故事裡田巴的主要特質不在於歷史翻案，而在於遠離現實。「合同異、離堅白」源自古代的名家，一般人對他們的印象是，儘管說得天花亂墜，現實上毫無用處；由此看來，所謂對五帝、三王、五霸的廣泛非議，其實也是一種脫離情境的、不顧歷史現實的高姿態批評。（按照故事背景，五霸算是時代還很接近的歷史，並非遠古。）魯仲連問田巴，「現在齊國即將亡國，你有沒有辦法解決？」田巴束手無策，魯仲連因此說，我要想辦法去拯救齊國，解決現實的問題，沒用的學問你以後不要再講了。

從整個故事看，陳寅恪詩裡講的是兩種為學的態度：純粹做脫離現實的研究，解決不了講中國史的問題；只想著救國，也不會成功。我猜想他的意思是，要將客觀求知、追求真理的精神與現實關懷妥善結合，才有出路。陳先生一輩子的學術觀念都是如此，他永遠在關懷現實，但保持距離的回應，對歷史的真相和軌跡提供獨立的判斷，堅持獨立的精神，而不肯屈從於政治。

那個時代的一流學者，並不因為要講國史，就主張可以犧牲歷史的客觀性。從王國維、陳寅恪、顧頡剛、傅斯年，到錢穆等人，追求通史的學問裡，歷史知識的客觀性都是優先的。問題在於，要怎麼回應現實？

〈新史學〉與國史的「理想」

我們先看看梁啟超。梁啟超的〈新史學〉一文所講的「新史學」就是國史，他對國史提出最初的主張很有代表性。這篇文章在《新民叢報》剛出刊時開始連載，那是在王國維寫〈《東洋史要》序〉之後三年。一般講近代史學的觀念會從梁啟超講起，其實，雖然他對國史的發揮較多，但源頭應該從王國維的通史觀念說起。梁啟超說：

於今日泰西通行諸學科中，為中國所固有者，惟史學。史學者，學問之最博大而最切要者也，國民之明鏡也，愛國心之源泉也。

中國傳統擁有史學，但是現在所需要的史學跟中國傳統距離非常遙遠。什麼是現代的史學？現代的史學是培養國民的明鏡，是啟蒙式的作品。而中國古代的歷史則「知有朝廷而不知有國家，知有個人而不知有群體，知有陳跡而不知有今務，知有事實而不知有理想」。其中「知有今務」，就是說一定要寫到當前的歷史，古代除了司馬遷的《史記》、杜佑（七三五－八一二）的《通典》之外，其他包括《資治通鑑》等史書都沒有寫到當代，那就不是近代意義的通史觀念。此外，要「知有群體」，去關懷個別人物背後的群體活動。最重要的一句話是「知有理想」，梁啟超說：

史之精神維何？曰理想是已。大群之中有小群，大時代之中有小時代，而群與群之相際，時代與時代之相續，其間有消息焉，有原理焉。作史者苟能勘破之，知其以若彼之因，故生若此之果，鑒既往之大例，示將來之風潮，然後其書乃有益於世界。

有大群體，有小群體，大群體內有小群體的消長，還有種種的時代變遷。變動中間有「消息」，也就是有種種動態和趨勢；變動中有「原理」，也就是因果關係和普遍法則。有精神、有理想的史學要去探究這些問題，寫出群體的、變動的歷史。〈新史學〉後面的內容談到科學，他說科學分成兩類，一種是人文的科學，那就是歷史學，另外一種是自然學科，自然學科是事情的原理會是永遠有效的，但人文學科是隨時替換、隨時變動的。看來他所謂的史學原理比較像是一種因果律，而不是一種普遍法則。這是梁啟超對國史的概念。

如此一來，歷史的背後是想像。只有想像出那個群體，描述出群體動態趨勢，分析出因果變化的規律原理，才是歷史知識，才是合格的國史知識。

整體來看，梁啟超認為，國史是國民教育需要的知識。它既是為了愛自己的國家而必須獲得的知識，也是理解過往與現實的知識，它需要有系統的、整體的理解。

這是那個時代的共通認知。為了這個目標而出現大量中國通史的寫作，從中學的歷史教科書，到大學的歷史教學，一流的學者紛紛加入寫中國通史的潮流。

「國史」寫作運動

這裡僅列出部分公認且流行的中國通史的代表之作：

夏曾佑，《中國古代史》（一九〇四～〇六，原名《最新中學中國歷史教科書》，一九三三年列入商務印書館大學叢書）。

章嶔，《中華通史》（一九一三）。

梁啟超，《中國文化史：社會組織篇》（一九二七）。

鄧之誠，《中華二千年史》（一九三四／一九五六）。

呂思勉，《白話本國史》（一九二三）、《中國通史》（一九四〇，一九四四），《國史長編》。

柳詒徵，《中國文化史》（一九三二）。

錢穆，《國史大綱》（一九三九）、《中國文化史導論》（一九四九）。

周谷城，《中國通史》（一九四二）。

傅樂成，《中國通史》（一九六〇～六三，一九七四增訂版）。

翦伯贊主編，《中國通史》（一九六二～六六，一九九四修訂版，二〇〇六二次修訂版）。

許倬雲，《萬古江河：中國歷史文化的轉折與開展》（二〇〇六）

前三種分別為晚清、民初和北洋政府時期的作品；柳詒徵、呂思勉和周谷城（一八九八－一九九六）的著作與《國史大綱》時間接近。以下則是二十世紀後半的作品，其中翦伯贊（一八九八－一九六八）主編的《中國通史》是以北京大學為主的學者們所寫，修訂本現在還被使用。還有很多其他優秀著作，如繆鳳林（一八九九－一九五九）、張蔭麟、羅香林（一九〇六－一九七八）、張其昀、陳致平（一九〇八－二〇〇二）、林瑞翰（一九二七－二〇一五）、杜維運（一九二八－二〇一二）、張玉法等多位學者都有著作。特別值得一提的是中國現代史名家張玉法受中研院第六任院長吳大猷（一九〇七－二〇〇〇）囑託，寫成《中華通史》，共五卷八冊，在二〇二二年才成書出版。

這些通史是為國民、乃至受大學教育的知識份子而寫的。相當程度上，它們是要排除或削弱東洋史學觀點的影響。除了馬克思主義學派和許倬雲的著作外，許多作品某個程度上透露著反世界史的思潮。國史本來不必反世界史，但是中國史的知識一開始發生時，受到以西方為典範的世界史架構影響，怎麼掙脫這個框架，是許多學者要面對的大問題。

許多學者努力建立中國史的完足性。當然不是說中國史與外在世界史沒有關係，但重點是要先說明中國史的個性。我們今天處在深深全球化的環境裡，去看民國時期的人所寫的中國史，往往感覺它們太把中國跟世界切割開。我們得同情地了解，學術發展有一定的軌跡，必須這一段工作先做完，讓歷史的個性呈現出來，才能走下一步。如果沒有中國史的個性，基本上中國史可以取消，而直接講東洋史、世界史，那盲點顯然會更嚴重。

國史的書寫是個運動，裡面有共同的趨向。當初寫中國史的常見特徵是對中國史分期。早期的分期往往不脫離從西洋史複製來的東洋史框架，分作上古、中古、近世等等，連呂思勉寫《白話本國史》都用這個框架；稍後才逐漸擺脫。在臺灣學習中國歷史，一般分成上古、秦漢、南北朝、隋唐等等時代，這個架構看來平常，其實是民國以來的學者辛苦建立起來的。一九四九年後的中國大陸揚棄這種分期法，採取馬列主義、特別是史達林五階段論的世界歷史架構。現在的大陸歷史學界早已打破格套，可是國民教育還保有歷史階段論的影子，更別提階級鬥爭論了。所以民國初年的學者對通史的探究和寫作，特別深刻地影響了臺灣對中國歷史的認知。

日本東京、京都兩大學派對中國歷史分期曾經長期爭論，討論長時段歷史的意義和動向，是有啟發性的，但他們並沒有擺脫西洋史的大框架。民國初年的學者則首先放棄既定的西洋的框架。可是，講中國史也不能只講朝代史，怎麼在中國史裡面界定長時段的視角，是個大問題。

《國史大綱》的「國史」觀念

《國史大綱》對國史的觀念與其他學者有同也有異。我們回顧一下此書〈引論〉所提示的幾點理念，並且聯繫該書的內容說明這些理念以及它們落實的成果。

〈引論〉裡說，「中國最近，乃為其國民最缺乏國史知識之國家。」（上冊，頁三九）中國的國民極端缺乏對自己國家的歷史知識，原因不僅是因為歷史學者還沒寫出國史，更重要的原因是，國民心理上覺得中國歷史是落伍的，是要被拋棄的。從近代的革命史觀出發，過去都是不值得學習。所以〈引論〉特別強調，國民——特別是一個有志改革現實的人——必須知道過去。所謂「惟知之深，故愛之切」，國民對國家已往的歷史有深厚認識，才能愛國，這種論述是對「愛之深，責之切」的否定式歷史批判心態的翻轉。要講愛國，不能只說我愛未來的中國，而不愛過去的中國。

但歷史知識的意義並不僅在培養愛國的情操：「欲其國民對國家當前有真實之改進，必先使其國民對國家已往歷史有真實之了解。」（上冊，頁四一）要改造國家、改善現實，對歷史必定得有確切的了解。錢穆常被形容為文化保守主義的學者，但這一派人並非不要改造中國。看看他對歷史知識的理念：

歷史知識，隨時變遷，應與當身現代種種問題，有親切之聯絡。歷史智識，貴能鑒古而知今。（上冊，頁四〇）

歷史知識要隨時變遷，不斷從現實問題重新出發來探討古今。這不僅與傳統史學「名山之業」的觀念顯然不同，在主張歷史客觀性的潮流裡，也是相當激進的理念，無疑帶有超越時代的洞察。

他說：「治國史……仍當於客觀中求實證，通覽全史而覓取其動態。」（上冊，頁四九）同時又一方面指責考訂派割裂全史的客觀研究：「震於『科學方法』之美名，往往割裂史實，為局部窄狹之追究。……既無以見前人整段之活動，亦於先民文化精神，漠然無所用其情。彼惟尚實證，夸創獲，號客觀，既無意於成體之全史，亦不論自己民族國家之文化成績也。」（上冊，頁四二）要以客觀的態度掌握整體動態。

他指責記誦、考訂、宣傳諸派，「無一能發願為國史撰一新本者」（上冊，頁四六），話講得非常重。分明有許多已出版和正在撰寫的歷史書，怎麼能夠一概抹煞？竟然提出如此強烈地批評。他有很高的自我期許，而且藉此表示自己所研究寫作的歷史知識，與其他潮流所追求的歷史知識根本不同。這實在是一個極其勇敢、不惜展現攻擊性的質疑。

《國史大綱》有沒有這種特殊的內涵呢？我們後面要解答的這個問題。這裡先說兩點〈引論〉裡的特殊觀念。一是肯定傳統史學：

今日所需要之國史新本，將為自《尚書》以來下至《通志》一類之一種新通史。（上冊，頁四六）

古代人已經寫了很多通史，歷史要不斷更新，但舊有的優秀史書是可以和新的國史相提並論的。儘管梁啟超也說中國古代有好些極優秀的史書，他列出六種，《國史大綱》〈引論〉則列了九種。重點不在於數量或選樣，而是對待這些作品的態度根本不同。梁啟超、王國維說舊有的歷史只是史料，錢穆卻說是與自己所期待的新著作地位相當的「通史」。可見他們對傳統學術的認識、心態大不相同。

〈引論〉的另一個觀念是，儘管通史應該「簡單而扼要」，但是必須具備兩項條件：

一者必能將我國家民族已往文化演進之真相，明白示人，為一般有志認識中國已往政治、社會、文化、思想種種演變者所必要之智識；二者應能於舊史統貫中映照出現中國種種複雜

難解之問題，為一般有志革新現實者所必備之參考。（上冊，頁四六）

新通史能呈現簡潔扼要的真相，是容易了解的；但還要全面回應現實中國的「種種複雜難解之問題」，在革新現實時能夠參考，意味著那些現實問題並不是想要怎麼解決就能依主觀意願或單純的理念而達成。所謂「舊史統貫」，自然不是單一事例，而是長期歷史所呈現的樣貌，是一種深刻的歷史教訓。重點是，首先願意承認中國有種種難解之問題。

以上兩點，都是《國史大綱》「國史」觀念的重要特色，可以說是一種保守主義史學的特殊關懷。這種保守主義並不拒斥革新，而是在正視現實的意圖下重探傳統，在重視傳統的基礎上有效地革新現況，因此而需要建立一種與時俱進的「會古通今」之學。

因此，《國史大綱》豐富地回應了現實中許多複雜難解的中國歷史問題。

中國史的系統論

錢穆在〈引論〉說，有人問他，現在的革新派講中國歷史注意三件事，一是政治制度，二是學術思想，三是社會經濟。你講中國史，要以什麼為主軸？這三項內容都來自西洋史的歷史分期法。如今我們也可以問自己，這三者怎麼組合成一個中國歷史的研究或講述架構？

在一九七四年臺灣商務印書館重版《國史大綱》時，錢穆請嚴耕望（一九一六－一九九六）協助修訂補充。錢先生當時給嚴先生的信裡說：

> 拙著側重，上面政治更重制度方面；下面社會更重經濟方面；中間注重士人參政。

換句話說，三個方面他都要兼顧而又各有配置，學術思想以涉及士人的政治參與為重點值得注意。〈引論〉裡的回應與此不同，反而先對三項指標的預期內容給予否定：

> 以言政治，求一屢爭不舍、僅而後得之代表民意機關，如英倫之「大憲章」與「國會」之創興而無有也。又求一轟轟烈烈，明白痛快，如法國「人權大革命」之爆發，而更無有也。……以言思想，……求一如馬丁路德，明揭「信仰自由」之旗幟，以與羅馬教皇力抗，軒然興起全歐「宗教革命」之巨波，而更無有也。……以言經濟，求一如噶馬、如哥倫布鑿空海外，發現新殖民地之偉跡而渺不可得；求如今日歐、美社會之光怪陸離，窮富極華之景象，而更

不可得。（上冊，頁四八）

政治、思想和經濟三個方向，本來是個從西方近代歷史演變形成的架構，中國進入這個世界，必須回應這個架構，但是這個架構沒辦法直接讓中國歷史有意義。因此，必須回頭探究中國歷史的內涵，更優先的是，必須提供中國歷史特殊的問題意識。他書信裡的說明看似輕描淡寫，《國史大綱》〈引論〉則是擲地有聲地回應：不能套用西方歷史的簡單框架，應該重視中國歷史的特性。那麼，如何尋找中國歷史的個性呢？方法是先掌握各時代的動態所在：

> 治國史不必先存一揄揚誇大之私，亦不必先抱一門戶立場之見。仍當於客觀中求實證，通覽全史而覓取其動態。若某一時代之變動在學術思想，（例如戰國先秦。）我即著眼於當時之學術思想而看其如何為變。……若某一時代之變動在社會經濟，（例如三國魏晉。）我即著眼於當時之社會經濟而看其如何為變。「變」之所在，即歷史精神之所在，亦即民族文化評價之所繫。（上冊，頁四九～五〇）

不是在每個時代都採三組一套的表相框架，而是直接面對動態。首先就每個時代各自去看，一個時代在哪方面發生了變化？把它當成主軸，尋求變動的脈絡。例如，先秦學術思想發生重大的變動，《國史大綱》指出，在這變動的背後，有階級制度的推移，有政治體制的發展，有經濟結構的變化，且彼此連結，將這些因素聯繫整合起來，就有了歷史的個性。如此來講，求中國歷史的個性並不違背客觀真實。看到重點在那裡，就從這個重點去發現歷史的特質，自然有取捨、有詳略，同時又足可以由局部通達全體，展現整部歷史的特殊精神。這是對歷史的慧解和巧思。

綜合歷代的變動之後，不難找出長期的動向，他說：

> 中國社會，自秦以下，其進步何在？曰：亦在於經濟地域之逐漸擴大，文化傳播之逐次普及，與夫政治機會之逐次平等而已。其進程之遲速不論，而其朝此方向演進，則明白無可疑者。（上冊，頁六〇～六一）

雖然流露出當時流行的社會進化論的色彩，然而經濟、文化、政治的發展進程並不一致，因而不能用長期的大趨勢來解釋特定的時代。所以，中國史既有各時代的個性，又有長期的趨勢，中間形成了辨證的關係。這樣子講歷史，內涵就很豐富。

我覺得，錢穆非常重視傳統史學，傳統史學常講人物、事件，都是即時性、短時間的史學；

傳統史學也講究制度，包括政治制度和社會經濟，是長期變遷的過程。中國歷史傳統本來帶有多種層次，只是古人沒有提煉一個清晰的系統知識。現代人有了系統性知識的概念，大可利用、組織多層次的內容，只要別用一個硬的框架來套。當時有許多中國通史的書很紮實地把傳統材料配置進去，然而由於用的是特定的框架，反而看不見動態，甚或扭曲變形。錢先生看到多層次中間有著參差變化，而呈現了動態。他活用了傳統的史學，而不是像其他人的歷史進化論，只在過去的史學裡看見材料。只單向地注入既定的框架裡，弄得歷史失去了張力，只顯得發展遲滯，反而激起只求速變、全變的魯莽心態。

政治史的動態：政體演進

我們下面舉一些例子來談《國史大綱》看出了怎樣的歷史動態。首先介紹政治史的見解。〈引論〉中說：

總觀國史，政制演進，約得三級：由封建而躋統一，一也。〔此在秦、漢完成之。〕由宗室、外戚、軍人所組成之政府，漸變而為士人政府，二也。〔此自西漢中葉以下，迄於東漢完成之。〕由士族門第再變而為科舉競選，三也。〔此在隋、唐兩代完成之。〕惟其如此，「考試」與「銓選」，遂為維持中國歷代政府綱紀之兩大骨幹。全國政事付之官吏，而官吏之選拔與任用，則一惟禮部之考試與吏部之銓選是問。此二者，皆有客觀之法規，為公開的準繩，有皇帝〔王室代表。〕所不能搖，宰相〔政府首領。〕所不能動者。若於此等政治後面推尋其意義，此即禮運所謂「天下為公，選賢與能」之旨。

（上冊，頁五二～五三）

在政體演進的三階段裡，「從封建到統一」，在傳統或當時都是流行的看法。但是，連結到第二和第三階段，重視選舉制度和科舉制度促成獨立運作、標準公開的考試、詮選制度，參考《國史大綱》前後章節的剖析，這些政治制度的發展無不與社會變動、學術思想內涵息息相關。其中含有豐富的獨到見解。

例如，錢先生說西漢初年是「平民政府」，因為西漢初年的政府由宗室、外戚、軍人組成，那是從社會底層——所謂平民階層——發展出來的關係。平民階層要求權力地位，習於沾親帶故，都出於自然，劉邦（前二五六～前一九五）正是最能滿足這些需求的政治領袖，所以贏得多數人的追隨和支持。在這樣的過程裡，諸子百家的種種思想很難結合進來，最先有作用的只有黃老思想。錢穆說，在先秦諸子裡，道家思想源自社會的底層，與源自刑徒之名的墨家學派、提倡軍民並耕的農家許行（約前三七二～前二八九）等人立場接近，反映的是社會底層的政治理念。而儒家和法家的學問則源出、或同情貴族階層的文化和思維。考慮到漢朝初年的功臣大多出身於社會底層，他們能夠理解黃老思想，反對法家，與儒家也存在隔閡，這些選擇都有合理的背景。等到經濟富裕，政治改革的需求形成，才將「選賢與能」的理念落實成為制度，形成錢先生所謂的「士人政府」。所以，當錢先生講政治的時候，融會了學術思想的社會背景。漢代選舉如此，唐代科舉亦然。

思想競爭基於時代需求和當時社會菁英的選擇，在休養生息的時代，黃老就可以滿足需要；而儒家地位的提升則需要不同的條件。這些論述所依據的歷史事實及其解釋，研究者不必完全同意，但是無疑值得重新思考，這就帶來了啟發性。考慮在每個階段、每個世代，不同情境下人們的處境，是傳統史學知人論世的學問。於是一段段具有強烈臨場感的歷史，自然形成發展動態。

結合社會、經濟的政治史解釋，另一個著名例子是分析北宋的變法。錢穆說，新、舊兩黨的出身大致有南方、北方的差異，互相衝突的政治見解既反映南、北社會經濟發展狀態的不同，也反映出北方質樸、南方創新的學風差異。政治上的黨爭有著複雜微妙的背景，眼光遠遠超越以往的認識。對這個例子，我們後面再作討論。

封建帝國與立國形勢

《國史大綱》關注各個朝代的立國形勢，在談周朝封建制度的篇章，有一處註腳對於「立國形勢」的意義做了精彩的詮釋。

西周的封建是一種侵略性的武裝殖民和軍事佔領，這個觀念來自於傅斯年。傅斯年的〈大東小東說〉、〈周東封與殷遺民〉，對於周初封建的格局和先後歷程，周人與殷人的關係，提出通盤見解，並且將周人的疆域拓展和「夏政」、「商政」等制度，稱為「殖民政策」，在學術史上這是劃時代的創見。《國史大綱》在上述基礎上提供了更豐富的思考。它不僅使用「武裝殖民」、「軍事佔領」的話語，並且進一步綜觀整個周代，指出西周封建和後代的封建本質不同：

> 西周的封建，乃是一種侵略性的武裝移民與軍事佔領，與後世統一政府只以封建制為一種政區與政權之分割者絕然不同。因此在封建制度的後面，需要一種不斷的武力貫徹。〔此種形勢，正如近代國家海外殖民，亦需有不斷的一種力量貫徹連繫其間也。若此種力量一旦消失，則全體瓦解矣。……任何一個國家，必有其立國之形勢。此種形勢須由國力來支撐。不斷用力支撐此種形勢，而求其強韌與擴大，即所謂「立國精神」與「立國理想」。相當於此

種形勢之各項措施，即所謂「立國規模」。一個國家知有此形勢與規模而繼續不懈，此為國家之「自覺」。待此國家理想消失，精神懈靡，陷於不自覺之睡眠狀態，則規模漸壞，形勢日非，而國遂不國。」（上冊，頁一二〇）

後代的封建論，是在打下天下之後選擇是否分封，是分封給功臣還是子弟，那只是現實權力的分割而已。周人的封建則是持續拓展、不斷推進的過程。其中既有從管叔、蔡叔、霍叔等三監，到周公東征和成王、康王時期進一步拓展的東方一線，這是傅斯年所釐清而錢先生有所補充的；《國史大綱》又指出，另有從文王到昭王長久經營的南方淮水一線。每個分封的國家是個打下的據點，努力求生存，且隨著拓展的形式而遷徙。周人封建的國家藉由武力而居於強勢，但在當地必然屬於絕對少數，他們怎麼生存？必須有後方的支援。支援的力量來自周王室維繫住這些國家相互支持合作，背後則是周人的集體精神和建國理想。《國史大綱》甚至在標題裡用「封建帝國」這種色彩鮮明的名詞來描述西周政體，「帝國」一詞顯然意味著帝國主義。於是，諸多封建國家聯繫形成的網絡，就類似希臘、羅馬和近代帝國主義的海外殖民地。後來春秋時代列國的會盟和霸政的興起，其實是這個國際體系在王室衰微後的賡續發展。

在這個例子裡，錢穆提醒讀者思考整個時代立國的形勢、社會規模和群體精神的先後變化。

可以說，他把傅斯年深入周初歷史情境的眼光擴大提升，形成一種通史的理論思考。如此一來，周人政治體系的龐大、複雜和綿密，在古代世界史上自有一種特殊意義。

然而，封建政體的另一面，存在社會經濟形態的維度。由於周人以后稷為始祖，封建國家以城郭都邑為標誌，因此，學者都將華夏國家視為農業國家，於是「夷夏之分」就等同於非農業國家與農業國家的衝突，周人封建的武裝殖民也就視為農業聚落的擴展。不過，呂思勉、顧頡剛、童書業（一九〇八—一九六八）等人已經指出，古代社會本來都是華夷雜處的，《國史大綱》總結說：

當時中國本為一種華、夷雜處之局。

而此局面自始即然，亦並非自周王室東遷，四裔異族乃始交侵而入中國。諸夏與戎狄亦多種姓相同，……華、夷通婚，尤為習見。因此華、戎聯盟之事亦屢見。所謂諸夏與戎狄，其實只是文化生活上的一種界線，乃耕稼城郭諸邦與游牧部落之不同。耕稼與游牧，只是一種經濟上、文化上之區別，故曰：諸夏用夷禮則夷之，夷狄用諸夏禮則諸夏之。〔如楚自稱「蠻夷」，其後與於中原諸侯之會盟，蓋不復有以蠻夷視楚者。〕

（上冊，頁一三〇～一三二）

封建制度隱含著不同的經濟形態和文化生活的互動，有衝突也有合作、以及交換互補。因此，國際政局不僅存在經濟結構的大分野，也有著微妙的互動因素，從而形成生動曲折的發展歷程。

歷代的立國形勢

《國史大綱》對歷代立國形勢的分析，有許多精彩獨到的見解。一方面他指出，周、秦、漢的立國形勢都起於西北而朝向東南，而東周和東漢則拋棄了原本的立國形勢。周室東遷有內外交侵的因素，東漢則更多是自身的選擇。羌人本來不是漢朝的重大的問題，只由於長期忽視西北，最後無法控制，造成東漢滅亡。這更多是人的問題。

相對來說，西晉時大家都對漢朝以來遷徙入塞的大量胡人感到憂慮，許多人主張把戎人遷徙到塞外。「徙戎」沒有實現，後來發生五胡亂華，導致中原淪喪，後代人都責怪西晉的怠惰。《國史大綱》卻說，西晉雖然政治不良，但徙戎實際上不可行，因為整個西北地區沒有戶口。要把胡人遷走，得要有農業人口住在這裡，當地已經沒有農業人口了。從遭到東漢忽視以後，農業社會從西北方消退成為不可挽回的趨勢，不僅造成一個王朝的滅亡而已。這是一種長時段的歷史洞察。

討論立國形勢，契丹也是很好的例子。雖然錢穆不具有後來學界所說「征服王朝」這類觀念，但是他用立國形勢的角度，敏銳指出契丹國境分成南、北兩區，治理畜牧民和農業人口採取完全不同的體制。隨著時間，南方農業社會所占的比例越來越高。不僅如此，在整個的唐末五代的時期，契丹是政治最安定、經濟條件最好、百姓生活得到最大保障的區域。

（唐末五代）民生其間，直是中國有史以來未有之慘境。至於北方的遼國，政治比較上軌道。其田制有「公田」、有「私田」、有「在官閒田」之別。遼自初年即稱農穀充羨，有振饑恤難之政。耕種之外有鹽，有鐵冶，有金銀礦，因有銀幣，又有牧畜之饒。冀北宜馬，海濱宜鹽，自古豔稱。鐵冶之富，至今尤為全世界所重視。（上冊，頁六二〇～六二二）

這是契丹立國形勢的基礎。這些論點提供了非常好的歷史眼光。

研究中國的外交史，春秋戰國以後，最有趣的應該是宋、遼、金之間的外交了。尤其是宋、遼交涉留下了大量的文獻，內容非常豐富。《國史大綱》就採用這種文獻來刻畫遼人的心態：

故其國「典章文物、飲食服玩之盛，得盡習漢風，自謂昔時元魏所不如」。〔韓琦語。〕而其「法令簡易，科役不煩，遂使一時民眾絕其南顧之念」。〔余靖語。〕如此一傳再傳，待宋室起來，再把中國整頓得成一個樣子，而那隔絕淪陷在東北方面的民眾，早已忘卻他們的祖國了。（上冊，頁六二二）

遼的典章文物完全繼承了唐以來的傳統，自認為遠勝過北魏時期的漢化。遼人治理的人民，即使是漢人，也並不想被漢人統治。這是對歷史動向何等深刻地觀察！

《國史大綱》經常被視為具有民族主義的史著，這點固然沒錯。然而我們對民族主義史學不應該持著刻板單一的印象。錢穆在處理東北地區時，始終保有一種超然的態度，完全沒有落入九一八以來，包括傅斯年等人，針對東北地區在歷史上是否屬於中國的爭辯。《國史大綱》一個特點是，幾乎不回應這類有關疆界的現實主張。從遠古以來，中國的勢力不僅曾經到達東北，事實上還曾掌握朝鮮半島；可是許多時期東北的確不歸中國統治，甚至契丹治下的人群也遺忘了自己的族群認同。也就是說，邊陲地區的族群認同有特殊的歷史背景。對於中國的西南地區、西藏地區、新疆地區、臺灣地區的歸屬，很多當時的中國史都關注這些貼近現實需要的問題，《國史大綱》卻幾乎沒有討論，兩者的歷史眼光實有上下乘之別。

認識了歷史上各個時代的立國形勢，然後思考現代的中國，絕對是有啟發性的。錢穆談過中國的建都問題，開發西北、重新經營西北水利事業等主張。他在回應他那個時代的問題。面對相關問題，歷史裡有一長串的知識可以做參考背景，這就是他所說的，任何要改革現實的人應該都知道的中國歷史。就以建都來講，《國史大綱》除了重視長安之外，也談到南北朝時期洛陽地區的破壞。洛陽的破壞和重建是從漢末到唐朝一個長期的故事，重建政治文化中心具有深遠豐富的意義。這樣的故事對於現代中國當然也有參照價值。

錢穆講的通史，充滿各種局部的特例，構成一個動態的系統。譬如說，唐太宗成為天可汗，其實是因為突厥內亂，給了唐人可趁之機。當時驚人的武功並不是艱難得來的成就，很大部分繫於機遇，而這樣的成就卻引發唐人開疆拓土的野心。為了軍事的目標，讓大量的胡人成為軍人，最後邊區的軍隊都胡人化了。這是個曲折的動態過程。

安史之亂在各地都造成大量的破壞，但相對來講，西北方的破壞更為嚴重，從此之後中國很少有西北方的大敵，因為連游牧民族都不容易發展壯大。而東北方從契丹、遼、蒙古到滿清，一直形成重大的威脅。

另一方面，安史之亂以後，唐朝中央朝廷的財政非常緊張，但地方上是富裕的，後來五代十國時南方各國都有很好的社會基礎。立國形勢自然與生態、社會的狀態有關係。歷史的動態包含許多的層面，有中央，有地方，有軍事，有經濟，這些因素在每個地方、每個時代的不均衡，形成了歷史特有的動態。

《國史大綱》言淺意賅，但它講每個時代都提出豐富的視角。歷史研究者當然可以提出許多修訂，可是，我們在修訂的時候，有沒有再回頭去解釋這個整體呢？新的研究者可以不贊成錢穆對於藩鎮的看法，甚至不贊成陳寅恪對藩鎮的看法，那麼，對於長期歷史，就得重新解答。

中國政治的疑難問題

錢先生特別關切中國歷史裡許多複雜難解的現實問題，我會建議《國史大綱》的讀者在閱讀時自己仔細整理這些部分。譬如說，五胡的政權雖然以胡人的部族意識為建國的基礎，但他們非常認真接受漢朝以來的文化。南方的太學往往有名無實，五胡時期的政權則鼓勵設立學校，傳揚儒家經典。東晉南朝的經學受玄學影響而崇尚新說；五胡北朝的學者則牢牢保守著漢朝的經學傳統，形成自己的文化正統意識。這些對比很有趣。

特別有趣的是錢穆討論的崔浩（三八一－四五〇）跟寇謙之（三六五－四四八），這一組在北魏時期的政治跟宗教上，曾經扮演很重要的角色，錢穆說，這兩位政治家、宗教家具有種族意識，但他們的種族意識反映為一種理想政治的推進，並不是對於胡人簡單地接納或抗拒。我猜想，或許陳寅恪因此而寫了〈論崔浩與寇謙之〉這篇文章，說他們主要是有一種階級、門第的意識，而不是族群的意識，他們的心中沒有族群的疆界。陳寅恪認為，所謂的漢化，是一種文明的價值的取向。包括北魏孝文帝（四六七－四九九），所認同的理想在於文明的價值，跟族群沒有關係。陳寅恪主張要從階級的角度看問題，左派的立場認為階級代表著剝削，而陳寅恪則在政治地位之外，指出階級意識也可以具有文化價值的意義，反映出一種文化精英的思維。

對比兩位學者的觀點是非常有啟發性的。錢穆講的觀點至少是個重要的假說，要重新回答這個問題，需要好的學問，以及深刻且獨特的思想。

錢先生的觀點是，北方政治制度的理想性來自儒學的傳統。他說：

> 一種合理的政治制度的產生，必有一種合理的政治思想為之淵泉。……北朝士大夫對於政治見解遠勝南士。（上冊，四三九～四四〇）

這個觀念是陳寅恪反對的。陳寅恪所講述的隋唐制度淵源、唐代政治史，以及魏晉至北朝的思想議題，基本上認為所有的政治思想其實都來自於解決當前現實的問題。能好好解決現實問題，就是理想政治。陳寅恪當然是有深刻的文化意識的，但他不喜歡講高懸在上的政治理想。南北朝時期的重大變遷，在陳寅恪的分析之下，往往成為一個個即時性的決定，而背後確實存在著豐富的文化、群族、學術、家世等等背景因素。長期變化是由即時性的處置所積累形成，而不斷變動的。在歷史學裡，這是非常特殊的思維。錢先生是另外一種。

這兩位非凡的史家都重視中國政治的疑難問題。錢先生有他的思考傾向，無論如何，這些問題並不容易解決。如果我們也有類似關懷，又能從這兩種南轅北轍的角度來讀歷史，深刻的思考歷史的疑難何在？理想是什麼？一個接近理想的解決方案是怎麼形成的？這將激發出多少的研究啊！

學術思想的通史考察

在寫作《國史大綱》之前，錢穆已經發表〈劉向歆父子年譜〉、《先秦諸子繫年》和《中國近三百年學術史》等學術思想史研究巨著，一部分重要觀點也寫入《國史大綱》。但是，這部書自成體系，在學術思想史方面另有許多特殊見解，特別是與其他歷史維度密切交織，展現了通史的眼光。以下舉兩個例子來討論。

第一個例子是關於先秦子學的興起，參考章學誠觀點而有所推進。從章學誠以來，以「王官學」和「百家言」作為先秦學術思想分野的觀點大為流行，《國史大綱》對此提出許多闡述發揮，例如〈引論〉說：

> 歐洲中古時期之思想，以「宗教」為主腦，而中國學術界，則早脫宗教之羈絆。姑以史學言，古者學術統於王官，而史官尤握古代學術之全權。……孔子始以平民作新史而成《春秋》，……自有孔子，而史學乃始與宗教、貴族二者脫離。（上冊，頁五四）

這段話的重點在描述學術從宗教脫離的過程，舉證簡單而含意深遠。依據章學誠「六經皆史說」的見解，古代包羅一切學問的「王官學」，其基礎和表徵全在史官和史學；〈引論〉便特舉史學為例，以孔子作《春秋》作為史學脫離貴族王官學的有力標誌。王官學時代的學術不離貴族政治和宗教儀式，因此史學的平民化也意味著脫離宗教的束縛。史學尚且如此，百家思想起於民間，動向不言可知。

〈引論〉又指出，貴族和平民兩種學術傳統，各有制度上的表徵：

> 王官之學，流而為百家，於是「史官」之外，復有「博士」。此二官者，同為當時政治組織下專掌學術之官吏。（上冊，頁五五）

源遠流長而歷代不廢的史官，本是王官學的遺留；戰國、秦漢出現的博士制度則是對新興諸子百家的禮遇（這點本於《先秦諸子繫年》的發明）。因此，博士的根基在民間社會，從容論道，表達政見，本為子學傳統的表現；漢代獨尊儒術，立五經博士並創設學校之後，儒術由百家言提升為新時代的王官學，但儒者的身分和政治觀點往往被視為民意的表達，賢良文學的推舉因此而產生。在此同時，書寫歷史、保存記載的史學，依然是政治思想的主要論著形式。

前面這個例子說明史學、子學和經學從王官學狀態中獨立的過程，然而，這段描述的用意其實是在分析中國政治與宗教疏離的根源。以特定的宗教信仰作為維繫國家的工具的重要性，在中國歷史上遠不如西洋，錢穆認為，主因就在於學術早已從宗教背景中獨立，而直接連結起政治和社會。這是一種具文化形態學特徵的宏觀見解，與其他通史、或學術思想史論著的知識內容大異其趣。

中國宗教特質的演變

接著談第二個例子，屬於宗教史。中國本土和外來的宗教同時在漢末南北朝大舉興起，其政治社會的背景，陰陽五行、方術神仙思想的淵源，一般著作都會談到。《國史大綱》的眼光卻遠為不同。

錢穆說，中國古代的上帝信仰，不是個人的，而是群體的：

人民只信仰上帝之存在而對之尊敬，至於禮拜上帝之儀節，則由天子執行。

（上冊，頁四四一）

對這種現象，許多學者視為政治權力對宗教的壟斷，錢先生看法不同：

上帝之愛下民，乃屬政治的、團體的，而非私家的、個人的。上帝公正無私，乃愛下民之全體，故亦不需私家個人之祭報。……（後代中國祭孔，亦以大羣的、公的敬禮事之。如關公等神祠，則與觀音等同為各個人的私祈求所歸向。論中國宗教思想，必分辨此兩種之不

同。」（上冊，頁四四一～四四二）

今按，將民間宗教信仰都歸入個人的私祈求，或許並不盡然；但上帝信仰的公而無私，在商周宗教裡已經顯現，確實是中國宗教思想的一大特質。表現在祭禮上，上帝不但不需要人民個別的祭祀，甚至天子的祭祀也被認為不應該包含任何私人福祉的祈求，這種觀念在中國文化裡源遠流長。若僅視之為政治權力對宗教的壟斷，恐怕失之片面。

由信仰的公私之分，錢穆進而指出先秦思想家對古代宗教的不同回應。

晚清民初的思想界對墨家的宗教信仰特別傾心，多比擬於基督教的上帝觀，錢先生認為，墨家上同於天、兼愛眾人的思想仍然是政治的、團體的觀念，與基督教信仰人人直接事奉上帝，有本質的不同。因此，墨家宗教思想的缺點正在於只論「天志」，所謂「兼愛」也是全體的愛，只有群體而沒有個人。

另一個被認為與宗教關係最密切的陰陽家學派，錢先生作了特別詳細的分析。他說，五德終始、天人感應等學說，以及政事、民生一律要依循時節施行的「月令」理論，顯然都是政治的、群體的天人觀。但是，從陰陽家衍生出的神仙思想，最先源於莊子，具有追求個人解放的意圖，錢先生說：「『神仙』即是由大羣體解放出來的個人最高理想。」（上冊，頁四四五）

陰陽五行理論發展為大量的方術宜忌的操作，崇敬上帝的轉變為對追求神仙，於是信仰從群體的轉為個人的，這是古代宗教思想的大變化，而思想上的樞紐竟然來自看似反宗教的道家思想。這是何等宏大深入的宗教思想研究！直到今天，很少有思想史、宗教史的研究者對如此豐富的歷史環節重新進行通盤的考慮，我想，原因不在於對思想史的功力和興趣。《國史大綱》最大的特質，就在於對每個主題的來龍去脈，都是放在全史裡思考，這正是通史的精神。

經濟重心的推移

《國史大綱》在社會經濟史方面有許多特殊觀點和重大創見，其論經濟重心由北而南一項尤為著名。據《師友雜憶》中的自述，呂思勉對這項見解特別欣賞，讚許為未經人道的創見。我們舉這個例子來說明《國史大綱》在經濟史解釋中所涵蓋的豐富視角。

《國史大綱》根據歷代經濟史料指出。在唐代前後，中國的經濟重心顯然由北方移到了南方。這個現象其實唐宋時人多所論及，近代學者也有許多討論。一般認為，由於北方的經濟基礎長期遭到破壞，南方則因為移民而漸次開發，終於導致南方的發展遠遠超過北方。

那麼，為什麼中國的經濟中心自北向南移動，而且不可逆轉呢？《國史大綱》舉出時人的幾種假說，如氣候變遷、外族入侵而血統改變，錢穆認為這些推測證據都不足。另一種說法，歸因於黃河氾濫對北方造成的破壞，錢先生尤其反對。《國史大綱》對這類環境決定論、人種論，抱持一定程度的質疑。

錢先生有很多文章討論古代華北的生態，農業和農村的樣貌；稍後寫成的《中國文化史導論》對漢朝以前的社會生活提供了異常鮮活的描述。這類建立在經濟生活基礎上的社會生態考察，有意探討經濟、生態與人文現象之間豐富的連結與肌理，與同時代《禹貢》、《食貨》和左派學者的論述相比，似乎更近似二十世紀後半興起的社會經濟史、甚至年鑑史學的社會史寫作。

《國史大綱》論述說，華北的破壞是大量人禍所造成的後果。他把華北視為中國史上的一個緩衝區，承受著北方外族不斷的南下：

> 大體上可以說，北方是中國史上前方一個衝激之區，而南方則是中國史上的後方，為退遁之所。因此北方受禍常烈於南方。安史亂後，中國國力日見南移，則北方受外禍亦益烈。而且自唐以下，社會日趨平等，貴族門第以次消滅，其聰明優秀及在社會上稍有地位的，既不斷因避難南遷；留者平鋪散漫，無組織，無領導，對於惡政治兵禍天災種種，無力抵抗；於

是情況日壞。事久之後，亦淡焉忘之，若謂此等情形，自古已然。漢唐的黃金時代，因此不復在他們的心神中活躍。

（下冊，頁二七二）

外族的習性來自於他們原先生活所在的地理環境，生態不同導致文化不同，那並非種族的問題，而是環境和習性的差異。南方的開發是大量人為努力的結果，相對的，古代華北的繁榮也一樣。北方本因遭受外力的衝擊造成殘破，中唐以後，財稅重心轉移到南方，人們忽略、進而遺忘了對北方的經營。然而在此同時，成為經濟重心的南方承擔著沉重的稅賦，從宋、元到明、清一直繳交數倍稅賦，人民生活也不富裕。歸根究柢，都是區域發展失衡的後果。

經濟失衡的影響不僅在於民生，也造成人物風氣的差別、思想風格的對立，前面提到過《國史大綱》對宋代新舊黨爭的經濟性的解釋：

王安石新政，似乎有些處是代表著當時南方智識分子一種開新與激進的氣味，而司馬光則似乎有些處是代表著當時北方智識分子一種傳統與穩健的態度。除卻人事偶然方面，似乎新舊黨爭，實在是中唐安史之亂以後，在中國南北經濟文化之轉動上，為一種應有之現象。

（下冊，頁七七六）

何等深刻的通史眼光！《國史大綱》對這一主題的三章所下的標題是〈南北經濟文化的轉移〉，「文化」二字不可忽略。

所以簡單來講，區域發展是中國長期歷史的現象。這是必須要解決的問題，然而區域發展不一，造成人才的不均衡與思想、文化的斷裂，這是複雜而難解的歷史課題。而且，西北發展低落造成缺乏人才，缺乏人才回過頭來更不利於他們經濟的發展。錢穆認為，經營華北環境、恢復富裕不是不可能的，關鍵在於人為，需要重新開發，形成人文與環境良性的循環回饋：

一民族與國家之復興，一面固常賴有新分子之參加，而同時必有需於舊分子之回蘇與復旺。北方為中國三代、漢、唐文化、武功最彪炳輝煌的發源地。劉繼莊在清初，已力倡北方復興之理論。將來中國新的隆盛時期之來臨，北方復興，必為其重要之一幕。（下冊，頁二七二）

一個健全的生態和社會理應新舊融合。北方需要的是復興，基礎則在建設。這類問題，直到今天的中國都還需要參考和面對。

我注意到，中共一直注意各區域發展的平衡，想辦法讓東南地區的資源灌注到西北。他們顯然參考了民國時期建設西北的想法，懷抱著恢復漢唐時代規模的夢想，大方針始終在連結起西北跟東南。現在建設有了，至於是否形成了循環的良性發展？看來還存在著另外的問題，這跟中共在延安地區的經驗有關，這裡無法詳談。

面對歷史難題

前面談通史精神，比較側重整體的眼光，這裡對《國史大綱》關注中國歷史關鍵而難解的問題再作點補充。

近代中國的學校教育進展迅速，多數人都支持並肯定政府推動普及教育的成果。但《國史大綱》提出了不同方向的警示。

錢穆說，自明清以來，民間自由講學的風氣已經衰弱。從中國歷史來看，每當教育被國家所壟斷的時候，就會造成種種問題。而近代學校基本上沒有擺脫科舉的傳統，例如公務員、教師等往往還會依照學歷來敘階任職，連民間企業也高度重視學歷。學校基本上是公立的，無法構成能與政治權力抗衡的力量。這個歷史問題在今天的兩岸依然存在，甚至變本加厲。這是中國傳統政治留下的問題。

在歷史上，科舉制度可以拔擢人才，人才的培育往往倚賴學校。忽視學校的科舉制度缺少培育人才的機制，可是，一旦政府重視學校，往往演變成政府控制教育和學術，學術無法形成一種有社會根基的力量，宋代、清代都有這類問題。相反的，東漢士氣高漲的太學生，與明代後期社會自由講學的風氣，在遭遇敗壞的政治環境時，則演變成政府和士人的衝突對抗，導致玉石俱焚的後果。這個難題到今天還沒有解決。

歷史思考的開放性

最後我要說的是，《國史大綱》對史實的考察、判斷絕不封閉，許多見解錢穆自己就曾以不同的視角重新詮釋過。對這一點，我們可以看兩個例子。

其一是關於金、元時代在華北流行的全真教。對全真教，《國史大綱》說得非常簡單：

> 長春真人邱處機以宗教得成吉思汗之信仰，其徒得免賦役，全真教遂大行，文人不能自存活者多歸之。（下冊，頁一五三～一五四）

這裡完全沒有談到全真教的思想內涵。在《國史大綱》刊行後不久，留在淪陷區任教的陳垣（一八八〇—一九七一）寫了《南宋初河北新道教考》（一九四一），這本篇幅不大的名著闡述了在異族統治下的漢族士人如何自處，進而透過宗教活動來庇護士民。錢穆隨後也寫出〈金元統治下之新道教〉（一九四六），對陳著未盡之意多所補充，尤其著重思想內涵的闡釋。陳垣強調全真本非道教，過著自食其力的隱修生活，「有古逸民之遺風」；錢先生則指出，王重陽（一一一三—一一七〇）等人本為志節之士，起義不成而後隱遁佯狂，藉宗教為掩護，因此精神意趣迥別於道士神仙之流。又過了不久，當國共內戰方殷之際，錢先生開始編撰《莊子纂箋》（一九四八起），隨後在港、臺增補修訂，於一九五一年出版。當時中國大陸正進行知識份子的思想改造，〈序目〉中說：「處衰世而具深識，必將有會於蒙叟（莊周）之言。」由此看來，在抗戰結束之後，錢先生對歷史上的隱遁之士、安身立命之學作了更豐富、更深刻地闡述，多少彌補了《國史大綱》偏重群體歷史的傾向。

另一個例子是〈讀明初開國諸臣詩文集〉（一九六四）和〈讀明初開國諸臣詩文集續篇〉（一九七五）兩篇文章，錢先生主要考察了明初十一位開國功臣的文集，從中觀察同輩文人的政治心態，對元代士人的心理幽微、價值取向有精湛的剖析。

錢先生很驚訝地發現，當朱元璋（一三二八—一三九八）驅除胡虜、恢復中華之際，士人幾乎都不忘元廷，甘為遺民而無意出仕，對加入反元陣營、出仕明朝的際遇竟抱持著無奈和漠然之感。他們在詩文中公開推崇元朝，以元朝的治理、文風比擬於漢、唐，乃至輕視宋代；面對元朝覆亡，屢屢感嘆「盛極而衰，固其理也」，對所仕新朝的現實不一齒及。他們但知文章盛衰而不問國家興亡，對國族復興無動於衷的遺民心態，令錢先生慨嘆民族意識的淪喪。這種士人心理，和《國史大綱》所描述的元朝統治下的社會景況大相逕庭。對這種現象，錢先生從文集——尤其是文人彼此的題序中——勾勒出整個時代的心理風尚，進而也指出作為仕明文人領袖的宋濂（一三一〇—一三八一）不能超脫風氣、卻隱約表現出的不安。他結合歷史背景和心理分析，細緻地解釋明初士人安於元朝統治的社會秩序，忽視世道民瘼，只在人物風範、文學表現中追求典範的曲折成因，以及明朝政權建立之初，與知識份子的緊張和對立的兩方心理。這些解釋，可以說為士人研究樹立了新的典範。

〈讀明初開國諸臣詩文集〉應該視為對《國史大綱》一項重大的補充，不僅修正了《國史大綱》的歷史敘事，更深刻地顯現出國族意識和士人心態具有不可忽視的歷史特性，也為元明思想文化史開啟了重要的視野。此外，他也表彰了極少數不隨波逐流的士人，除了眾所周知的方孝孺（一三五七—一四〇二）之外，尤其激賞一位幾乎被遺忘的胡翰（一三〇七—一三八一），認為他卓越的政治思想幾乎超越兩宋、晚明諸大家。不過，這項提示，在政治思想的研究裡似乎還沒有獲得應有的重視。

如果把《國史大綱》講成士人史觀，未免以偏蓋全，因為這部書對歷史並不採取單一視角，而是積極的、統合的面對多方面的重大課題。不過，《國史大綱》對士人的描寫和高標準的批判，在各種通史著作裡的確有著鮮明的特色。錢穆對士人的處境與心態，對學術思想的精神與動向，對人物、觀念與時代的互動，可說不遺餘力地追尋探討，深度、廣度都令人歎服，而同時依然保有開放性。這種開放性來自於作者自我反思的精神。我想，在錢先生看來，中國知識份子的特性和角色，應該是個最為重大而難解的歷史課題吧？難度在於，除了客觀的考察之外，更涉及特殊的心理認同和自我期許。就此看來，《國史大綱》縱然不應該被歸約為士人史觀的歷史，卻不妨說，它的核心特質來自於士人精神。士人性格中自我意識和社會角色之間的張力，以及不斷的反思，應該是激發《國史大綱》在歷史與現實之間進行豐富、深刻且微妙的對話的主要動力。

《國史大綱》對系統性通史知識的推進，基礎就在於面對歷史和現實中疑難問題的開放性思考。他既回應了史學界共同的目標，更具有與眾不同的精神追求。

如何閱讀《國史大綱》

經典．學說．史料[1]

游逸飛／國立中興大學歷史學系副教授

《國史大綱》至今仍是臺灣史學界最廣為人知的史著，在過去更是人手一冊的必讀教科書，沒有之一。這樣一部在我求學時代常見且常用的書籍，今天竟然需要特地撰文說明如何閱讀，[2]反映《國史大綱》已經在某種程度上與當代脫節。歷史巨輪的輾壓力度之強、時移境遷的速度之快，令人唏噓。

然而事已至此，懷舊無益。且《國史大綱》過去的讀者眾多，並不代表它的知音也同樣多。恰恰相反，正因《國史大綱》過去被當作教科書讀，囫圇吞棗、背誦「標準答案」的讀者恐怕大有人在；又因作者錢穆是傳統中國文化在臺灣的代表人物之一，對此反感的讀者自然容易漠視錢賓四先生濃烈民族情感背後的深邃思維。無論是褒是貶、高看抑或低估，顯然都不利於理解《國史大綱》。《國史大綱》在當代臺灣已走下神壇，但褪去光環的《國史大綱》，不無可能也藉機擺脫某些

---

1 校對承陳星瑀協助，在此致謝。本文的寫作遠因肇於我就讀臺灣大學歷史系大學部、碩士班與博士班時組織的「《國史大綱》讀書會」（二〇〇五－二〇一一），但也受到我後來對秦漢簡牘的研究以及近年承擔中國通史必修課教學的影響。當年曾經設想的「《國史大綱》注」工作，至今仍未實踐。近年吳展良亦指出：「對今日很多文言文基礎不佳的年輕人而言，本書有一些閱讀上困難。因其文字與內涵都比較深，或許將來也應出個註釋本。」見吳展良，〈不朽經典——在傳統學術基礎上誕生的《國史大綱》〉，李帆、黃兆強、區志堅編，《重訪錢穆》下冊（臺北：秀威資訊，二〇二一），頁二九二。

2 關於錢穆的專題研究汗牛充棟，但《國史大綱》的專題研究尚未蔚為主流。《國史大綱》出版後，史學界當時頗有書評，如童書業，〈讀錢著國史大綱〉，《正言報》〈史地〉一九四一年九月十七日，收入《童書業史籍考證論集》（北京：中華書局，二〇〇五），頁七三八～七四四。中國大陸「解放」後，《國史大綱》成為當朝史學的批判對象之一，如天津師大歷史系中國古代、中世紀史教研組，〈批判錢穆的「國史大綱」〉，《歷史研究》一九五九年第二期（北京），頁八五～九四。無論如何，《國史大綱》整體的寫作方式與著述精神一直是學者探索分析的重點，代表作於二十世紀末由胡昌智發其端，二十一世紀初仍有王健文、吳展良振其緒，而余英時的大作適足與《國史大綱》共垂不朽，參胡昌智，〈錢穆的《國史大綱》與德國歷史主義〉，《史學評論》第六期（一九八三，臺北），頁一五～三八；胡昌智，〈說明認同的新史學：錢穆「國史大綱」的史學功能〉，《東海學報》第二七期（一九八六，臺中），頁二五～三四；胡昌智，〈怎樣看《國史大綱》？〉，《錢穆先生紀念館館刊》第一期（一九九三，臺北），頁三三～三五；吳展良，〈不朽經典——在傳統學術基礎上誕生的《國史大綱》〉、王健文，〈需要一種新的國史——錢穆與《國史大綱》〉，均收入李帆、黃兆強、區志堅編，《重訪錢穆》下冊，頁二八二～二九二、三〇八～三五七；余英時，〈導讀：《國史大綱》發微——從內在結構到外在影響〉，錢穆，《國史大綱》【出版83週年紀念版】（新北：臺灣商務印書館，二〇二三），頁一～三五。近年《國史大綱》局部內容的考證解析已漸獲學者重視，或考證《國史大綱》的史源，參游逸飛，〈海上女真——錢穆《國史大綱》史源考之一〉，《史原》復刊第三期（總第二十四期，二〇一二，臺北），頁一九七～二一二；單磊，〈錢穆《國史大綱》承襲趙翼著作考述〉，《史學理論與史學史學刊》（二〇一五年卷）（北京：社會科學文獻出版社，二〇一六），頁二二〇～二四二；或關注《國史大綱》的斷代史、專題史書寫，參張偉國，〈錢穆《國史大綱》之「新通史」視野——以上古秦漢為例〉，《宜賓學院學報》二〇一二年第五期（宜賓），頁一七～二一；張耕華，〈解構歷史書寫的一種嘗試——以錢穆「士人政府」為例〉，《史學史研究》二〇一四年第三期（北京），頁六〇～六六；張耕華、朱偉明，〈呂思勉、錢穆治史觀念與風格異同之比較——以「西漢政制」及相關問題為例〉，《清華大學學報》二〇一六年第一期（北京），頁一一五～一二四、一九一；賴國峯，〈《國史大綱》的「士人政治論」〉（臺北：國立臺灣大學歷史學研究所碩士論文，二〇一七）；王珺杰，〈《國史大綱》秦漢部分史事書寫探析〉（新鄉：河南師範大學碩士學位論文，二〇二〇）。上述資料多承施羽純協助蒐集，在此致謝。

負面評價，在新世代讀者那裡重獲新生命。

本文企圖拋磚引玉，對「如何閱讀《國史大綱》」這一議題略抒己見，透過經典、學說、史料三種視角的交相輝映，折射出《國史大綱》的多元面貌，突顯仰視或鄙視《國史大綱》都只是單一向度，[3]從多重的角度研讀《國史大綱》，才是新世代讀者打開《國史大綱》的更好方式。

《國史大綱》何以為經典：中國通史的典範

經典是當代人們向過去人們汲取智慧的主要途徑。《國史大綱》在過去被許多人視為顛撲不破、飽含智慧的史學經典，錢先生最傑出的弟子余英時在新版《國史大綱》〈導讀〉裡就用了司馬遷《史記》的「究天人之際，通古今之變，成一家之言」，以及章學誠《文史通義》的「圓而神」來評價《國史大綱》，這可謂是傳統中國史學脈絡的最高評價（上冊，頁一二、一五）。[4]就此脈絡而言，《國史大綱》的經典性已無須再論。

然而你所謂的智慧不一定是我所謂的智慧，到底哪些書籍可被視為經典，也就因時因地因事因人而異。即便余先生賦予《國史大綱》如此高的評價，我們也不一定要接受。因此本文打算從另一種角度說明《國史大綱》的經典性：智慧固然是經典之所以為經典的必要條件，卻不是唯一的條件。一本有智慧的書，只是有潛力成為經典，倘若沒人讀、沒人讀懂，那就無法成為經典。《國史大綱》之所以能被視為經典，不只因為它蘊含智慧，更在於它是一部中國通史的典範之作。

出版之後

《國史大綱》出版成書於一九四〇年，或因文言的隔閡、或因問題意識已與新世代讀者的關懷迥異，臺灣近年的中國通史課堂上，《國史大綱》的出現頻率已逐漸降低。然而《國史大綱》出版後八十年來，新出版的中國通史不能算少，取代《國史大綱》地位的著作卻一本也沒有，有的壽命甚至比《國史大綱》還短，今日幾乎不見於中國通史課程參考書目之中。直到今天，只要提到中國通史教科書，臺灣史學界人士腦海中多半仍會跳出《國史大綱》的書影，此處想舉兩個到了二十一世紀仍向《國史大綱》致敬的例子：

一是臺北大學歷史系李訓詳一一〇學年度的「中國史一」課程，秦漢魏晉南北朝時期共有十

---

3 劉浦江，〈正視陳寅恪〉，《讀書》二〇〇四年第二期（北京），頁九一～九九。

4 但這並不是說《國史大綱》在現代中國史學具有唯我獨尊的地位。余英時同時指出錢穆的老師呂思勉便寫出了「方以智」的典範之作。而「圓而神」與「方以智」並駕齊驅，並無「圓」壓倒「方」或「方」壓倒「圓」的關係。

講：大一統政府之創建、文治之演進、統一政府之墮落、士族之新地位、統一政府之對外、長期分裂的開始、統一政府的迴光返照、長江流域之新園地、北方之長期紛亂與南方王朝之消沉、北方政權之新生命，均可與《國史大綱》秦漢魏晉南北朝時期十一章的名稱依序對應。[5]

另一是東華大學歷史系黃熾霖一一〇學年度的「中國通史（一）」課程，先秦兩漢時期共有十五講，只有三講名稱不見於《國史大綱》，其他十二講：中國文明的形成（華夏文化之發祥）、黃河下游之新王朝（殷商時代）、封建王朝之創興（西周興亡）、霸政時期（春秋始末）、軍國鬪爭之新局面（戰國始末）、民間自由學術之興起（先秦諸子）、大一統政府之創建（秦代興亡及漢室初興）、統一政府文治之演進（由漢武帝到王莽）、統一政府之墮落（東漢興亡）、士族之新地位（東漢門第之興起）、統一政府之對外（秦漢國力與對外形勢）、長期分裂之開始（三國時代），大抵皆沿用《國史大綱》先秦兩漢時期十二章的名稱，僅兩講名稱略有調整（意義詳見下節）。

這樣的做法，見於學術論文可謂抄襲，用於教學授課則不然。上文已指出新世代讀者閱讀《國史大綱》容易適應不良，因此當代中國通史授課大量採用《國史大綱》的內容，實為吃力不討好之舉。授課時僅僅要將《國史大綱》的內容精要給學生講解清楚，便已不易；遑論要求學生課後自行研讀《國史大綱》，細細品味。故李訓詳與黃熾霖以《國史大綱》章節為中國通史課程的基本框架，絕不可視為偷懶，而是他們高度肯定《國史大綱》內容與框架的精心選擇。兩位教師心中對

《國史大綱》的溫情與敬意，躍然課上。至於臺灣的其他中國通史課程內容，雖然沒那麼極端，但或明或暗、或多或少也都受到《國史大綱》的影響。《國史大綱》無疑是中國通史的典範之作，它對臺灣的中國通史課程教學的影響，值得專門研究。也正因《國史大綱》是中國通史的典範之作，至今仍有強大的生命力，仍以各種直接、間接的方式影響新世代讀者對中國史的認識與理解。《國史大綱》並沒有隱沒，也還沒有被超越。

出版之前

今天《國史大綱》的中國通史典範地位無庸置疑，但八十年前、甫出版的《國史大綱》不可能立刻就有如此地位。《國史大綱》今日的典範地位究竟如何奠定？

錢穆的另一位傑出弟子嚴耕望曾經評價《國史大綱》：「已非近代學人所寫幾十部通史所能望其項背。」[6]與錢先生同時代的另一位史學巨擘顧頡剛也曾評價《國史大綱》：「錢先生的書最後

---

5 其中「北方之長期紛亂與南方王朝之消沉」該講名稱即《國史大綱》第十五、十六章的名稱。將兩章合併為一講的原因應是為了配合臺灣的十八週大學學期。

6 嚴耕望，《錢穆賓四先生與我》（臺北：臺灣商務印書館，一九九二），頁一〇二。

出而創見最多。」[7]我們今天提到中國通史，幾乎只會想到《國史大綱》，對前輩學人來說顯非如此。

中國社會科學院歷史研究所編《八十年來史學書目》詳列了二十世紀三、四十年代出版的四十餘種中國通史著作，[8]李淑珍〈二十世紀「中國通史」寫作的創造與轉化〉更指出民初以來出版的中國通史不下六、七十種，[9]略舉其例如柳詒徵《歷代史略》（一九〇二）；夏曾佑《最新中學中國歷史教科書》（一九〇三，後改名《中國古代史》）；呂瑞廷、趙澂璧《新體中國歷史》（一九一一）；潘武《歷史教科書》（一九一三）；鍾敏龍《新制本國史教本》（一九一四）；李泰棻（一八九七—一九七二）《中國史綱》（一九二二）；呂思勉《白話本國史》（一九二三）；顧頡剛與王鍾麟《本國史》（一九二三）；傅運森（一八七二—一九五三）《歷史教科書》（一九二三）；蕭一山（一九〇二—一九七八）《中國通史講演大綱》（一九二六）；王桐齡《中國史》（一九二七）；周予同（一八九八—一九八一）《開明國史教本》（一九三二）；繆鳳林《中國通史綱要》（一九三二）；黃現璠（一八九九—一九八二）；劉鏞《中國通史綱要》（一九三二～三四）；章嶔（一八八〇—一九三一）《中華通史》（一九三三～三四）；鄧之誠（一八八七—一九六〇）《中華二千年史》（一九三四）；雷海宗（一九〇二—一九六二）《中國通史選讀》（一九三五）；羅香林《高級中學本國史》（一九三五）；劉師培《中國歷史教科書》（一九三六）；周谷城《中國通史》（一九三九）；陳恭祿（一九〇〇—一九六六）《中國史》（一九四〇）；范文瀾（一八九三—一九六九）《中國通史簡編》（一九四一～四二）等等。

上述中國通史在當年無一不擁有眾多讀者，今日除了范文瀾《中國通史簡編》仍常見於中國大陸中國通史課程的參考書單，其他著作多已在中國通史的課堂上隱沒，甚至在圖書館裡都不易覓得。上述中國通史的作者於當時均赫赫有名，今日我們知道柳詒徵以《中國文化史》聞名，[10]雷海宗藉《中國文化與中國的兵》傳世，[11]蕭一山是清史大家，[12]羅香林乃民族史名家，[13]周谷城以世界史見長，[14]呂思勉撰述先秦至隋唐的斷代史以及民族史、社會史等專題史，[15]劉師培、周予同的專

---

7 顧頡剛，《當代中國史學》（瀋陽：遼寧教育出版社，一九九八），頁八一。

8 中國社會科學院歷史研究所編，《八十年來史學書目》（北京：中國社會科學出版社，一九八四）。

9 李淑珍，〈二十世紀「中國通史」寫作的創造與轉化〉，《新史學》第十九卷第二期（二〇〇八，臺北），頁八五～一四九；還可參考趙梅春，《二十世紀中國通史編纂研究》（北京：中國社會科學出版社，二〇〇七）。

10 柳詒徵，《中國文化史》（上海：上海古籍出版社，二〇〇一）。

11 雷海宗，《中國文化與中國的兵》（臺北：里仁書局，一九八四）。

12 蕭一山，《清代通史》（臺北：臺灣商務印書館，一九六三）。

13 羅香林，《客家研究導論》（臺北：南天書局，一九九二）。

14 周谷城，《世界通史》（上海：上海書店出版社，一九八九）。

15 呂思勉，《先秦史》（上海：上海古籍出版社，二〇〇五）；呂思勉，《秦漢史》（上海：上海古籍出版社，二〇〇五）；呂思勉，《兩晉南北朝史》（上海：上海古籍出版社，二〇〇五）；呂思勉，《隋唐五代史》（上海：上海古籍出版社，二〇〇五）；呂思勉，《中國民族史兩種》（上海：上海古籍出版社，二〇〇八）；呂思勉，《中國社會史》（上海：上海古籍出版社，二〇〇七）；呂思勉，《中國文化思想史九種》（上海：上海古籍出版社，二〇〇九）。

擅領域甚至跨出狹義的歷史學（經學史、文學史），[16]但上述諸人的中國通史則不免為人忽略。夏曾佑、鄧之誠在當代固然以《中國歷史教科書》與《中華二千年史》知名，但真的讀過這兩本中國通史的新世代讀者只怕幾希。顧頡剛無疑是二十世紀最著名的中國歷史學者之一，然而有誰知道他與王鍾麟合寫過《本國史》？

只有將《國史大綱》放在民初的中國通史群體中，詳加比較諸家的體裁及內容，才能充分彰顯《國史大綱》身為中國通史典範的地位與意義，進而了解那麼多名家撰寫的中國通史為何紛紛隱沒。余英時用「出乎其類而拔乎其萃」來形容《國史大綱》（上冊，頁一三），洵屬的論。

《國史大綱》涵攝的各家學說：勝義紛披的史論

限於體例，本文不打算深究《國史大綱》與其他民初中國通史的關係，而是把焦點集中在《國史大綱》本身的精彩內容。上節從後世影響及同代著作等外部角度論證《國史大綱》是當之無愧的中國通史典範，本節預計從內部視角出發，進一步說明《國史大綱》究竟何德何能，讓它得以成為當之無愧的中國通史典範。

閱讀《國史大綱》，很容易注意到書中有著勝義紛披的各種史論。這些當然不全都是錢穆的創見，余英時曾言：

錢先生讀遍了同時史學專家在一切重大關鍵問題上的研究文字。[17]

又言：

其他中國通史的作者對於第二手資料的參考和使用則未見有如此鄭重其事者。（上冊，頁二二）

前者是紀念文章之語，後者的表述當然要嚴謹得多。無論如何，透過余先生對錢先生的高度讚譽，我們得以了解《國史大綱》的內容之豐富全面，其實有相當程度來自於其他學者的精彩史

16 劉師培著，陳居淵點校，《經學教科書》（上海：上海古籍出版社，二〇〇六）；朱維錚編，《周予同經學史論著選集》增訂本（上海：上海人民出版社，一九九六）。

17 余英時，〈猶記風吹水上鱗——敬悼錢賓四師〉，《錢穆先生紀念館館刊》第八期（二〇〇〇，臺北），頁一八～二四。

論。只是受限於教科書體例，《國史大綱》交代出處者僅王國維〈殷卜辭中所見先公先王考〉及〈續考〉、〈殷周制度論〉等少數例子。（上冊，第二章、第三章）

余英時舉過一個例子：錢穆曾經指點他，閱讀《國史大綱》關於北周府兵制的內容時，必須與陳寅恪的相關著作對讀，[18]因為《國史大綱》這部分內容其實是在跟陳氏商榷（上冊，頁二二～二三）。雖然錢先生並不同意陳先生的論斷，但讀者如果茫然於錢先生的不同意，當然不能算完全讀懂《國史大綱》。此外余先生後來讀到陳先生弟子周一良的論文〈論宇文周之種族〉，[19]意外發現就是《國史大綱》論北周宇文氏之族源的依據（上冊，頁二四～二五）。若非余先生受業於錢先生，又博聞強記，我們今天很難知道《國史大綱》曾經參考了陳氏師生的著作。

錢先生撰述《國史大綱》時的參考資料，當然以《國史大綱》出版前便已發表的史學研究為主。但這並不意味我們無須留意《國史大綱》出版後才發表的史學研究。因為錢先生在《國史大綱》出版後，仍繼續關注學界最新的研究成果，並斟酌補入《國史大綱》修訂版。例如藍文徵（一九〇一—一九七六）於一九五三年發表的〈海上的女真〉，[20]便是錢先生改寫《國史大綱》第三十四章第一節的主要依據（討論詳見下節）。

由此可見，對近現代史學史不夠熟悉的新世代讀者，閱讀《國史大綱》時必然會將諸家之功過，盡歸於《國史大綱》。我們今天必須把《國史大綱》當作史學史研究的對象，才可能比較全面地了解其參考資料。[21]《國史大綱》所參考的龐大史學研究，隨著數十百年過去，逐漸地隱沒在歷史洪流裡，僅被專業領域的史家所關注。《國史大綱》的生命力卻未隨這些史學研究而去，其中國通史的典範地位反而屹立不搖，在錢先生已逝世三十多年的今日，《國史大綱》仍被新世代讀者廣泛研讀。何以得而如此？余英時有一個精彩的解釋：

錢先生對於原始史料的廣泛搜羅和深入整理以及他對於第二手史料（即近人論著）的吸收和商榷，使《國史大綱》成為資源最豐富的一部通史。但更重要的是錢先生從這一豐富資源中所發展出來的睿識和創見。由於所掌握的史料相當全面，更加上思之深而慮之熟，他幾乎在各方面大大小小的歷史問題上都試圖尋求自己信得過的看法。

18 陳寅恪，《隋唐制度淵源略論稿》（臺北：臺灣商務印書館，一九九四）。

19 周一良，〈論宇文周之種族〉，《魏晉南北朝史論集》（北京：北京大學出版社，一九九七），頁二三九～二五五。

20 藍文徵，〈海上的女真〉，《民主評論》第四卷第二四期（一九五三，香港），頁二～五。

21 今天已有不少電子資源可利用，如「晚清民國文獻平台」、「中國歷史文獻總庫．近代期刊數據庫」、「民國時期期刊全文數據庫（1911～1949）」、「民初國學集刊資料庫」等。

正因如此，除了《國史大綱》引用的他人史論，錢先生自己的史論當然更加重要。限於篇幅，本節只討論《國史大綱》與「帝制中國」（Imperial China）概念的關係。[22]

西周帝國

上節提及《國史大綱》的忠臣、東華大學黃熾霖的中國通史課綱，其各講名稱幾乎都直接錄自《國史大綱》，但有一處關鍵改動值得討論：那就是將《國史大綱》第三章〈封建帝國之創興（西周興亡）〉的「帝國」改成「王朝」。

或因「皇帝」一詞從秦始皇才開始使用、或因學界普遍認為大一統中央集權郡縣制國家自秦漢時期方興，[23]所謂「帝制中國」的概念通常僅指秦至清兩千年的中國王朝，與「先秦」一詞無縫接軌。相對於秦漢以降的大一統中央集權郡縣制，西周封建制往往被學者視為一種強烈的地方分權體制，當時既無中央集權，也就沒有嚴格意義的「地方政府」。[24]正因如此，李峰（一九六二—）《西周的政體》將regional與state連用，在英文語境裡頗為彆扭；[25]也正因如此，《國史大綱》探討西周時，把「封建」與「帝國」連用，將西周王朝視作帝國，其實有悖於我們的史學常識，無怪乎黃熾霖授課時將「帝國」改成「王朝」，以便大一歷史系學生汲取一般知識。

然而錢穆以西周為帝國的一家之言，雖然乏人信從，卻不一定有誤，值得進一步分疏。嚴格來說，中文的「帝國」一詞並非「皇帝之國」的簡稱，而是英文empire的翻譯。既然如此，西周王朝是不是empire？此問題不能只從周天子不稱皇帝的角度否定，甚至不宜從大一統中央集權郡縣制在當時並不存在的角度加以否定，畢竟西方諸帝國本來就與中國的大一統中央集權郡縣制無涉。[26]我們反而可以肯定兩項存在於西周王朝的帝國要素：

第一，若將周王畿與封建諸侯連在一起，西周疆域已超出中原地區，與大半個秦漢帝國面積相近。[27]僅從疆域的角度而言，西周並不小，符合帝國通常廣土眾民的條件。

---

22 我對此問題的看法，頗受閻鴻中在臺大授課的潛移默化。閻老師的看法可參閻鴻中，〈職分與制度——錢賓四與中國政治史研究〉，《臺大歷史學報》第三八期（二〇〇六，臺北），頁一〇五～一五六。此外張耕華亦從「士人政府」的角度切入此問題，但論旨與本文頗有不同。張耕華，〈解構歷史書寫的一種嘗試——以錢穆「士人政府」為例〉，《史學史研究》二〇一四年第三期（北京），頁六〇～六六。

23 戰國七雄的政體與秦漢王朝的同質性甚高，事實上統一天下的秦朝便是自戰國七雄之一的秦國發展而來，因此戰國七雄、尤其秦國亦可視為面積較小的大一統中央集權郡縣制國家。

24 游逸飛，《製造「地方政府」——戰國至漢初郡制新考》（臺北：臺大出版中心，二〇二一）。

25 但因自秦至清兩千年來，郡縣制與封建制的複雜糾葛，regional state翻譯成「地方封國」，在中文語境裡則沒有矛盾之感。李峰著，吳敏娜等譯，〈地方封國及地方政府〉，《西周的政體：中國早期的官僚制度和國家》第六章（北京：三聯書店，二〇一〇），頁二三一～二六八。

26 （以）艾森斯塔特（S. N. Eisenstadt）著，閻步克譯，《帝國的政治體系》（貴州：貴州人民，一九九二）；（英）安東尼．派格登（Anthony Pagden）著，徐鵬博譯，《西方帝國簡史》（新北：左岸文化，二〇〇四）；（德）赫爾弗里德．明克勒（Herfried Munkler）著，閻振江、孟翰譯，《帝國統治世界的邏輯——從古羅馬到美國》（北京：中央編譯出版社，二〇〇八）。

27 譚其驤編，《中國歷史地圖集》（北京：中國地圖出版社，一九八二）；劉緒，〈西周疆至的考古學考察〉，《夏商周考古》第四講（太原：山西人民出版社，二〇二二），頁一一一～一三七；周振鶴、李曉杰、張莉，《中國行政區劃通史：秦漢卷》（上海：復旦大學出版社，二〇一五）。

第二，《國史大綱》主張：

西周的封建，乃是一種侵略性的武裝移民與軍事佔領，與後世統一政府只以封建制為一種政區與政權之分割者絕然不同。因此在封建制度的後面，需要一種不斷的武力貫徹。（此種形勢，正如近代國家海外殖民。）（上冊，頁一二〇）

西周社會存在明確的征服者與被征服者，西周王朝絕非單一民族國家，反而更接近殖民帝國。這正是《國史大綱》講述西周時，捨「王朝」而就「帝國」一詞的根本原因。

錢穆這一觀察，其實與後來杜正勝《周代城邦》強調「武裝殖民」的看法如出一轍。[28] 錢穆無疑是大中國主義者，杜正勝則是臺獨史家的代表，但他們對西周王朝整體性質的理解卻高度一致。這反映學術研究自有其客觀性，我們探討某些學術問題時應該努力取得共識，至少要取得不能達成共識的共識。學者不是政治家，更不是政客，必須要有超越政治立場的學術追求。[29]

不過錢穆與杜正勝的史學理念畢竟大相逕庭，他們對西周王朝的認識雖然多有契合，但時代到了秦漢，他們對中國史的認識便分道揚鑣、不可調和。限於題旨，本文只繼續關注錢先生的看法。《國史大綱》雖不否定皇帝制度在中國歷史上的重要性，但卻不使用「帝制中國」的概念去概括自秦至清的中國歷史。錢先生雖然願意將西周時期的中國稱為「帝國」，卻不願意用「帝國」一詞稱呼秦漢以降的中國。《國史大綱》將西周王朝稱為「帝國」，其實並非「帝制中國」學說的延伸，反而是深層次的否定。因為這反映錢先生認為中國史的「帝國」階段只限於西周王朝與東周楚秦，自秦至清的中國史並不宜視為「帝制中國」。錢先生為了不讓中國史聯繫到專制論，[30] 盡可能地迴避了帝制、帝國之語，可謂煞費苦心。

28 杜正勝，《周代城邦》（臺北：聯經出版公司，一九七九），頁一四～一五。杜先生近年觀點大致未變，參杜正勝，〈中國是怎麼形成的？〉，《古今論衡》第三九期（二〇二二，臺北），頁三～五九。此觀點可引申、揮灑的空間甚大：李零主張中國歷史上有兩次大一統階段，一次是西周，一次是秦漢；我則據此論證西周與羅馬政體的相似性，進而重新檢視中西歷史發展的異同。參李零，《我們的中國（第一編）：茫茫禹跡——中國的兩次大一統》（北京：三聯書店，二〇一六）；游逸飛，〈西周與羅馬——從殖民、分裂與郡縣的發展階段看中西歷史異同〉，宣讀於復旦大學中華文明國際研究中心、法國巴黎高等師範學院主辦，「古代之比較？前帝國時期的發展軌迹：從地中海到中國」（二〇二二年六月十日至十一日，上海、巴黎）。

29 正因如此，我當年組織《國史大綱》讀書會，曾陸續邀請閻鴻中、陳昭容、陳弱水、吳展良、梁庚堯、邱澎生、林維紅、周婉窈、陳正國諸位老師前來指導。當時邀請的師長領域兼容並蓄，甚至包含了臺灣史乃至世界史，已屬不易；今日看來，不少師長的政治立場大相逕庭，當時願意接受邀請，與學生一同探討《國史大綱》，更是難能。雖然時移境遷，我仍堅決相信學術無分統獨，不同立場的學者在一定程度上可相互理解、彼此商榷。《國史大綱》涉及的領域雖以中國史為主，臺灣史、日本史、內亞史、全球史等他山之石仍可攻錯。至於是否存在更合適的史學名著，讓臺灣不同領域的史學家一起研讀？當然可能，但已非本文論旨。

30 余英時，〈「君尊臣卑」下的君權與相權——「反智論與中國政治傳統」餘論〉，《歷史與思想》（臺北：聯經出版公司，一九七四），頁四七～七五；甘懷真，〈皇帝制度是否為專制？〉，《皇權、禮儀與經典詮釋：中國古代政治史研究》（臺北：臺大出版中心，二〇〇四），頁五三三～五四六；侯旭東，〈中國古代專制說的知識考古〉，《近代史研究》二〇〇八年第四期（北京），頁四～二八；閻步克，〈政體類型學視角中的「中國專制主義」問題〉，《北京大學學報》二〇一二年第六期（北京），頁二八～四〇。

中國式民主

那麼《國史大綱》如何概括自秦至清兩千年的中國歷史呢？在此我想先賣個關子，轉而討論錢穆過去很著名、很獨特的「一家之言」，那就是一九四二年他撰寫〈中國民主精神〉一文，撇開西方的選舉制度，主張傳統中國政府已具有民主精神，並非專制政體。[31]此說即使放在今天也會被視為奇談怪論，在汲汲引進西方民主制度以救國的民初提出，更有如洪水猛獸。無怪乎錢先生當時便自嘲其說對「民主」的定義可謂「怪誕」，其說後來引發蕭公權（一八九七—一九八一）等人非議，[32]長期得不到擁護，斯不足怪。

然而也就是在今天，我們見到在全球民主典範的美國，二〇二〇年總統候選人川普（Donald Trump,）、拜登（Joe Biden,）卻相互攻訐對方不民主，選舉結果甚至引發佔領國會等亂象，而被外界視為專制政權的俄羅斯、中共卻自詡民主等怪現象，在在大幅度衝擊我們對「民主」的理解；臺灣近年太陽花運動、公民投票、網路連署等新現象，也都刷新了我們對「民主」運作方式的認識。雖然錢穆的「中國式民主」學說在今天仍然不易為時人接受，但此說的激烈程度，卻足以刺激我們今日重新探索錢先生提出「中國式民主」說的史論基礎，重新反思何謂「民主」、何謂「理想政府」的政治理念。畢竟傳統中國延續長達數千年之久，不管是什麼樣的政治體制，它的運作在晚清以前的這塊大地上是有效的，傳統中國的政治經驗並非全盤西化可以徹底替代。尤其是在中國崛起的今天，如何更成功地融合中外古今，不輕易否定其中一方，盡可能「唯才是用」，是當代兩岸三地人群必須面對的課題。

錢穆如何論述「中國式民主」？他主張傳統中國政府由士人組成，由科舉選拔的士人來自民間，來自民間的士人為民意的代表，使下情可以上達，傳統中國政府便可謂之「民主」。[33]這樣的制度無論如何不是直接民主制，即使稱之為間接民主，亦難以服人。臺灣新世代讀者的民主經驗與直接民主高度契合，連不那麼直接的美國總統大選計票方式都不免感到疑惑，自然更覺得錢先生此說是非常可怪之論。然而讓我們姑且先撇開制度差異，關注傳統中國科舉出身的士人，與當代臺灣選舉出來的地方派系（不管立委、議員抑或里長），都在政府與社會中扮演了溝通民意的角色。這一現象當然不能證成傳統中國是民主社會，卻可說明民意代表在民主社會裡承載的部分功能，在傳統中國裡是由士人承擔。傳統中國雖非民主社會，下情卻非完全不能上達。事實上汗牛充棟的中國科舉研究，不管如何評估士人從地方向中央流動的比例，均在一定程度上將士人視為

---

31 錢穆，〈中國民主精神〉，《文化與教育》，《錢賓四先生全集》四十一冊（臺北：聯經出版公司，一九九五），頁一〇七～一二〇。

32 蕭公權，〈中國君主政體的實質〉，《憲政與民主》（臺北：聯經出版公司，一九八二），頁六〇～七七。

33 錢穆，〈中國民主精神〉，《文化與教育》，《錢賓四先生全集》四十一冊，頁一〇七～一二〇。錢先生的「中國式民主」，與當代中國崛起強調中國特色、中國風格、中國氣派的「中國式民主」，自有區別，茲不具論。

地方社會力量的代表，[34]也從側面反映了錢先生之說固然極端片面，但並非全無憑依。

錢先生於一九四〇年出版的《國史大綱》雖然尚未提出「中國式民主」之說，但其論述基礎已見端倪，那就是主張傳統中國政府並非專制政府，除了外族入侵的元、清兩朝，漢、唐、宋、明歷朝歷代的漢人政權皆為士人政府。事實上一部《國史大綱》，幾乎就是士人政府出現、興盛乃至衰亡的歷史，既然中國歷史由士人政府佔據主導地位，提出「中國式民主」之說，也就順理成章。我們可以說《國史大綱》的「士人政府」說已經建立「中國式民主」說的史學基礎，甚至可以說「士人政府」是穩健的史論，「中國式民主」則是激烈的政論，[35]兩者必須合而觀之。

貴族政府、平民政府及士人政府

回到《國史大綱》如何概括自秦至清兩千年中國歷史的問題。必須指出，上文說《國史大綱》幾乎就是一部士人政府發展史，實乃誇飾之語，是為了強調士人政府在傳統中國的重要地位，進而解釋錢穆筆下的中國通史以政治史為主線的緣由。但此說必須考慮：士人政府自西漢武帝施行察舉制後方興，相較於西漢中期以降至晚清的士人政府史，整個中國通史要漫長得多。《國史大綱》既然是一部中國通史，就不能不對西漢中期以前的中國歷史有所交代，而且還要能將西漢中期以前的中國歷史概括為士人政府「前史」，才能從通貫的角度充分把握中國歷史。

於焉我們自然會注意到《國史大綱》第七章「秦室本是上古遺留下來的最後一個貴族政府」的論述，錢穆在此有兩層意涵可加以闡發：首先是先秦時期的貴族政府不只一個，秦政權前有所承，是最晚的一個。事實上錢先生很可能認為先秦時期的中國政權大致均可視為貴族政府，因為這是學界通說，除了毋庸置疑的夏商周三代世襲王權，近年考古發現更揭示新石器時代中國各地的複雜社會，不少已帶有相當程度的世襲制、貴族制屬性。[36]

---

34 李弘祺著，劉耕荒譯，《宋代官學教育與科舉》（臺北：聯經出版公司，一九九三）；賈志揚（John W. Chaffee），《宋代科舉》（臺北：東大圖書公司，一九九五）；包偉民，〈精英們「地方化」了嗎？——試論韓明士《政治家與紳士》與「地方史」研究方法〉，鄧小南、榮新江主編，《唐研究（第十一卷）：唐宋時期的社會流動與社會秩序研究專號》（北京：北京大學出版社，二〇〇五），頁六五三～六七一；蕭啟慶，《元代的族群文化與科舉》（臺北：聯經出版公司，二〇〇八）；何炳棣著，徐泓譯注，《明清社會史論》（臺北：臺大出版中心，二〇一三）；（美）本杰明．艾爾曼（Benjamin. A. Elman）著，高遠致、夏麗麗譯，《晚期帝制中國的科舉文化史》（北京：社會科學文獻出版社，二〇二二）。

35 歷史學者往往只關心錢穆的史學作品，其實錢先生當時亦有一些政論，頗成一家之言，可相互發明。錢穆，《政學私言》（臺北：臺灣商務印書館，一九九六）；錢穆，《中國學術思想史論叢（九）》（臺北：蘭臺，二〇〇〇）；錢穆，《中國學術思想史論叢（十）》（臺北：蘭臺出版社，二〇〇〇）。循此我們尚可稍加討論錢先生在臺灣時與蔣介石的良好關係。從當今兩岸關係由後視前，蔣介石雖然僻處一隅，但終究是可以和毛澤東分庭抗禮的政治強人；若回到民初動盪的國民政府，蔣介石強勢的獨裁形象便更加鮮明。這些都容易讓我們忘卻一九四九年國民政府遷臺前後，蔣介石僅是一個風雨飄搖的偏安政權領導人，其地位隨時可能終結。錢穆於抗戰勝利之際勸蔣介石下野，於國之將亡時分勸蔣介石堅守，其建議是否實際另當別論，無論如何不可視為「懦弱卑屈」。在當時嚴峻的國際局勢下，錢先生將蔣介石視為「士人政府」與「中華民族與文化」的守護者，並不足怪。參關千里，〈讀錢穆《中國學術思想史論叢》第十卷〉，上海東方報業，「澎湃新聞．私家歷史」（二〇二三年五月七日），https://mp.weixin.qq.com/s/fqUEwGMRQCqqS-HappVxmA

36 張光直著，印群譯，《古代中國考古學》（瀋陽：遼寧教育出版社，二〇〇二）；中國社會科學院考古研究所編，《中國考古學：新石器時代卷》（北京：中國社會科學出版社，二〇一〇）；劉莉、陳星燦著，陳洪波、喬玉、余靜、付永旭、翟少東、李新偉譯，《中國考古學：舊石器時代晚期到早期青銅時代》（北京：三聯書店，二〇一七）。

錢穆的另一層意涵則是秦政權最高統治者的稱號從「王」改制為「皇帝」，並未改變秦政權的貴族政府屬性。這是錢先生的一家之言，但自有理據。此說主張最高統治者的稱號沒那麼重要，無法決定整個政府的屬性，政府的屬性應由主要組成者的身分及性格決定。秦始皇只為自己改換尊號，並沒有為秦政權換血，統一後的秦王朝就跟統一前的戰國秦國一樣，政府的主要組成者仍為貴族，自然只能是貴族政府。此說削弱了皇帝制度建立的歷史意義，[37]也就間接打擊了皇帝專制論。更重要的是，以秦始皇為首的秦政權既然不是帝制政府，按此邏輯，秦以降的歷朝歷代，雖以皇帝為首腦，仍舊不是帝制政府，其政府屬性必須另覓。隨著貴族沒落、平民崛起，傳統中國政府的主要組成者不再是貴族，漢、唐、宋、明諸政權不宜視為貴族政府；透過察舉、科舉等選人制度的流行，士人逐漸成為傳統中國政府的主要組成者，[38]《國史大綱》將傳統中國政府視為士人政府也就順理成章。

以秦朝為分水嶺，將傳統中國政府分成「貴族政府」及「士人政府」兩大階段，此解釋足以涵蓋長達數千年的中國歷史，乃宏大的史論與學說。但此說若要成立，尚須正視一個小小缺環，那就是秦朝至西漢武帝之間、漢初六十餘年的政府性質究竟為何？漢初未曾施行察舉制，儒生與士人尚未崛起，士人政府之說自然不可能成立。經歷了秦之興亡、楚漢相爭，先秦舊貴族多已沒落，不是漢初政府的主要組成者；但據學界研究，漢初政府的主要組成者為諸侯王、列侯等軍功受益階層，[39]可以視為新貴族，我們仍可將漢初政府視為貴族政府。

然而錢穆此處的考慮似乎比較複雜，《國史大綱》並未將漢初政府視為貴族政府。換句話說，錢穆不願意將軍功受益階層視為新貴族，至少不願意從新興貴族的角度去為漢初政府定性。他的考慮或許是，軍功受益階層這樣的「從龍集團」歷朝歷代皆有，甚至不乏與政權相始終之例；傳統中國士人的家世背景在一定程度上也帶有世家色彩，真正的貧寒子弟實不多見。可以說傳統中國政府的主要組成者，難免或多或少帶有貴族性。然而若將這點推到極端，那麼不管是先秦舊貴族政府，還是漢初新貴族政府，抑或漢武帝以後的士人政府，主要組成者雖有新舊之分，但本質上

37 （日）西嶋定生著，杜正勝譯，〈中國古代統一國家的特質——皇帝統治之出現〉，杜正勝編，《中國上古史論文選集》（臺北：華世出版社，一九七九），頁七二九～七四八；（日）尾形勇著，張鶴泉譯，〈古代帝國的秩序構造和皇帝統治〉，《中國古代的「家」與國家》（長春：吉林文史出版社，一九九三），頁二五七～二八八；甘懷真，《皇權、禮儀與經典詮釋：中國古代政治史研究》（臺北：臺大出版中心，二〇〇四）；（日）渡邊信一郎著，徐沖譯，《中國古代的王權與天下秩序：從日中比較史的視角出發》（北京：中華書局，二〇〇八）；（日）金子修一著，肖聖中、吳思思、王曹杰譯，《古代中國與皇帝祭祀》（上海：復旦大學出版社，二〇一七）；徐沖，《中古時代的歷史書寫與皇帝權力起源》（上海：上海古籍出版社，二〇一二）。

38 閻步克，《察舉制度變遷史稿》（北京：中國人民大學出版社，二〇〇九）；（日）宮崎市定著，韓昇、劉建英譯，《九品官人法研究：科舉前史》（北京：中華書局，二〇〇八）；吳宗國，《唐代科舉制度研究》（北京：北京大學出版社，二〇一〇）；金瀅坤，《中晚唐五代科舉與社會變遷》（北京：人民出版社，二〇〇九）；劉海峰、李兵，《中國科舉史》（上海：東方出版中心，二〇〇四）；李弘祺，《學以為己：傳統中國的教育》（香港：香港中文大學出版社，二〇一二）。

39 傅樂成，〈西漢的幾個政治集團〉，《漢唐史論集》（臺北：聯經出版公司，一九七七），頁一～三五；李開元，《漢帝國的建立與劉邦集團——軍功受益階層研究》（北京：三聯書店，二〇〇〇）。

皆可視為貴族。既然如此，未嘗不可消弭貴族政府與士人政府之分，將傳統中國政府全都視為貴族政府，從貴族政府的內部分期來觀察數千年中國史，士人政府之說也就沒了著落。或許正因如此，《國史大綱》主張漢初政府既非士人政府，亦非貴族政府。那麼錢先生如何界定漢初政府的性質呢？

《國史大綱》在此再次巧妙化用了一個史學常識，那就是清人趙翼（一七二七—一八一四）在《廿二史箚記》裡強調的「漢初布衣卿相之局」。[40] 春秋戰國以來貴族沒落、平民崛起的重大社會史脈絡，[41] 到了漢初發展成平民天子、布衣卿相的重大政治史脈絡。然而錢先生以這一史學常識為基礎，發展出「平民政府」的學說，其實也是大膽的一家之言，論述頗有必要分疏。因為趙翼「漢初布衣卿相之局」只是強調漢初帝王將相的「出身」。我們不能循此論述劉邦（前二五六—前一九五）當了皇帝以後還是平民，功臣裂土封侯後也還是平民，否則二十一世紀的中共政權也還是無產階級專政。

既然平定天下後的漢高祖與眾功臣已不再是平民，《國史大綱》「平民政府」之說何以可能？《國史大綱》第七章第四節「漢初政府純粹代表一種農民素樸的精神」等論述，反映錢先生對漢初政府執政精神的推重，似乎透露出政府主要組成者的出身，只是錢先生論述政府性質的基礎，他其實更看重政府主要組成者的精神與性格。正因漢初政府主要組成者的精神與性格尚未擺脫平民出身的習性，《國史大綱》才將漢初政府界定為「平民政府」。論述至此，讀者或有一種熟悉感：《國史大綱》不根據外在形式，而是根據內在精神界定「平民政府」，恰恰也是錢先生論述「中國式民主」的方式。推而廣之，像「貴族氣味」、「自覺精神」等《國史大綱》常用於「貴族政府」與「士人政府」的概念，也都著重於政府組成者的內在精神，而非政府組織的外在形式。雖然政府組成者的精神與性格必然深受其出身環境的影響，但錢先生顯然不認為出身可以決定一切：貴族的出身再好，若不善加涵護，也會腐化墮落；平民的環境再差，若有足夠的精神自覺，也能不斷昇華進步。《國史大綱》將傳統中國政府分成「貴族政府」、「平民政府」及「士人政府」，大抵均著眼於內在精神，而非外在形式。[42]

相較於外在形式，內在精神的推究、論證要困難得多。從《國史大綱》到〈中國民主精神〉，錢先生的論述方式實一以貫之，但也同樣惹人爭議。或因如此，錢先生一九三一至三二年在北京

---

40 （清）趙翼著，王樹民校證，〈漢初布衣將相之局〉，《廿二史箚記校證》（北京：中華書局，二〇〇一），頁三六～三七。

41 杜正勝，《編戶齊民——傳統政治社會結構之形成》（臺北：聯經出版公司，一九九〇）。

42 正因如此，《國史大綱》用「墮落」、「腐化」等詞彙描述歷朝歷代政府時，已超出了一般治亂興衰的政治史意義，更涉及政府組織的性質與正當性問題。一個皇帝，不管是昏君還是暴君，終究是君、終究是皇帝。但在錢穆看來，貴族、平民與士人只要墮落腐化，就失去了組成「貴族政府」、「平民政府」及「士人政府」的資格，組成新的政府便有其必要，政權轉移也就得以正當化。所謂「中國式民主」，尚可從此角度加以理解。

大學史學系撰寫初稿、比《國史大綱》更早的《秦漢史》，便是對秦漢諸帝、各時期的史事平鋪直述，並未從政府組成者的精神與性格去論證秦漢政府的性質，也就沒有使用「貴族政府」、「平民政府」及「士人政府」的概念去敘說秦漢史。[43]此三者顯然是錢先生後來抗戰時撰寫《國史大綱》時的自鑄新詞，是為了通貫中國歷史而創生。如果錢先生不寫中國通史，未必會如此解析傳統中國政府與社會的關係。正因如此，這一史論是否與史事、史料密合無間，下節將會探討。

《國史大綱》徵引的史料：森羅萬象的傳世文獻

無論是中國通史的經典地位、抑或多元學說的豐厚內涵，都奠基於《國史大綱》徵引史料的無邊無涯。陳寅恪當年讀《國史大綱》時，曾跟錢先生說，「惟恨書中所引，未詳出處，難以徧檢。」[44]余英時認為此說不宜僅從字面上理解，以陳先生的博學尚「難以徧檢」，其實是陳先生對錢先生一種變相的高度稱許（上冊，頁二一一）。《國史大綱》引用文獻之豐贍，由此可見一斑。[45]

至於嚴耕望認為《國史大綱》「只是根據二十四史而已」。[46]余先生指出此說過於極端：

就我先後閱覽所及的一、二十種通史而言，歷朝正史在《國史大綱》中所佔的比重是最低的。（上冊，頁二〇）

根據我們《國史大綱》讀書會對引用史料的整理，正史以外的資料確實非常豐富，絕對不容忽視。然而余先生此說似乎也可能導致讀者「誤讀」，以為《國史大綱》參考的正史比例要低於其他文獻。此亦非是。結合兩位先生對《國史大綱》引用史料的看法，並稍加調整措辭，《國史大綱》引用史料的概況大抵是：主要依據正史，但也大量參考了正史以外的文獻。未來學界若能完成「《國史大綱》引用文獻考」的研究，不同史料的比重當可更加明晰。

---

43 錢穆，《秦漢史》（臺北：東大圖書公司，一九八五）。此外錢先生在北大講授中國通史時，從政府高官出身的角度，稱「秦政府已是一個貴族與平民合組的政府」，「漢政府纔是一個純粹的平民政府」。反映出錢先生的早期觀點與《國史大綱》不完全一致。錢穆編，《中國通史參考材料》（臺北：東昇出版社，一九八〇），頁七九。

44 錢穆，《八十憶雙親師友雜憶合刊》（臺北：蘭臺出版社，二〇〇〇），頁二三七。

45 但陳寅恪此語的字面意義亦無誤，《國史大綱》幾乎不說明二手研究的出處，即便是史料，亦有不少出處未詳，初版更有不少疏誤。一九九五年出版的修訂版對引用史料多有校正，但我過去組織《國史大綱》讀書會，憑藉電子資料庫，有進一步的補充與修訂。此外錢先生一九三四～三五年在北京大學講授中國通史，曾自編講義，選擇史料及史論，以便學生進一步研讀。此講義後來以《中國通史參考材料》為名在臺灣出版，雖不完整，仍是探討《國史大綱》引用史料的重要憑藉。錢穆，《國史大綱》（上海：國立編譯館，一九四七）；錢穆，《國史大綱》修訂本（臺北：臺灣商務印書館，一九九五）；錢穆編，《中國通史參考材料》（臺北：東昇出版社，一九八〇）。

46 嚴耕望，《治史經驗談》（臺北：臺灣商務印書館，一九八一），頁二八。

海上女真與域外史料[47]

關於《國史大綱》大量參考正史以外文獻的原因，余英時有所解釋：

> 此書有它獨特的構想，因此所需要的資料往往超出正史之外。（上冊，頁二〇）

本節想進一步指出《國史大綱》的參考資料不僅「超出正史之外」，甚至還超出中國之外，其構想自然也就更加獨特。我們可以說，當代著名學者葛兆光極力推動的「從周邊看中國」理念，[48]錢穆在數十年前業已實踐，而且融入了中國通史的寫作之中。

《國史大綱》在當代臺灣最通行的版本應是一九九五年臺灣商務印書館的修訂版，其三十四章第一節〈金起滅遼〉有一句話值得關注：「（女真）其先常以航海攻掠高麗、日本。」這是女真史、中日關係史、中韓關係史的研究課題，[49]一般中國通史乃至宋遼金斷代史通常不會述及此事，《國史大綱》的書寫有其特殊性。錢先生更在其下以小字詳細注曰：

> 真宗天禧三年，遼聖宗開泰八年，女真曾以巨艦五十艘由圖們江口泛海南航。其船長九十餘丈，或六、七十丈不等；一船之三、四十，載人五、六十。越高麗東岸，抵日本對馬島、

壹歧島，並攻入福岡灣，虜殺甚大。事見日本記載。並類此者不只一次。據史載，遠自宋太祖建隆年間，即曾泛海至宋賣馬。蓋女真與渤海同族，據日史記載，渤海盛時，與日交通見記錄者不下五十餘次。

（下冊，頁九五～九六）

雖然《國史大綱》引用史料並非盡皆「未詳出處，難以徧檢」，但其比例確實不低，故錢穆此處寫下「事見日本記載」、「據日史記載」，不僅揭示了《國史大綱》的引用史料有超出中國之外者，更有提醒讀者進一步關注史料出處的寓意。

首先我們可以注意到《國史大綱》這段論述首見於一九九五年修訂版，之前的初版《國史大綱》並未記載。[50]原來錢先生曾在自己手裡的《國史大綱》上貼了不少便條紙，註記日後應如何修改內

47 本節改寫自游逸飛，〈海上女真——錢穆《國史大綱》史源考之二〉，《史原》復刊第三期（總第二十四期，二〇一二，臺北），頁一九七～二二二。該文曾獲上海師範大學古籍整理研究所博士生彭鋒重視，以改寫的形式抄襲發表，聯絡其導師戴建國先生後，得其再三致歉。彭鋒，〈錢穆《國史大綱》「女真攻掠高麗、日本」條考釋〉，《北京社會科學》二〇一五年第四期（北京），頁九七～一〇四。

48 復旦大學文史研究院編，《從周邊看中國》（北京：中華書局，二〇〇九）；葛兆光，《歷史中國的內與外：有關「中國」與「周邊」概念的再澄清》（香港：香港中文大學出版社，二〇一七）。

49 （韓）金渭顯，〈女真海賊「刀伊」〉，收入姜錫東、李華瑞編，《宋史研究論叢》第九輯（保定：河北大學出版社，二〇〇八），頁四九四～五一五。

50 錢穆，《國史大綱》（上海：國立編譯館，一九四七）。此承梁庚堯、童永昌諸師友提示。

容，「海上女真」的論述正寫在其中一張便條紙上，是一九九五年修訂版的整理者何澤恆據此將其補入《國史大綱》之中。

再者「海上女真」這段史料的原始出處為日本平安時代的史籍《朝野群載》〈擊取刀伊國賊徒狀〉。[51]錢先生固然博學多聞，熟讀傳統中國典籍，但我們很難想像錢先生連原始的日本史籍都廣泛涉獵。陶晉生便指出錢先生應參考自藍文徵〈海上的女真〉一文，[52]我進而比對前引《國史大綱》小字注的結語：

> 渤海覆亡不久，女真崛起，遂變和平之商路為征伐之航程。及其海上之活躍漸歇，乃轉而為陸地之侵擾。（下冊，頁九六）

與藍文徵〈海上的女真〉之論斷：

> 渤海覆亡不久，女真部落漸強……變和平商路，為征伐的航線……女真之海上活動漸歇，轉用其力量於陸上。

兩人對女真驟興及立國形勢的史論如出一轍，可以證明《國史大綱》「海上女真」論述的出處確實是藍文徵〈海上的女真〉。

至於藍文徵研究「海上女真」，亦非無源之水、無根之木。藍文徵為東北人，一九三一年九一八事變後，赴日於早稻田大學研究院留學四年，藉以「多理解敵情與接運東北愛國青年」。[53]〈海上的女真〉徵引的唯一一篇學術論文為日本學者池內宏（一八七八—一九五二）的〈刀伊の賊〉，[54]藍文徵顯然是留日時受到日本學界的影響，才注意到海上女真的相關記載。

綜上所述，《國史大綱》「海上女真」論述裡的「事見日本記載」、「據日史記載」，背後蘊含豐富的史源學線索，「《國史大綱》引用文獻考」的研究課題值得進一步投入。

還應指出《國史大綱》的「海上女真」論述，不僅是史料的域外來源值得我們重視，其史論藉

---

51 （日）三善為康編，《朝野群載》（東京：吉川弘文館出版社，一九九九～二〇〇〇），頁四五九。此承渡邊將智、劉育信、李丞家諸友提示。

52 藍文徵，〈海上的女真〉，《民主評論》第四卷第二四期，頁二～五。陶晉生參與「第三屆錢穆先生思想研究論文發表會」審查時指出。

53 湯承業，〈藍文徵先生的學業與道業——兼論藍先生的學術思想〉，《國立編譯館館刊》第七卷第一期（一九七八，臺北），頁一七一～二一〇。

54 （日）池內宏，〈刀伊の賊——日本海に於ける海賊の横行〉，《史林》第十一卷第四號（一九二六，京都），頁五〇五～五二〇；另收入池內宏，《滿鮮史研究．中世》（東京：岡書院，一九三三），頁三〇一～三二四。藍文徵誤引出處為《史林》第一〇卷第四號，似乎是因為《滿鮮史研究．中世》本身便誤記〈刀伊の賊〉出處為《史林》第一〇卷第四號。池內宏此文及藍文徵的背景，承宋家復老師提示。

此解釋女真的驟興，進而說明金朝的立國形勢，顯得更加重要。但海上女真終究與完顏女真有別，不能堅實解釋金朝的驟興。[55]錢穆勇於採納海上女真的史事，似乎有學理之外的理由。此時〈海上的女真〉被錢先生刪去未加引用之語：

（女真人）實為中國人第一次攻至日本，也是日本第一次遭受來自北方的攻擊，可為東亞史上一件大事。

或許仍可說明《國史大綱》承載的心曲。錢先生閱讀〈海上的女真〉時心中可能多少洶湧著民族自豪感，因而不忍割捨，將之摘錄進《國史大綱》之中。

貴族氣味與出土秦簡[56]

再次回到余英時對《國史大綱》大量參考正史以外文獻的解釋：

此書有它獨特的構想，因此所需要的資料往往超出正史之外。（上冊，頁二〇）

此說誠是。但我不禁大膽懷疑：《國史大綱》的獨特構想，會否可能超出史料之外呢？上節指出錢先生著重從組成者的精神與性格去論證秦朝是「貴族政府」，如：

秦代政治的失敗，最主要的在其役使民力之逾量。秦室本是上古遺留下來的最後一個貴族政府，依然在其不脫貴族階級的氣味下失敗，依然失敗在平民階級的手裡。〔役使民力逾量，即是十足的貴族氣味。〕（上冊，頁二〇五、二〇七）

錢先生認為貴族易於不知民間疾苦，無法對平民感同身受，進而就會過度役使民力，不把平民當人看。該史論清晰合理，但若想找到可證明的史料，似乎並不容易。《國史大綱》嘗試舉出實例：

55 日本史籍所見「刀伊」僅是古代高麗人對中國東北民族的稱謂，被稱為「刀伊」的部族未必即是「女真」。即便刀伊就是女真，刀伊入寇一事比完顏阿骨打稱帝建國早了百年，完顏部亦不靠海，很難證明刀伊就是女真部族之一的完顏部。此承梁庚堯、徐秉瑜老師的提示。

56 承蒙區志堅先生盛意，本節題目原欲以獨立論文投稿《重訪錢穆》一書，後因故未能交稿，深感慚愧。本節僅概述論文大意，詳細版本俟他日再擇地發表。參李帆、黃兆強、區志堅編，《重訪錢穆》。

古代封建小國，四境農民行程相距最遠不出三、四日，每冬農隙，為貴族封君服力役三日，往返不過旬日，其事易勝。秦得天下，尚沿舊制，如以會稽戍漁陽，民間遂為一大苦事。又有「七科謫」與「閭左戍」，陳勝、吳廣即由此起。（上冊，頁二〇七）

「以會稽戍漁陽」（從今天的江南到河北去當兵）固為事實，但陳勝、吳廣走到半路就起義造反了，[57]我們並不清楚他們是否只要到漁陽戍邊三日，此事不可為證。事實上傳世文獻並未見到實例去佐證秦朝尚沿「古代封建小國」舊制。正因如此，我們應注意到錢先生這一論述的不合理之處：身為最後的貴族，秦始皇當然可能不脫貴族氣味，役使民力逾量。但他真的那麼傻、對人民的剝削真的那麼沒有效益嗎？為了役使農民幾天，就讓農民在路上奔波十倍、甚至百倍的時間？秦政府理應捨棄不合時宜的周代城邦舊制，以更有效的帝國新制，省下農民在路上奔波的時間，十倍甚至百倍地壓榨農民。這樣的秦朝看似不傻，但同樣符合不脫貴族氣味，役使民力逾量，最終斷送國祚的人設。

以上是我的小小推論，似乎比錢先生的論述更加合理，然而傳世文獻裡同樣沒有實例佐證我的說法。《國史大綱》曾敘述西漢的「過更」兵制：

天下人皆直戍邊三天。不行者出錢三百入官，官以給戍者；是為「過更」。〔戍邊以三日者，古代封建侯國，四境相距不甚遠，故國人得輪值三日以均勞佚。秦既一統，乃謫會稽戍漁陽，陳勝、吳廣遂以揭竿而起。漢人變通其制，許有過更，則可無秦禍。〕（上冊，頁二一三）

「過更」兵制當然就能以更有效率地運作方式，省下農民在路上奔波的大量時間。秦朝真的沒有想到兵役可以如此運作嗎？從「漢承秦制」的脈絡來說，西漢的「過更」兵制，未必不可能沿襲秦制。

無論如何，此問題需要更直接的證據。我們比錢先生更幸運的是，二十一世紀的出土文獻比傳世文獻提供了更多線索。嶽麓書院收藏的秦簡裡有一條〈戍律〉記載了「戍者月更」，[58]似乎規定了秦朝人民每月都要輪流服兵役。雖然服兵役的具體天數依舊不明，但不應太長，一定程度上印證了《國史大綱》「戍邊三天」的主張。

然而出土於湘西邊陲、適足改寫秦史的里耶秦簡，裡頭有十二塊木牘（編號九之一～一二），

57 嚴格來說，陳勝、吳廣是中原人，並未從會稽出發戍邊，「以會稽戍漁陽」另有其人。

58 陳松長編，《嶽麓書院藏秦簡（肆）》（上海：上海辭書出版社，二〇一五），簡一八四，頁一二九。

內容大同小異，記載了陽陵縣政府向十二名籍貫陽陵的洞庭郡戍卒追討債務的行政流程。[59]值得注意的是，這十二件文書全部是從秦始皇三十三年三月或四月自陽陵縣發出，直到秦始皇三十五年四月洞庭郡仍在向當事人討債的文書。換句話說，這十二名欠債未還的戍卒均在洞庭郡當地拖延了兩年以上，反映這些陽陵縣人均長期在外地服兵役，並非「戍邊以三日」。里耶秦簡所見雖然僅是偌大秦朝天下中的十二人，但以管窺天、由小見大，未必不能得秦兵役之情實。事實上秦代法律裡常見「一歲」、「二歲」、「三歲」、「四歲」等長期戍邊的懲罰規定，[60]當時因故長期在外地服兵役的人民數量肯定不少，全天下人民皆為短期兵役奔波於道路上的場景恐不存在。

進而言之，秦朝政府未必沒有注意到戍邊人民的交通距離問題。嶽麓秦律裡有數條具體規定了秦朝不同籍貫的罪犯服兵役的不同地點，均以郡為單位各自對應，遠近不一，甚至還有通姦雙方不可在同郡服刑的規定。[61]對長期戍邊的罪犯尚如此周密考慮、頒布新法，對短期服兵役的人民又怎會過於輕忽地「尚沿舊制」？

根據上文對新出秦簡的綜合分析，秦二世元年「發閭左適戍漁陽」[62]的詔令既非一般人民的兵役，亦非罪犯的懲罰，只能視為特例，而非常態。錢先生據此推論整體秦制，並不妥當。秦朝役使民力逾量大抵無可置疑，但箇中原因不應簡單歸結至貴族氣味，尚須考慮法家思想的影響。貴族氣味只會導致秦政府相對輕忽人民，是秦朝役使民力逾量的消極因素；法家思想的指導才會導致秦朝政府積極壓榨、奴役人民，是秦朝役使民力逾量的積極因素。[63]《國史大綱》將秦朝視為貴族政府的論述固可成立，但貴族政府與秦朝滅亡的因果關係，需要更多的證據才有說服力。

無論如何，《國史大綱》初版不可能參考出土秦簡，本節的討論甚至不是求全責備，而是企圖展現當代最新史學研究與《國史大綱》之間的辯證關係。《國史大綱》的部分論述固然會被最新研究修正，但最新研究並不能取代《國史大綱》的整體視野。

---

59 湖南省文物考古研究所、湘西土家族苗族自治州文物處、龍山縣文物管理所，〈湖南龍山里耶戰國——秦代古城一號井發掘簡報〉，《文物》二〇〇三年第一期（北京），頁四～三五；陳偉編，《里耶秦簡牘校釋（第二卷）》（武漢：武漢大學出版社，二〇一八）。

60 武漢大學簡帛研究中心、湖北省博物館、湖北省文物考古研究所編，陳偉主編，彭浩、劉樂賢等著，《秦簡牘合集釋文注釋修訂本（壹）：睡虎地秦墓簡牘》（武漢：武漢大學出版社，二〇一六）；朱漢民、陳松長編，《嶽麓書院藏秦簡（參）》（上海：上海辭書出版社，二〇一三）；陳松長編，《嶽麓書院藏秦簡（肆）》；陳松長編，《嶽麓書院藏秦簡（伍）》（上海：上海辭書出版社，二〇一七）；陳松長編，《嶽麓書院藏秦簡（陸）》（上海：上海辭書出版社，二〇二〇）；陳松長編，《嶽麓書院藏秦簡（柒）》（上海：上海辭書出版社，二〇二二）。

61 陳松長編，《嶽麓書院藏秦簡（柒）》，頁六一～六三；陳松長編，《嶽麓書院藏秦簡（伍）》，頁六六。

62 （西漢）司馬遷著，（南朝宋）裴駰集解，（唐）司馬貞索隱，（唐）張守節正義，顧頡剛等點校，《史記》（北京：中華書局，一九五九），頁一九五〇。

63 游逸飛，〈監察相司——三府分立的秦代郡制〉，《製造「地方政府」——戰國至漢初郡制新考》（臺北：臺大出版中心，二〇二一），頁一九五～二三八。

小結

本文先從「中國通史」著述及課程的典範地位，說明《國史大綱》的經典性質；再從西周帝國、中國式民主與傳統中國政府屬性等錢先生的一家之言，解析《國史大綱》裡的獨特學說；最後揭示《國史大綱》徵引的域外史料與未及徵引的出土文獻，並探討史料與史論之間的關聯。我希望能透過經典、學說與史料的不同角度，說明《國史大綱》可以如何閱讀。《國史大綱》不是一本一般的中國通史，它在史學史上佔有極高地位，值得我們深入研究。

但《國史大綱》的地位之高、價值之大，並不意味我們閱讀《國史大綱》便能將整部中國歷史盡置於指掌之間。如此偷懶的想法，必不免於食古不化、抱殘守缺之譏。《國史大綱》之所以能成為經典，是因為它成功地面對並解決它的時代議題，而且其有效性可以維持數十年乃至百年之久。但隨著時間的流逝，時代議題不斷更新，《國史大綱》終究不是萬靈丹，不可能永遠全面協助新一代的讀者面對並解決自己的時代議題，因此新一代的中國史研究者必須寫出新的中國通史。新的中國通史不可能全面超越《國史大綱》，但一定更適合新時代，於焉成為新的經典。新的中國通史經典的寫作不可能無所憑藉，《國史大綱》之所以能成為經典，還因為它適足引導今人如何開新，創造新的中國通史經典。

本文最後想援引余英時的話來為新一代讀者繼續投入《國史大綱》的研讀打氣：

對於一般讀者而言，這部「圓而神」的經典之作體現了中國史的主要特色及其整體動態。對於各種層次的研究者而言，《國史大綱》中潛藏著數不清的睿識和創見，處處都可以引人入勝。

這是一部應該人手一編的中國史學無盡藏！

（上冊，頁三四～三五）

情的融合？

《國史大綱》與域外思想

孔令偉／中央研究院歷史語言研究所助研究員

本文將以《國史大綱》與域外思想為主題。個人的研究專業是清代中原與內陸亞洲（Inner Asia）關係史，後者約略包含滿洲、蒙古、西藏與新疆等地，同時我對於蒙元以降中國與域外關係也有著廣泛的學術關注以及研究興趣。

文章分成三部分：第一部分談近代中國史學界的「域外」觀；第二部分看《國史大綱》的「域外」論述，也就是錢穆在近代中國史學界的脈絡下，怎麼討論域外的概念；第三部分會從《國史大綱》出發，重新思考「中國」和「域外」，這組雖相關但未必二元對立的觀念。

《國史大綱》的「國」是什麼意思？「史」又是怎樣的史？其實，錢穆所討論的「史」，有很強的

「心史」傳統。他詮釋歷史是談所謂歷史的動力，這已經跳脫現在學界主流實證主義史學的範疇。那麼國史的「國」又是什麼意思？如何定義中國？即便在民初那樣動盪、國族主義興盛的時代，錢穆、傅斯年等學術前輩，仍然都關心這個問題；當代學者如上海復旦大學的葛兆光，也曾寫書討論「何為中國」。[1]事實上，每個人心中都有自己的詮釋，文化上的中國和現實上的中國，並非鐵板一塊。當下我們重讀《國史大綱》，尤其有這樣的現實意義。

我自己讀《國史大綱》的立場是什麼呢？就是從人文的同理心出發，對經典文本進行批判性地閱讀。在中文的語境裡，我們經常會對批判性一詞有誤解，認為批判一定是負面的、情緒性的，或是政治性的。其實不然。批判性在西方的語境裡，是指用獨立的、所謂理性的思考方式，自主地閱讀文本。有點像《孟子·盡心下》所說的「盡信書不如無書」。關於人文同理心，其實也就是錢穆在這本書最前面強調的——人文主義的精神。錢穆個人認同中國歷史就是他的歷史，強調當時的中國，無論是知識界或是一般社會大眾，在對待中國的歷史時，都應該抱持溫情與敬意。今天我們即便將文化上的中國當成所謂的他者，或是當成臺灣現代文化養分的一部分，我們也應該抱持著溫情與敬意。不只是對中國歷史，對全世界人類文明的歷史，我們都要抱持著溫情

1 葛兆光，《何為中國？：疆域、民族、文化與歷史》（香港：牛津大學出版社，二〇一四）。

與敬意。以上是我個人的治史態度以及撰述本文的立足基礎，因此在文章中如有一些和錢穆觀點有所出入之處，非為標新立異、否定前賢，而是以當代立場重讀經典時，學者自當懷抱新材料、新方法以及新問題進行獨立思考，而非完全因循前人觀點。這也是陳寅恪當年倡議「預流說」，主張「一時代之學術，必有其新材料與新問題」之用意。[2]

《國史大綱》的時代意義與後世影響，當然是非常巨大的。其中很重要的一點，就在於錢穆的通史視野。現代的歷史學研究多為斷代史，大家專精於一個地域或時期，甚至研究單一歷史事件，但錢穆強調的歷史大脈動、宏觀的歷史書寫，是相當有意義的。這部了不起的著作讓我們反思，傳統與現代之間，其實有變化也有延續。我們今天經常認為，現代與傳統好像是斷裂的關係，譬如覺得科學、民主是來自歐美西方的現代概念，臺灣現代化之後就脫離傳統。其實不是這樣。如果臺灣真的是百分之百的現代化社會，為什麼我們會有這麼強的民間信仰？即使在歐美社會，宗教仍然有強大影響力。從延續的角度來看，歷史學本身的現代與過去也不是完全斷裂，以歐美為主的現代實證史學，和過去華文世界歷史研究傳統的乾嘉史學之間，實際上是有延續與變化的。

這邊想延續剛才講的乾嘉史學與現代實證史學之間，談一下錢穆先生與中研院歷史語言研究所的關係。過去很多人討論錢穆跟史語所，把兩者看成扞格不入的關係。不過我閱讀一些史語所相關材料，如傅斯年圖書館藏史語所檔案後，覺得錢穆與史語所同仁之間，其實並非交惡。誠然，錢穆晚年在《師友雜憶》中回憶傅斯年，認為他對研究生和史語所年輕同仁的指導，主張培養斷代史專才，而不鼓勵太廣泛的治史興趣，如「某生專治明史」，就不許他「上窺元代、下涉清世」。[3]這是有些人好引的一段公案，用以主張錢穆和傅斯年在治學上有矛盾。可是，我們如果讀一九二六年傅斯年寫給胡適的一封信，其實傅先生治中國史的主張是「一面不使之與當時的別的史分」，[4]強調研究中國史時要超越國別史框架，對同時期不同文明有橫向地了解。譬如研究明代的中國，應該要關注鄭和下西洋、去看當時的東南亞。然後，「一面亦不越俎去使與別一時期之同一史合」，[5]就是不要把唐代的中國、明代的中國，跟清代的中國混為一談。傅先生以上所言，大體是為反思二十世紀初中文學界的慣性思考所發，但其觀點至今仍甚有見地。

傅斯年強調的還有一點，是要把所謂製造仁義禮智和其他主觀的歷史學，就是過去喜歡以論

2 陳寅恪，〈陳垣敦煌劫餘錄序〉，《金明館叢稿二編》（北京：三聯書店，二〇〇一），頁二六六。
3 錢穆，《八十憶雙親、師友雜憶》（臺北：東大圖書公司，二〇一三），頁一五一。
4 傅斯年，〈傅斯年信〉，耿雲志主編，《胡適遺稿及秘藏書信》第三十七冊（合肥：黃山書社，一九九四），頁三五七。
5 同上註。

帶史，或是像司馬遷以降，臧否、褒貶人物的傳統史學，和現代的實證主流分開。[6]從上面兩點看來，好像錢穆和傅斯年在治學上有很大的差異。但其實錢穆並不只是講求通史觀點的鴻儒，同時也是一位精於史實考據的專家。譬如據楊樹達（一八八五－一九五六）一九三四年的記載，陳寅恪稱：「錢賓四的《先秦諸子繫年》極精湛，時代全據《紀年》訂《史記》之誤，心得極多，至可佩服。」[7]這證明了陳寅恪、傅斯年這批實證主義史學，也就是錢穆所謂的科學派或考訂派，同樣認可他的實證工夫。所以其實所謂傳統派或記誦派，和當時的科學派或稱考訂派，並非惡言相向的對立關係，反而在治學理路上有所匯通。

那麼傅斯年是否真的反對通史呢？也未必。他在一九一八年就曾寫過一篇視野宏大的文章，題為〈中國歷史分期之研究〉，發在北京大學的學刊上。他強調中國雖然自黃帝以來，都自稱中國或諸夏，事實上卻不斷與外族混血、融合。[8]其實這點和錢穆的觀點不謀而合，也就是蠻夷戎狄和中原並非血統上的差異，而是文化上的差異，而且是長期混居的。此外，這篇文章也體現我們剛才提到的，傅先生所強調的橫向比較，他拿漢朝與羅馬帝國比較，拿唐朝與查理曼帝國（Charlemagne Empire）比較，而不是將漢與隋唐直接聯繫在一起。所以我們可以看到，錢穆雖然採取博通的路徑，但他有「專」的一面；傅斯年強調斷代史，他也有「通」的一面。他們兩人對「通史」的想法只是各有側重，有不同地詮釋。

近代中國史學界的域外觀

今天按照錢穆的劃分，將當時主要的史學流派歸為三類，傳統／記誦派、革新／宣傳派與科學／考訂派（上冊，頁四一～四三）。首先是傳統／記誦派，錢穆的學術光譜應該是相對接近這個派別的，當時該派還有柳詒徵、呂思勉等人物。傳統／記誦派對域外的看法是什麼？基本上，錢穆認為中國域外觀是因秦漢和平大一統而出現，此前的春秋戰國時期，蠻夷戎狄與華夏是雜居的，當時中國並不存在所謂域外的問題。錢穆以上觀點在接近傳統派的學者中具有代表意義，但需要注意即便傳統派內部也有不少歧異。

再來我們講革新／宣傳派，主要學者有翦伯贊跟白壽彝（一九〇九－二〇〇〇），也可以追溯到顧頡剛的《古史辨》。[9] 我之所以沒把顧頡剛寫在這裡，是因為他很難被一刀切割，雖然顧先生後

---

6 傅斯年，〈歷史語言研究所工作之旨趣〉，《中央研究院歷史語言研究所集刊》第一卷第一期（一九二八，廣州），頁一〇。

7 楊樹達，《積微翁回憶錄．積微居詩文鈔》（上海：上海古籍出版社，一九八六），頁八二。

8 「中國歷史上所謂『諸夏』、『漢族』者，雖自黃唐以來立名無異，而其間外族混入之跡，無代不有。隋亡陳興之間，尤為升降之樞紐。自漢迄唐，非由一系。漢代之中國，與唐代之中國，萬不可謂同出一族，更不可謂同一之中國。取西洋歷史以為喻，漢世猶之羅馬帝國，隋唐猶之察里曼。後之羅馬帝國名號相衍，統緒相傳，而實質大異。」傅斯年，〈中國歷史分期之研究〉，《史學方法導論》（北京：中國人民大學出版社，二〇〇四），頁五四。

9 顧頡剛，《古史辨》（上海：上海古籍出版社，一九八二）。

來更傾向革新／宣傳派，對這派與中國近代馬克思主義史學有很強的影響，但他又有很強的科學／考訂派的基礎。革新／宣傳派的域外觀念，是提倡「自古論」與「共創論」。「自古論」認為中華民族自古以來便已形成，而「共創論」則指出，中國是由五十六個民族共同創造的，這些人都應該被視為華夏民族的一部分。所謂五十六個民族的說法，當然是宣傳派中的「共創論」學者為了配合政治風向建構而來的。但這個觀點的貢獻在於，指出許多少數民族在中國歷史中有重要地位。後來九〇年代中國共產黨提出「五十六個民族是一家」的政治口號，與宣傳派的「共創論」息息相關。

再來是所謂的科學／考訂派，也就是影響史語所很深的一個傳統。他們的域外觀點，亦即傅斯年跟陳寅恪等人的「虜學」。所謂的「虜學」，是傅斯年相對於「漢學」的玩笑話，不過究其實質內容，實具有遠大的創見。中國過去乾嘉漢學的傳統，是用漢文史料談中原域內的學術，但當時法國伯希和（Paul Pelliot, 1878-1945）或歐洲其他東方學者，已經使用回鶻文、粟特文、梵文等印歐文字與漢文史料進行比較研究。這種多語種的比較文獻學方法，在研究中國歷史時非常重要，傳統中國學者卻鮮有人涉足域外文字研究，所以傅斯年提出虜學的概念，要跟西方學者一較長短。與此同時，陳寅恪也提出所謂比較校勘學之說，他舉佛教史研究為例，認為中國傳統學者對魏晉以降佛教的理解，很多都是錯的，因為他們不會梵文、藏文、蒙古文，但這些非漢文域外文獻卻和中國的佛教息息相關。所以他主張把各種非漢文的佛教文獻進行比勘，形成一個比較完整的歷史學研究。這其實就是當時德國的philologie，英文是philology，早期翻譯成「語言學」，但不是linguistics，更接近當今中文所說的文獻學或語文學的概念。

我們今天重新來看錢穆提出的三個派別，它們之間的關係是什麼？我自己會把它詮釋成國族主義、馬列主義跟實證主義，還有背後和清代學術傳統交錯。這當然是很粗淺地整理，為了讓讀者能比較快速地理解錢穆的看法。其實宣傳派、記誦派和考訂派，它們三者並非截然對立的，後面有一些共同的思想源泉。以國族主義為例，屬於記誦派的錢穆，當然有很強的國族主義，書中隱含一九三〇年代對日本入侵的悲憤，這無可否定。但當時的宣傳派就沒有國族主義嗎？其實可能比錢穆有過之而無不及。它背後有一個濃厚的馬克思列寧主義（Marxism-Leninism）意識形態在支持，所以宣傳派談歷史的階段論，或者講階級鬥爭等的史觀。然後我們看科學派，傅斯年研究東北史的問題，其實正是為了回應日本學者。他就沒有國族主義嗎？有，但他也有很強的實證主義。那麼談到實證主義，記誦派就沒有實證嗎？錢穆繼承乾嘉傳統，陳寅恪便認同錢穆《先秦諸子繫年》考證精湛。所以，這三者之間的關係是有重疊的，我們姑且用下面這個簡單的文氏圖，幫助大家以視覺化方式理解。

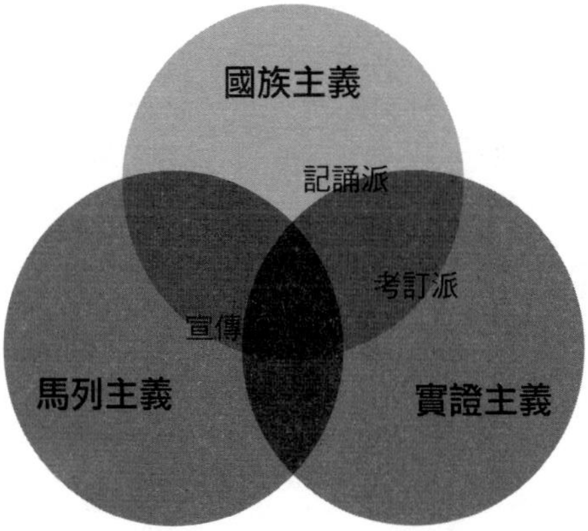

錢穆自己的族群認同與國族認同，其實就影響了《國史大綱》的寫作。我們看錢穆在《師友雜憶》裡面的回顧，他十歲時跟體育老師的談話。他的體育老師不是一般人，是他的同族人，叫錢伯圭（一八八三—一九四七），是一位革命黨人，錢穆受他的政治思想啟蒙很深。錢穆十歲時，錢伯圭問他：「你知道我們今天的皇帝不是中國人嗎？」錢穆幼小的心靈受到震撼。[10] 當時小孩子是不清楚滿漢的分別，鄉下的人可能更不知道，因為沒受過教育，也沒接觸過滿洲人。滿漢分別的觀念，其實和革命思想有很密切的關係，像是一九〇三年鄒容（一八八五—一九〇五）發表的《革命軍》，[11] 一九〇六年汪精衛（一八八三—一九四四）發表的〈駁革命可以招瓜分說〉，[12] 這些革命黨發表的文字。他們強調滿漢是不同的，倡導民族革命，汪精衛還提出清朝閉關鎖國的說法。後來孫中山（一八六六—一九二五）談閉關鎖國，就是根據汪精衛的說法發展而來的。錢穆受到革命思潮影響，認為漢、唐乃是中國史上的盛世，而元、清兩代所謂的異族統治則造成中國的破敗，因此在寫《國史大綱》時，唐宋以前寫得非常精彩、篇幅豐富，可是關於元明清的篇幅卻往往十分簡短。常理而言，越晚近的時代史料越加豐富，然而《國史大綱》的篇幅配置卻與史料數量呈反比，一方面固然與錢穆個人的治學興趣有關，但另一方面亦體現出二十世紀初期中國通史書寫「厚古薄今」的特殊現象。錢穆將清朝描繪得非常黑暗，認為是狹隘的部族政權，控制漢人、閉關鎖國等等，這就是受到當時革命思想的影響。所以回過頭反思，和錢穆比較接近的記誦／傳統派，難道就沒有受到宣傳派的影響嗎？顯然，三個派別是互相聯繫的。

我們進一步來講，《國史大綱》中的中國是什麼樣的概念？是誰的國史？錢穆這本書預設的讀者是誰？《國史大綱》其實一開始是一九三三年到一九三九年間，錢穆在北京大學、西南聯合大學講授中國通史時寫的。當時的背景是晚清以降的反傳統思潮，認為所有有關中國傳統的東西都是落後的，導致了清朝無能、被洋人欺辱等等，是這樣一股強烈的民族情緒；另一個時代背景是中日戰爭。我其實有點好奇，錢穆對日本東亞史學界的熟悉程度究竟如何？看起來錢穆應該能夠讀日文書，但似乎不曾直接回應日本東洋史的研究，並不像傅斯年明確反對白鳥庫吉（一八六五—一九四二）等人的滿蒙元清非中國論。錢穆似乎沒有直接針對特定日本東洋史學者的看法，進行系統性地論述，至少我目前尚未見到。

無論如何，中日戰爭影響錢穆《國史大綱》的歷史敘事非常明顯。他對於中國史上外族的痛恨或鄙夷，不完全是當時的歷史事實，而是他對日本人感受的投射。然後錢穆也希望透過這本書，影響他在北京大學、西南聯大教書時，乃至《國史大綱》正式出版後的讀者。這本書有很強的國族

---

10 錢穆，《八十憶雙親、師友雜憶》（臺北：東大圖書公司，二〇一三），頁三六。
11 鄒容，《革命軍》（上海：民智書局，一九二九）。
12 汪精衛，〈駁革命可以召瓜分說〉，《民報》第六號（一九〇六年七月二十五日，東京）。

主義色彩，當時中國欠缺和平與大一統，所以《國史大綱》把和平大一統突顯得最重要，與域外相對應。

錢穆到底是如何定義和平大一統的？在《國史大綱》〈引論〉說明主要有三個部分：第一個是「經濟地域之逐次擴大」——由北而南，自西徂東；再來是「文化傳播之逐次普及」——從封建到科舉；然後是「政治機會之逐次平等」——從貴族到士人（上冊，頁六〇～六一）。這三點確實是中國史上的大問題，也與和平大一統有密切關聯，錢穆對中國史著實有其洞見。我個人最佩服他的一點，其實是論中國起源的多元性，先秦研究是錢穆非常有心得的地方，他在第四章〈霸政時期〉提到胡漢雜居：「舊說東夷、南蠻、西戎、北狄，各遠居四裔，而諸夏在中原；此觀念殊不可恃。」（上冊，頁一三〇）也就是說，傳統中國史學認為諸夏在中原，而東西南北有四個不同的民族，但錢穆提出蠻夷戎狄不是四種不同的民族，諸夏與戎狄的差異在文化而非血統，只要戎狄接受華夏文化，就能以夏變夷，成為中國的一部分。這是非常難能可貴的論點，時至今日仍然成立。錢穆所主張的文化論觀點，直到今日仍頗具意義。尤其是時至今日仍有人主張血統論的觀點，譬如用DNA論證單一國家係由單一族群所組成的。從今日的後見之明來看，立基於血統論的歷史論述非常可能造成危險的極端種族主義思想，德國納粹就是典型的悲劇案例。二十世紀初期盛行於歐美的血統論與種族主義思想，也曾影響中國知識界，如當時提倡所謂優生學，就有相關思想淵源。錢穆反對這種立場，很早就抱持文化論，這是很不容易的。

錢穆在《國史大綱》討論域外的形成，指出域外觀念形成於秦漢大一統「版圖確定，民族摶成」（上冊，頁二七五）後。因為沒有大一統的話，對每個小國、部族而言，其他的所有部族都是外族；秦漢大一統之後，「中國史遂開始有其對外問題」（上冊，頁二七五）。不過，錢穆認為，「中國以民族之優秀，疆土之超越，使中國國力常卓然高出於四圍外族之上。因此中國史上對外之勝負、強弱，幾乎完全視國內政治為轉移」（上冊，頁二七五）。其實這個觀點再次印證他對時局的看法，暗示中國會遭受到現在這種屈辱，基本上是因為國內政治的問題。《國史大綱》下冊的晚清部分有呼應這個問題，錢穆將他的現實關懷，投射在歷史的詮釋裡。

在錢穆的寫作中，中國與域外兩個觀念，是按照地理或文化論被強力形塑出來的。他預設了我者與他者的對立，預設有一群和華夏不同的人存在。然後還很強調一個論點，亦即認為歷史發展是有動力的。他主張中國概念的形成是一種「情的融合」，錢穆在〈引論〉中說：「即環我族而處者，或與我相融和而同化，如遼、金、蒙古、滿洲、西藏、新疆諸族。」（上冊，頁六一～六二）他認為這些非漢族群，都是很自然地感受到漢人的感情與召喚，於是就一起融合了，接受我國文化，終古相依，就如朝鮮、日本與安南。這是錢穆的觀念。

錢穆的域外論述

前面談了大方向，現在來看域外論述，觀察錢穆如何具體討論個案。秦漢統一的對外問題，首先就是匈奴。錢穆在第十一章第二節提出他對考察域外問題的兩個主要論點：一是氣候論、二是經濟論（上冊，頁二八三）。先談氣候論，錢穆指出中國史上的外患，主要多在北方，是受到地勢與氣候的影響。這個論點在國際學界至今仍受關注，許多古氣候學者、考古學者也是用氣候來解釋。簡單來說，北方草原氣候變化較大，冰雹、旱災對遊牧民族的影響非常劇烈。所以當這樣的自然災害發生，或是有大的氣候變遷時，北方遊牧民族就會往南移動，進行劫掠行為。錢穆的氣候論基本上符合現在的科學證據。在經濟論方面，他指出匈奴入塞「所重在經濟財物之掠奪」（上冊，頁二八五），也就是說，匈奴並非為了統一中國而去攻打漢朝，而是因為要搶經濟財物。經濟論也是迄今仍為學術界所認同，所以錢穆這兩個論點可說是歷久彌新。

關於漢朝與匈奴的對抗，錢穆認為「漢武帝撻伐匈奴並不誤」（上冊，頁二九二）。中國史學傳統說漢武帝（前一五六－前八七）好大喜功，撻伐匈奴造成後來國勢衰微。但他覺得這沒有錯，中國對外一定要主戰，「比畏葸自守為勝」（上冊，頁二九二）。這種論述也是和錢穆對當時日本的態度息息相關，其實並沒有史料支持，而是用強烈情感帶入了個人觀點。所以，歷史學者並不完全是客觀的，讀任何歷史著作時都要記得脈絡化，不能毫無批判地接受作者的觀念，除非他有引用證據去論證，否則不能輕易支持其歷史詮釋。

錢穆談到漢朝與匈奴關係時，提出的兩個經典論點，後來都有學者進一步加以推衍。像是錢穆的高徒余英時的博士論文就是《漢代貿易與擴張》，[13]從經濟論觀點討論漢朝跟匈奴的關係，延續錢穆的觀點，發展成一本專著。現在普林斯頓高等研究院（Institute for Advanced Study）的狄宇宙（Nicola Di Cosmo）也寫過《古代中國與其強鄰》（*Ancient China and its Enemies: The Rise of Nomadic power in East Asian History*），[14]討論漢朝跟匈奴的關係。不過，這本書是他早期的作品，他現在傾向從環境論來考察匈奴跟漢朝的關係。

我過去受邀評論一些匈奴史相關的著作，其中一本是二〇一九年臺灣引進並出版中文版的林俊雄《草原王權的誕生》（《スキタイと匈奴 遊牧の文明》）。[15]如果我們跳脫以西歐、華夏文明為中

---

13 余英時著，鄔文玲等譯，《漢代貿易與擴張：胡漢經濟關係的研究》（臺北：聯經出版公司，二〇〇八）。

14 Nicola Di Cosmo, *Ancient China and its Enemies: The Rise of Nomadic power in East Asian History* (Cambridge: Cambridge University Press, 2002). 簡體中文版：狄宇宙著，賀嚴、高書文譯，《古代中國與其強鄰：東亞歷史上游牧力量的興起》（北京：中國社會科學出版社，二〇一〇）。

15 林俊雄著，《スキタイと匈奴 遊牧の文明》（東京：講談社，二〇〇七）。繁體中文版：陳心慧譯，《草原王權的誕生：斯基泰與匈奴，早期游牧國家的文明》（新北：八旗文化，二〇一九）。

心的史觀，從匈奴的角度來看，也許能重新反思他們究竟是怎樣的族群。林俊雄是位考古學者，從匈奴考古的立場寫了這本書。他認為，匈奴並非落後、野蠻甚或無知的族群，他們其實很複雜，而且在歐亞大陸東西端扮演很重要的貿易角色。關於匈奴帝國的新研究非常多元，有點超出歷史研究的範疇，這裡無法多談，不過這也顯示現在的學術發展，跟錢穆的時代已經不一樣了。雖然匈奴的史料非常有限，但我們可借助文獻考證、考古學與古氣候學的研究。

以下總結三點，是繼錢穆之後，學者這數十年研究匈奴歷史的新發現。首先，我們發現遊牧過冬的策略在匈奴社會非常重要。過去錢穆認為，因為匈奴是個很脆弱的社會，時常需要去劫掠漢朝（上冊，頁二八六）。不過現在我們知道，今日蒙文所謂「zud」，也就是極為嚴重的天然災害，譬如冰雹、旱災等，固然對匈奴族群造成很大的影響。但也正因為這樣惡劣的自然環境，使得當時位處蒙古高原的匈奴帝國，形成一種遊牧過冬的策略，以維持社會一定程度的穩定性。匈奴社會並不是那麼脆弱、不堪一擊。第二點是，匈奴社會中已經有工匠存在，並非所有人都是牧民，有些人是負責在定點進行金屬冶煉工作，而這些金屬冶煉社群，也會隨著大部隊進行季節性遷徙。然後第三點是，匈奴帝國內部已經有相當的社會分工與科層組織。

二〇二〇年，蒙古國的「龍城」遺址出土了瓦當。這個瓦當和漢朝的規制非常相像，上面刻印著：「天子單于，與天毋（極），千萬歲。」根據以上出土材料，可以提出兩種論點：一是匈奴境內出土的瓦當，是與漢朝貿易而得到的。可是瓦當這種東西數量龐大，以當時的技術想要大量運送到匈奴境內相當困難。所以有另外一種推測，就是有漢人工匠在匈奴的首都龍城，形成了一個包括有造窯技術、可以燒造瓦當，進行鑄造冶煉的聚落。他們在當地模仿漢朝規制，營造單于的宮殿，所以製造了刻有「天子單于」的瓦當。畢竟我們很難想像，漢朝境內會有人敢稱單于為天子。所以，這個發現驗證了考古學者的觀點，匈奴境內似有定居漢人工匠的聚落。這是錢穆當年無法掌握的地下材料，王國維提倡的二重證據法，也就是地下材料跟傳世文件相互驗證，這就是一個最好的例子。

有關《國史大綱》的「域外」論述，魏晉以降的情況，當時的重要變化是八王之亂和五胡崛起。錢穆認為，此後中國的文化中心就毀滅了，異族宗教佛教侵入（上冊，頁三一三～三一五）。他覺得域外勢力如匈奴、羯、鮮卑、氐、羌的侵入，造成負面的結果。同時期的歷史學者陳寅恪，他跟錢穆的觀點其實有所接近，但也有所不同。譬如錢穆在《國史大綱》裡列出五胡十六國的表，是把五胡與十六國分開來列，沒有明確講述兩者之間的關係（上冊，頁三三六～三三八）；而陳寅恪在萬繩楠（一九二三—一九九七）整理的《魏晉南北朝史演講錄》中，就明確提到五胡跟十六國是不同的概念。[16]所以在閱讀《國史大綱》這類宏觀通史著作時，應該要參考其他斷代史家，譬如陳寅恪的專論，在相互比較下會更加清楚，兩位的論點是互相補充的。

接下來講胡人漢化的問題。錢穆的觀察是，五胡之所以能統一中國北部，就是因為胡漢雜居，因為漢化以及胡漢合作。他還以漢化為標準，評價五胡勢力的強弱：匈奴漢化最早，所以最早立國；再來鮮卑漢化最深，所以國力最強；羯、羌漢化比較淺，所以就落後。錢穆是這樣按照漢化的程度，來為五胡的勢力排序。不過他也認為，胡人無論漢化與否，仍是蠻性、淫酗、殘忍的（上冊，頁三四八～三四九）。錢穆就是建構這樣一個形象。當然正史看起來確實也是如此，因為現在留下來的正史是史官以華夏為中心寫出來的，文學史料基本上也是這樣去描述。可是，這樣的敘述是否都是歷史事實？我們可以重新思考。

接著是北朝的部分，就講府兵制跟關隴漢人。這是中國史上的大題目，也是陳寅恪關注的題目。錢穆指出，北魏軍隊原以鮮卑為主體，六鎮之亂後，關隴漢人在西魏嶄露頭角，在北齊也有漢人行伍崛起（上冊，頁四三四）。所以，當時無論在中國東部或西部，漢人的軍政地位都有所提升。錢穆尤其認為關隴漢人集團對後來的隋唐政權，有很強的影響。《國史大綱》是一九三三年到一九三九年間，錢穆講義的集結；值得注意的是，一九三一年陳寅恪在〈李唐氏族之推測〉一文中，亦指出胡化漢人乃北朝政權中重要的軍事中堅力量，並在成書於一九四二年的《唐代政治史述論稿》中，進一步發展為「關隴集團」之學說。[17]

《國史大綱》裡有〈書成自記〉的部分，錢穆自陳：「時賢文字，近人新得，多所采獲，亦不備詳。」（上冊，頁七六）臺灣商務印書館新版的《國史大綱》收錄余英時的〈導讀〉，觀點頗有見地，對這段〈書成自記〉也有很好的發揮。余先生論證錢穆寫《國史大綱》時，有參考陳寅恪一九三七年在史語所集刊發表的〈府兵制前期史料試釋〉，陳寅恪提出了府兵制跟關隴豪右之間的關係。[18]余先生也論證出，其實錢穆還參考了周一良（一九一三—二〇〇一）一九三八年發表在史語所集刊的〈論宇文周之種族〉一文。[19]錢穆寫說宇文氏有匈奴背景，這件事最早是周一良發現的，過去沒有人這麼說。有趣的是，過去我們認為錢穆和傅斯年之間、傳統派和科學派之間水火不容，但如果真是如此，錢穆怎麼可能在他的著作裡參考《史語所集刊》呢？所以，我認為所謂傳統派與科學派之間，關係是非常密切的，傳統派參考自考訂派的，比起參考宣傳派、也就是馬列史學的還

16 「十六國之名來源於崔鴻的《十六國春秋》。他所記十六國有他自己的標準。……可見崔鴻所記十六國……非必與五胡聯繫。」萬繩楠整理，《陳寅恪魏晉南北朝史講演錄》（臺北：昭明，一九九九），頁九六～九七。

17 陳寅恪，〈李唐氏族之推測〉，《中央研究院歷史語言研究所集刊》第三卷第一期（一九三一年八月，北京），頁三九～四八。陳寅恪，《唐代政治史述論稿》（重慶：商務印書館，一九四三）。

18 陳寅恪，〈府兵制前期史料試釋〉，《中央研究院歷史語言研究所集刊》第七卷第三期（一九三七，南京），頁二七五～二八六。

19 周一良，〈論宇文周之種族〉，《歷史語言研究所集刊》第七卷第四期（一九三八，南京），頁五〇五～五一七。

更多。總之，雖然錢穆寫《國史大綱》沒有下注釋，但我們可以像余先生這樣，一條一條去整理，從細節挖出這些資訊。

回頭看五胡入侵，錢穆認為在那之後，異族的宗教佛教就侵入了，佛教跟域外文化關係非常密切（上冊，頁四五六～四五七）。錢穆認為，佛教傳入跟東漢「王綱解紐」的亂世背景有關（上冊，頁四四九），而五胡君主因為是外族人，所以「崇佛尤殷」（上冊，頁四五六）。他指出，佛教「依自力」、「主救世」（上冊，頁四五七），與中國的儒、道思想有會通之處，且魏晉以降的高僧如道安（三一二—三八五）、僧肇（三八四—四一四）、慧遠（三三四—四一六）這些人，與兩漢儒士雖然在觀點上不盡相同，但積極影響社會的精神意氣相通（上冊，頁四五九）。出於這些因素，佛教在中國相當普及，隋唐時中國化，進一步向異域傳播（上冊，頁四六六～四六九）。還有就是將禪宗推崇地比較高，這是錢穆對佛教史的認知（上冊，頁四六八）。

繼中古時期的府兵制與佛教文化之後，接下來講隋唐的對外政策。錢穆非常關注隋、唐跟突厥間的互動跟消長，認為在歷史上有重大意義。譬如貞觀四年（六三〇）唐擊破東突厥，西域諸部為唐太宗（五九八—六四九）上「天可汗」號，錢穆認為這就是華夏大一統的象徵。他還注意到了幾個點，唐朝的政治制度或者社會經濟制度上，有所謂非漢或域外的影響，譬如唐初馬政其實有北朝遺風，也就是鮮卑色彩；唐朝後期與回鶻市馬的狀況，錢穆根據漢文史料，對回鶻賣瘦弱的馬給唐朝，抱持負面態度，他覺得中國其實什麼東西都有，不用那麼強調和外國通商；還有唐朝開邊太廣，最終導致外強中弱，出現十節度、經略使的擅權問題；玄宗（六八五—七六二）進用蕃將如安祿山（七〇三—七五七），最後導致萬劫不復的安史之亂。這是錢穆的歷史敘事，認為中國接受太多域外的影響，失去華夏的精神，而導致國運崩潰（上冊，頁五四二～五五三）。

所以錢穆談安史之亂，基本上是根據華夷史觀。他認為「唐人既不嚴種姓之防，又不能注意於國家民族的文化教育，而徒養諸胡為爪牙，欲藉以為噬搏之用，則宜釀成此曠古未有之大禍矣」（上冊，頁五五一）。錢穆的意思是，應該有種姓之防。我們現在講唐朝歷史兼容並蓄，甚至有學者比喻，好像美國移民社會大熔爐一樣，但錢穆卻認為這些域外文化是負面的。我們此處不要去批評錢穆，而是應該嘗試把他的論述放置於中日戰爭的時代脈絡中理解，然後再反思要不要接受這樣的論述。錢穆進一步說，安史之亂對唐朝有長期的影響，不只是變亂本身。一方面孕育了胡人主導的五代藩鎮割據勢力（上冊，頁五五三）；另一方面加劇唐中葉以後的外患問題，譬如回鶻跟吐蕃這兩個唐朝的重要外敵（上冊，頁五五七）。

錢穆以上關於安史之亂的論述，值得與其他學者的觀點——特別是錢穆也許會反對的日本東洋史學者，進一步來進行比較。日本歷史學者杉山正明，是研究蒙元史的大師，他參考陳寅恪的講法後，提出一個新概念，認為唐朝是所謂「拓跋國家」，其立國基礎在政治、文化上深受拓拔鮮卑影響，並非純粹的漢人政權。[20]另一位重要的東洋史學者森安孝夫，他是國際知名的內陸亞洲史專家，主要研究唐朝跟回鶻、粟特的關係，我過去評論過他的《シルクロードと唐帝国》一書，中文版書名是《絲路、遊牧民與唐帝國：從中央歐亞出發，遊牧民眼中的拓跋國家》，[21]讀者可參看。森安孝夫非常強調粟特史觀，這是錢穆比較忽略的一點。錢穆講了很多外族，但沒有提到粟特的事情。其實摩尼教跟回鶻人之間的網絡，對於唐朝影響非常之深。錢穆注意到了回鶻人對唐朝的經濟有非常重要的影響，譬如剛才提到回鶻市馬的問題（上冊，頁五五六），還有所謂「回鶻錢」的問題（當時回鶻人在長安或中國境內一些城市放貸，所以有回鶻錢之稱）。不過，這些錢莊其實是粟特人在掌握的。粟特人是一個操伊朗語的族群，來自中亞一帶，在歐亞各地經商，是他們在幫回鶻人經營這些錢莊。此外，森安孝夫提出一個更有意思的觀點，直接回應到我們剛才講的安史之亂。他從內亞史觀來看，認為安史之亂其實是開征服王朝的先河。也就是說，早在蒙古、清朝這些征服王朝之前，安史之亂就可以視為一個先聲，但因為當時的政治、經濟條件不允許，所以沒有成功。森安孝夫稱之為「過早的征服王朝」，他不是要替安史之亂翻案，不是說它是正面的，而是從宏觀的歷史發展來講，早在蒙古帝國以前，在安史之亂，中國南北農業與遊牧文化之間，就有一個互相交融的趨勢。也就是說，安史之亂的背景不只是唐人沒有嚴華夷之防，而是當時北亞游牧勢力跟南方農業定居文明之間，在文化交流過程中產生了這樣的歷史可能性。

我們再跳回來錢穆的講法。唐以後域外勢力發生轉移，因為西北殘破，中國西北長年戰亂，加上唐朝跟回鶻、吐蕃間的作戰，兩邊都有消耗，所以主要的域外強敵轉入到東北方（上冊，頁五五八～五五九），就是今天講的滿洲地區。為什麼呢？錢穆認為是因為藩鎮阻隔，當時東北藩鎮和契丹等勢力保持敵不動我不動的關係，導致契丹日後崛起，成立了遼，然後女真繼踵而起（上冊，頁六一八）。當時轉移也涉及到中國域內的轉移，錢穆有一個很精彩的論述是在講這個部分。他說唐中葉以後，以長安為核心的中國西北地區驟衰，五代以後華北進一步衰落，所以中國的社會文化重心南移（上冊，頁六〇七）。這是個很大的問題，錢穆以後的很多學者，都想解釋中國的社會文化重心為什麼從西北移到東南。包括史語所的全漢昇（一九一二—二〇〇一）也想要解決這個問題，但他是從運河等社會經濟的角度來解釋。[22]而錢穆講到一個很重要的原因是沙陀，他認為是沙陀人主政造成的。藩鎮裡面有很多沙陀人，他們不擅政務，沒有很尊崇中原漢地

20 杉山正明著，《遊牧民から見た世界史》（東京：日本経済新聞，二〇一一）。繁體中文版：黃美蓉譯，《遊牧民的世界史》（新北：廣場出版，二〇一五）。

21 森安孝夫著，《シルクロードと唐帝国》（東京：講談社，二〇〇七）。繁體中文版：張雅婷譯，《絲路、遊牧民與唐帝國：從中央歐亞出發，遊牧民眼中的拓跋國家》（新北：八旗文化，二〇一八）。

22 全漢昇，《唐宋帝國與運河》，《中央研究院歷史語言研究所專刊二四》（重慶：商務印書館，一九四四；臺北：中央研究院歷史語言研究所，一九九五重排版）。

的政治傳統（上冊，頁六〇四～六一五）。錢穆尤其痛恨一件事情，就是九三八年後晉石敬瑭（八九二—九四二）割燕雲十六州予契丹。事實上石敬瑭本身就不是漢人，所以他割燕雲十六州當兒皇帝，也不會太奇怪（上冊，頁六〇七～六一二）。錢穆之所以要一直強調這件事、批判石敬瑭，甚至寫了很多感慨，其實是因為當時日本入侵華北，他把燕雲十六州跟當時的華北偽政府聯結在一起，石敬瑭對他來說就是漢奸。

錢穆後面講契丹跟遼朝崛起。他說，契丹的情況又跟五代沙陀不一樣，因為契丹人裡面其實有很多是華北漢人，這些人很懂中國的傳統，契丹人得到他們的協助後勢力變強，成為宋朝的心腹大患（上冊，頁六〇四～六一五）。確實，耶律阿保機（八七二—九二六）、耶律德光（九〇二—九四七）這些早期的契丹君主，都重用漢臣，錢穆認為這些人都是漢奸，就像當時華北偽政府的那些人一樣。他這邊有一段文字，講得不長，但是蠻有深意的，是對遼與北魏立國進行比較。錢穆認為北魏漢人地位比較高，因為門第社會尚存，遼代漢人地位就比較低，像走狗一樣（上冊，頁六一六）。這也有他的微言大義在。

接下來進入到宋遼對峙。錢穆認為，宋朝立國以前代為戒，嚴夷夏之防，削藩鎮之兵。這邊很有洞見。遼國一直有很多的華北漢人，成為中國的敵人（上冊，頁六一八～六二二）。這就是我剛剛提到的，很像民國初年東三省割據，許多人變成漢奸，跟日本人結合，與中國本部為敵。錢穆的歷史敘事背後，就是這樣的脈絡。還有令他更痛心的一件事是，宋朝在一〇〇五年澶淵之盟後，用歲幣跟遼議和；西夏興起以後，宋朝也是採取歲幣政策，結果契丹人稱因為宋朝有給西夏錢，應給契丹更多錢，而促成一〇四二年慶曆增幣（下冊，頁一一九）。錢穆認為，這就像當時國民政府用空間換取時間，是姑息養奸的軟弱做法。這些是我個人的詮釋，不過如果去看他寫的這段，會有一種恨鐵不成鋼地感受。想到中日戰爭的背景，便可以了解他為什麼這麼激動。

隨後，一一二五年金滅了遼，一一二七年又滅了北宋，這些歷史事實大家或許都很熟悉。錢穆在此強調，金滅北宋以後，其實宋朝還是有機會光復，北伐統一中國，但一一四一年紹興議和後，岳飛（一一〇三—一一四二）為奸臣秦檜（一〇九一—一一五五）所害。錢穆很感慨，認為南宋當時並非反抗不了金，是可能收復中原的。有幾項原因，包括將帥人才、南北地理、兵甲便習、心理氣勢、地方財力等等，錢穆列了很多當時南宋擁有的條件，指出最後功虧一簣，就是因為議和（下冊，頁一〇六～一一一）。

後面元明清部分，錢穆講得比較短，從今天的視角來看，也有一些可商榷空間。他對蒙古的看法非常黑暗，說是「中國史開始第一次整個落於非傳統的異族政權的統治」（下冊，頁一一五），統治者不重視文治，多不習漢文。然後開始講四等人制，亦即蒙古人、色目人、漢人與南人（下冊，頁一三一）。這種說法在今天元史學界是被批判的，認為四等人制不存在。雖然確實有分這四種人，但並不是像過去的中學歷史教科書中畫一個三角形，蒙古人畫在三角形的頂端，再下來是色目人，接著是漢人、南人。我們要承認蒙古人跟色目人確實占有地方特權，但沒有一個制度全面規定蒙古人優於色目人、色目人優於漢人、漢人優於南人，這是後人建構出來的。不過錢穆相信這樣的四等人制，說「蒙古人既看不起漢人、南人，因此也不能好好的任用漢人、南人」（下冊，頁一三六），所以這個政權注定黑暗，因為它無法漢化。

我們可以在這裡檢視錢穆認識歷史的來源。他對元朝的歷史很熟悉，但對蒙古歷史可能並不那麼熟悉，所以有些問題我們可以在這邊討論。舉個例子，錢穆曾提到一個元朝官職叫「速占兒赤」（下冊，頁一三五），本來應作「速古兒赤」（蒙古文 sigürči），有可能是當時錢穆抄錄史料時筆誤，或者是他使用的史料版本不夠精確，又或者是早年出版印刷的手民之誤；無論如何，這類錯誤隨著歷代《國史大綱》的再版而持續保留至今。如果具備蒙古文的基本知識，可知速古兒其實是傘的意思，赤是人稱後綴，速古兒赤即幫皇帝打傘蓋的侍從，也負責掌管他的衣服。這類小錯誤，並不影響錢穆的宏大通史敘事，但就學術史的角度而言，這類例子可看出他對不同斷代史的掌握程度不一。

另一個例子是錢穆講元朝滅亡時，提出一個觀點是元順帝寵幸西藏喇嘛，荒淫無度，終致亡國（下冊，頁一五一）。這其實是明朝以後漢人知識份子對西藏的誤解，直到我們現代臺灣社會也有。這是汙名化，但這些汙衊有其歷史的淵源。因為蒙元統治者跟西藏的關係非常密切，在元朝滅亡時，有些稗官野史——如《庚申外史》——批判元朝與蒙古人，也批判了西藏人。裡面說元朝皇帝的親信喇嘛，在行男女雙修。[23]這些實際上是當時漢人的誤解，以及對西藏佛教的妖魔化，用色情化的觀點去看他者的文化，可是錢穆就相信了《庚申外史》的這種論述。我們不能說這個東西完全沒有根據，但作為歷史學者，適不適合僅引用一條史料——尤其是稗官野史、小說者言——就做出這樣的結論呢？這是值得再思考的。

還有一個是「十色」的問題。錢穆說，元朝覺得漢人的讀書人不重要，喇嘛最重要，所以「九儒十丐」，儒者只比乞丐高一等人（下冊，頁一五一～一五三）。此說最早可追溯到謝枋得（一二二六—一二八九）《疊山集》的〈送方伯載歸三山序〉：「滑稽之雄，以儒為戲者曰：我大元制典，人有十等，一官二吏。先之者，貴之也；貴之者，謂有益於國也。七匠八娼，九儒十丐。後之者，賤之也；賤之者，謂無益於國也。」[24]又鄭思肖（一二四一——一三一八）在其著《心史》中亦謂：「韃法：一官、二吏、三僧、四道、五醫、六工、七獵、八民、九儒、十丐。」[25]然而推敲上述文本脈

23 （元明）權衡，《庚申外史》（清雍正六年魚元傳鈔本），頁一三。
24 （宋）謝枋得，《疊山集》卷六（《四部叢刊續編》景明本），頁二六。
25 （宋）鄭思肖，《心史》卷下（明崇禎本），頁八六。

絡，這類借「滑稽之雄」名義的說法，更像是宋朝遺民對蒙元征服者的批判、諷刺，而非元朝官方真正在全國範圍內所推行的典章制度。如果仔細去讀《元典章》、《至正條格》這些元代政治制度的史料，可以發現裡面不僅沒有九儒十丐的說法，反而可見元代在制度上對儒者與廟學有相當地尊重。錢穆在論述元朝政治制度時，不引《元典章》等史料，反而以「九儒十丐」一類晚宋遺臣的諷刺之言作為立論基礎，或可再議。

接著講明清的部分。錢穆肯定明代開發西南諸省、在南海殖民，然後又說明承元制，在西南設置土官，到清代改土歸流，控制了雲貴高原，形成大一統（下冊，頁二四三～二四四）。可是這中間存在悖論。明代對外開發與殖民，是對上承繼元代、對下影響清代，但錢穆把明代標榜得特別高，又大肆批評元代與清代，在邏輯上似難以自洽。不過我們知道他對外族政權有所批判，所以也可以理解。

最後是清朝的部分。錢穆把清朝稱為「狹義的部族政權」，認為他們對漢人非常猜防，任用漢奸，鼓勵大家互相舉告，至於「命官則沿元代，滿、漢分別」，又認為「滿洲、蒙古無微員，宗室無外任」（下冊，頁三四〇～三四四），這些觀點體現晚清、民初漢人對滿蒙人士的刻板印象，甚至說法可說是過於誇張。實際上在清代的官場中，滿洲、蒙古人中出身的微員為數甚眾。爬梳清代檔案可以發現，很多滿洲跟蒙古出身者也只能擔任基層官員。至於宗室無外任，其實有些宗室根本就沒有當官，絕大多數的清朝宗室都是閒散人等。清朝對宗室是非常猜忌跟提防的，奪嫡的問題很嚴重，宗室被打壓得非常厲害。錢穆雖然生在清代，他的童年可以說曾是清朝人，但這類刻板印象對他的影響非常大，跟現在清史學界的認知是有出入的。

此外，錢穆認為清朝「對蒙古、西藏、青海，則一以舊俗羈縻，扶植喇嘛勢力，禁止漢、蒙通商，皆以政令特意造成閉塞之情勢。」（下冊，頁三五五）這個說法不能說完全不對，我在博士論文中便曾指出清朝其實有意識地控管中原、內亞甚至歐亞大陸間的資訊流通，並且對資訊流通有相當程度的政治以及言論審查，清朝確實刻意不讓中原漢人知道外國的世界發生什麼事。其實康熙（一六五四—一七二二）、雍正（一六七八—一七三五）、乾隆（一七一一—一七九九）時就已經認識到鄂圖曼土耳其和印度蒙兀兒帝國，但為什麼清朝的知識人對那些事情一無所知？乾隆甚至知道印度跟伊朗發生戰爭，可是他不願意讓漢人知道當時國際社會發生這樣大的事情，因為這樣漢人就會體認到清朝不是天下唯一強大的政權。[26]這些現象背後有深刻的特殊政治以及文化用意。

---

26 Ling-Wei Kung, "The Great Convergence: Information Circulation, International Trade, and Knowledge Transmission Between China, Inner Asia, and Eurasia, 1621–1911" (PhD diss., Columbia University, 2021.6).

不過錢穆說「扶植喇嘛勢力，禁止漢、蒙通商」(下冊，頁三五五)，這是有點過甚。清朝對喇嘛的控制非常嚴格，蒙、漢之間也有通商，這些都有很明確的檔案可以回應。「理藩院無漢人」(下冊，頁三五五)，這個比較合理，因為當時理藩院是用滿、蒙文書寫公文書，漢人如果不懂滿文，基本上沒有參與機構的能力。錢穆還認為滿洲刻意模仿漢化(下冊，頁三五七)，認為晚清太平天國具有「種族革命」的性質(下冊，頁三八八)。這是受到當時孫中山等革命黨人的影響，當時有許多革命黨人士很崇拜太平天國，認為洪秀全(一八一四—一八六四)等人打著反滿的旗號，是國民革命的先聲。這些論述都有很強的國民主義性質。

最後，錢穆總結到，「外族」造成中國南北經濟文化轉移，北方社會之所以會衰微，就是因為外族跟邪惡政治的摧殘(下冊，頁二六一)。他列舉：五代藩鎮割據、宋遼西夏對峙、金人猛安謀克搜刮民戶良田、蒙古軍隊殘殺百姓、元代政治黑暗、滿洲入關抄掠圈地。個人認為，這些就像描述日本在華北進行的暴政，錢穆把這些東西全部連在一起講，其實有他當時的關懷。

重思「中國」與「域外」的概念

總結來說，《國史大綱》存在一種二元對立，認為中國跟域外是互相對立的。中國是和平、大一統的，域外夷族會造成分裂與暴力，譬如說五胡亂華、安史之亂；諸夏耕稼文明是高等人，代表和平跟大一統，北方是游牧蠻族，會造成暴力；漢化是光明而進步的，胡化就是黑暗與退步的。就如錢穆在最前面講的，這種敘述談的是東方人「情的融合」，中國人的統一都是和平的，不像歐洲人，如希臘、羅馬帝國都是用打鬥的，也就是西方「力的鬪爭」（上冊，頁六〇～六二）。這是錢穆的二元對立敘事，但真的是這樣子嗎？中國人真的這麼和平嗎？

首先，我們來反思大一統的問題。中國真的是秦漢大一統所締造的嗎？我們來看當代的中國地圖，可以看出今天中國約一半的領土，原本是滿、蒙、藏、突厥等非漢族群的居住區域，學界稱作「內陸亞洲」。其實這些地方都是清朝的遺產，可以追溯到蒙古帝國這個「大朝」（蒙古文 yeke ulus），秦漢大一統時並沒有完全控制西藏或青海。所以蒙古人再怎麼不堪，他們仍為現代中國留下這些版圖疆域，但錢穆並不認可。此外，滿洲統治者認為，臺灣、新疆等地乃清朝新開拓之疆域，並非「自古」屬於中國的版圖。康熙、雍正、乾隆三位皇帝皆有過類似的表述，例如雍正上諭曾說，「臺灣地方自古未屬中國」。[27]臺灣跟新疆是滿洲的武功，這是清朝建構的中國觀念。所以我

27 （清）鄂爾泰等奉敕修，〈雍正元年八月丙寅條〉，《清實錄．世宗憲皇帝實錄》卷十（北京：中華書局，一九八五），頁二〇a。

們今天看到大一統，其實跟秦漢相去甚遠，反而是蒙古跟清朝人留下的歷史遺產。

還有，所謂大一統其實很黑暗，因為土地、版圖的擴張背後，就是一條條人命，有血腥、黑暗的成分，不是完全的光明。從今天的角度反思，大一統真的是社會、經濟與文化和平繁榮的必要前提嗎？政治上的「分裂」必然導致黑暗、衰敗嗎？著名羅馬史家沃特・席代爾（Walter Scheidel）的著作《大逃離：羅馬帝國滅亡如何開啟現代經濟大分流》（*Escape from Rome: The Failure of Empire and the Road to Prosperity*），[28]臺灣的中譯本在二〇二二年出版。他說因為大一統的羅馬帝國滅亡，才有後世歐洲各國之間的競爭跟發展，造成了歐洲文明的進步。其實，晚期帝制中國就是大一統，但清朝的政治審查、文字獄跟思想箝制，反而導致中國文化發展受到一些限制。王汎森的經典著作《權力的毛細管作用：清代的思想、學術與心態》，[29]就是在談清代思想的這些情況。當然，王先生沒有直接講大一統的問題，這是我自己閱讀他著作後的再詮釋。

此外，美國的經濟史學者莫基爾（Joel Mokyr）在二〇一七年出版*A Culture of Growth: The Origins of the Modern Economy*，[30]在書裡比較歐洲的啟蒙運動跟中國清代的科舉制，思考為什麼歐洲的言論、思想可以被拿出來討論？為什麼清朝沒有？他認為大一統下的科舉制，反而造成思想控制，大家都趨之若鶩地讀一樣的書，因為要考一樣的考試。我自己也研究過一個問題，清朝其實是最早測繪西藏地圖的政權，可是朝廷不讓這些西藏地圖流通，因為覺得很危險，這些地圖描繪王朝的版圖，是權力的象徵、是統治的祕密。這些地圖最後被北京的耶穌會士傳到歐洲去，帶回法國，在歐洲引發了知識爆炸。[31]十九世紀的英國人進到西藏時，是靠著清朝畫的地圖，可是魏源等晚清士人，仍然把西藏當作是佛教神話中的須彌山。這就導致一個弔詭的現象。西藏的經緯度座標最早是清康熙朝測繪得出的，但因為資訊審查，晚清的人反倒一無所悉，而是歐洲人拿去用了，這就是知識內卷化。回到原先的問題，大一統究竟是否光明、促進繁榮？是我們可以反思的課題。

我們再來講第二個問題，「農耕定居」跟「游牧移動」。錢穆認為農耕定居的人比游牧移動者更高級，其實西方也有差不多的觀點，所謂civilization（文明），是從拉丁文civilis（城市居民）這個詞來的，能和中國周朝、先秦時期指稱的國人與野人做區別比較，這方面可以參考杜正勝的《周代城邦》。[32]可是，以游牧為主要生產方式的社會，是不是就沒有定居聚落？很明顯不是。我

---

28 Walter Scheidel, *Escape from Rome: The Failure of Empire and the Road to Prosperity* (Princeton: Princeton University Press, 2019). 繁體中文版：沃特．席代爾著，黃煜文譯，《大逃離：羅馬帝國滅亡如何開啟現代經濟大分流》（新北：衛城出版，二〇二二）。

29 王汎森，《權力的毛細管作用：清代的思想、學術與心態》（臺北：聯經出版公司，二〇一三）。

30 Joel Mokyr, *A Culture of Growth: The Origins of the Modern Economy* (Princeton: Princeton University Press, 2017).

31 孔令偉，〈欽差喇嘛楚兒沁藏布蘭木占巴、清代西藏地圖測繪與世界地理知識之傳播〉，《中央研究院歷史語言研究所集刊》第九十二卷第三期（二〇二一年九月，臺北），頁六〇三～六四八。

32 杜正勝，《周代城邦》（臺北：聯經出版公司，二〇一八）。

們前面講到的匈奴，就有定居的聚落，所謂「毋城郭常處耕田之業」的匈奴，[33]也是人類文明的一部分。我們不應該簡單用定居築城和農耕為標準，衡量文明的高下。過去的歷史研究，大多以中國、西歐兩個定居農耕文明為中心，這其實是後見之明。因為中國、歐美現在變成強國，它們又是從農耕定居文明發展而來的，所以我們就用現代觀點去詮釋過去的游牧社會，說他們落後。這種華夏中心跟西歐中心史觀是有問題的，需要反思。這裡分享幾本書，一本是史語所王明珂所著《游牧者的抉擇：面對漢帝國的北亞游牧部族》，[34]裡面指出游牧者其實也有複雜的社會。另外還有美國學者白桂思（Christopher I. Beckwith）著的《絲路上的帝國：歐亞大陸的心臟地帶，引領世界文明發展的中亞史》（*Empires of the Silk Road: A History of Central Eurasia from the Bronze Age to the Present*），[35]他也要翻轉歐洲中心論，也就是歐洲文明比中亞文明高等的偏見，指出過去歐亞大陸中央的這些人，其實是溝通東西方文明的關鍵角色。還有一本是我們前面提過的森安孝夫《絲路、游牧民與唐帝國》，讀者有興趣可以參看。

最後我想談談，究竟是「情的融合」，還是「帝國主義」？錢穆說中國大一統的形成是情的融合，好像西藏、蒙古、新疆這些人就是對漢文化很親愛，對漢人非常有好感。我們不能否認這一點，現在有很多民族矛盾的問題，在過去是不存在的，以前各族群間通婚頻繁。但是，在文化、社會、經濟的交流之外，是否完全是「情的融合」，沒有「帝國主義」？我在帝國主義加了上下引號，這裡指的是比較廣義的定義，不是近代歐洲那種帝國主義。總之，中國大一統有沒有廣義的帝國主義問題？

我們看看西漢對匈奴，當時陳湯（？—前六）和甘延壽（生卒年不詳）曾經上疏說：「明犯彊漢者，雖遠必誅。」[36]這句話直到今日都非常有名。二〇一五年中國大陸有部賣座的愛國電影《戰狼》，就化用了西漢的這段文字，改稱「犯我中國者，雖遠必誅。」兩千年以後，當代中共主導下的國族主義敘事試圖把「彊漢」替換為「中國」，仍然在引用這套暴力話語。所以我們說西漢跟匈奴真的是「情的融合」嗎？還是兩個強權之間的碰撞跟屠殺？這是第一個例子。再來，錢穆講的東漢羌亂，段熲（？—一七九）曾講過一句話：「臣以為狼子野心，難以恩納；埶窮雖服，兵去復動。唯當長矛挾脅，白刃加頸耳。」[37]段熲是東漢名將，專門攻打羌。閱讀《後漢書》可以知道，他割羌人的頭是少說有幾萬顆的，而這變成他的功勞。段熲有把羌人當作是「情的融合」嗎？沒有。他認

---

33 （漢）司馬遷撰，《史記．匈奴列傳》卷一一〇（金陵書局本），頁二八七九。

34 王明珂，《游牧者的抉擇：面對漢帝國的北亞游牧部族》（臺北：聯經出版公司，二〇〇九）。

35 Christopher I. Beckwith, *Empires of the Silk Road: A History of Central Eurasia from the Bronze Age to the Present* (Princeton: Princeton University Press, 2009). 繁體中文版：白桂思著，苑默文譯，《絲路上的帝國：歐亞大陸的心臟地帶，引領世界文明發展的中亞史》（新北：聯經出版公司，二〇二一）。

36 （東漢）班固撰，（唐）顏師古注，《漢書．陳湯傳》卷七〇（武英殿二十四史本），頁二一。

37 （劉宋）范曄撰，《後漢書．段熲傳》卷九五（武英殿二十四史本），頁三二。

為羌人很卑鄙，投降之後，一撤兵他們又開始叛亂。要對付他們，就是需要把刀子架在他們的脖子上。這是很暴力的，很難說是「情的融合」。錢穆也看到這條史料，但他還是做出跟史料有一點矛盾的論述。

再來看清朝。清朝征服準噶爾汗國，打完仗以後，把男人全部殺掉，女人全部變成俘虜帶走，賞賜給士兵，這是清朝人自己寫的。後來清朝人覺得這太殘忍，便開始解釋為什麼會這樣做，稱因為準噶爾人很卑鄙，一直假裝投降，然後又叛變，最後只能把他們屠殺。乾隆為了表現仁君的立場，後來也一直在想理由說明。但事實上就是殺了非常多人，這怎麼能說是「情的融合」呢？

所以大一統一定是情的融合嗎？其實第一個階段一定是「雖遠必誅」、「白刃加頸」，而屠殺完以後，再來建構大一統非常光明的印象。所以我們思考大一統的問題時，要從比較現實地面向去看。大家若對準噶爾的問題感興趣，可以看濮德培（Peter C. Perdue）的《中國西征：大清征服中央歐亞與蒙古帝國的最後輓歌》（*China Marches West: The Qing Conquest of Central Eurasia*）。[38] 另外還有一本蘇吉特．希瓦桑達蘭（Sujit Sivasundaram）的《南方浪潮：印、太海洋民族對抗帝國暴力、驅動現代史的革命年代》（*Waves Across the South: A New History of Revolution and Empire*），[39] 內容是講海洋史，談太平洋島嶼居民面對大英帝國跟歐陸帝國的勢力時，怎麼樣去抗爭。因為錢穆比較少講海洋的部分，除了鄭和下西洋的部分，大約講了一、兩頁，而這本書可以為錢穆作些補充。推薦的這兩本書沒有直接關聯，但談到帝國強權對弱者的控制，以及暴力與統治的記憶，背後存在一些共通性。

小結

說到這裡，以兩點作結。第一點是以獨立思考、批判精神與同情理解，從近代中國史學的脈絡重讀《國史大綱》。經典化不等於偶像化，《國史大綱》是一本經典，但我們不見得要把錢穆當成不可批判的偶像，我想錢穆也不會同意。典範轉移也不是全盤否定，錢穆對古人也有否定。我們剛剛講，蠻夷戎狄跟華夏其實並非二元對立，不是要否定錢穆，而是學術研究本來就是典範轉移。《孟子・盡心下》曰：「盡信書，則不如無書。吾於武成，取二三策而已矣。」孟子對《周書・

---

38 Peter C. Perdue, *China Marches West: The Qing Conquest of Central Eurasia* (Cambridge : Harvard University Press, 2005). 繁體中文版：濮德培著，葉品岑等譯，《中國西征：大清征服中央歐亞與蒙古帝國的最後輓歌》（新北：衛城出版，二〇二一）。

39 Sujit Sivasundaram, *Waves Across the South: A New History of Revolution and Empire* (Chicago: University of Chicago Press, 2021). 繁體中文版：蘇吉特・希瓦桑達蘭著，葉品岑譯，《南方浪潮：印、太海洋民族對抗帝國暴力、驅動現代史的革命年代》（臺北：時報出版，二〇二二）。

武成》都只取二三策，我們對《國史大綱》也應該抱持批判精神，盡信書不如無書。

重讀《國史大綱》後，接著尋找它的當代思想意義。我們要超越「大一統」的國族主義史學，到底什麼是「中國」？什麼是「通史」？這些是開放的問題，每個人都應可獨立追尋自己心中的答案。以上提出管見，供各位參考。我覺得應該讓臺灣社會大眾都一起來思考「中國」這個問題。打引號的「中國」究竟為何？這不僅是臺灣人要思考的，也是全世界都要思考的問題。

我的第二點結論是，跳脫「域外」框架，走向「歐亞史」、「海洋史」以及「全球史」。這呼應剛剛講的，我們過去把蠻夷戎狄當成域外的他者，然後自己當作中原人。可是臺灣人是這樣嗎？臺灣其實跟海洋有非常密切的關聯。我們是不是應該從「海洋史」，重新看中國、看亞洲，乃至看世界？關於「歐亞史」，我們可以去思考，歐亞大陸過去被忽視非漢族群的歷史，和臺灣是否有可以參照的地方？例如，蒙古、新疆、西藏、滿洲都有漢人移民，臺灣其實也是有漢人移民到這塊土地上。所以作為一個移民社會，臺灣和蒙古、新疆這些地方其實是有比較性的。

最後講「全球史」的問題。當然，從川普上臺、新冠疫情爆發後，全球化被打上問號，全球史遭受到挑戰。我們的社會真的會走向全球化嗎？還是大家又回到冷戰時期，大國對抗、文明衝突的時代？像是看烏克蘭跟俄羅斯的戰爭，中國跟美國的對抗。可是我個人比較樂觀，我相信政治上雖然有衝突，但文化間的交流無法一刀切割，所以全球史還是我關注的對象。即便近年全球化受到嚴重挑戰，我仍願相信人類文明終會邁向跨國家、地域、種族等藩籬的大同世界。

士之自覺

能動性問題與現代中國思想史中的《國史大綱》

徐兆安／中央研究院近代史研究所助研究員

《國史大綱》是超過八十年前寫成的書，至今仍持續再版，而現時臺灣不少大學的中國史課程，還是會用它作為教材。光是這件事實，就很值得我們來認真對待。可是，對於《國史大綱》多層次的意義，我們所知的其實沒有想像中得多。

眾所周知，士人是《國史大綱》最關注的群體，要說錢穆主張一種士人為中心的史觀，也不為過。由於錢穆的「士史」已自成一個學術傳統，無論贊成或反對，我們都不會覺得他的看法有太特異之處。這種熟悉感，卻妨礙我們了解《國史大綱》在成書當時的突破性意義，也讓我們無法更確切地理解錢穆在現代中國思想史上的位置。

好的思想史討論，應該有一種猶如座標的作用。譬如我們都會說錢穆是民族主義者，這當然沒錯。但他是一個怎樣的民族主義者？他跟其他民族主義者有何不同？要了解一個作者，不應該滿足於一些朦朧的標籤，也不能只看他本人的作品，以及他直接引述到的文本。無論是研究者或是深度的讀者，都應該注意作者在當時言論空間的位置。作者到底是跟誰對話，又沒有誰跟誰對話，都應該嘗試細加考索。

思想史的方法也讓我們意識到，一些每天習以為常的字眼，看似無關痛癢，但是作者寫作時是有很特定的重大意義。「自覺」就是一個這樣的詞，這個詞在一般中文裡實在太常用，常用到讓人忘記，它在二十世紀前半是社會以及政治理論上的關鍵詞。它所負荷的重量，是我們現在難以想像的。少了對於「自覺」一詞在當時意義的理解，我們就難以真正走入錢穆撰寫《國史大綱》的「士史」時的思路。

再者，錢穆以士人為中心的史觀，更牽連到一連串歷史的根本問題：能動性（agency）與被動的分際，樂觀與悲觀的張力，長時段的結構解釋跟短時段的人物事件的解釋。在《國史大綱》中，錢穆對這些問題都有深刻地思考，但他行文力求簡淨，少在思想面向進一步延伸發揮，更勿論一一羅列。讀者就算有察覺到耐人尋味之處，但仍然會有神龍見首不見尾之感。因此，即使《國史大綱》是流通超過八十年、期間一直再版的經典著作，也在大學一直被不同時代的學者、學生所重溫，但書中各種幽微而深刻的意旨，仍然有一番箋注工夫的必要。

本文從書中第三十二章的「士之自覺」出發，初步釐清《國史大綱》的思想史定位。我的討論分成四個部分：首先從「士之自覺」在《國史大綱》內部的特殊位置，發掘出錢穆歷史分析與超歷史的理想之間的張力。第二部分走出《國史大綱》，概覽清末截至抗戰時對於士人與知識份子的概念，以見錢穆「士史」如何處於對抗思想主流的位置。接著，從「自覺」這個關鍵的概念入手，說明錢穆所持的定義，與主流對於「自覺」的定義的分歧。這個分歧反映的是兩種不同的世界觀，主流的定義認為，自覺是學習一套現成而外在的公理，字面上雖然有「自」，但並不認為自覺必須從本身內心發出。錢穆則認真地對待「自覺」的「自」，因此不認為有從外而來的現成原則，可以立刻套用來解決中國的問題。最後，從「士之自覺」所帶出的問題，掌握錢穆民族主義的思路，並分辨錢穆在抗戰時的民族主義與當代中國崛起論的民族主義。

軼出歷史解釋的士人自覺

綜觀《國史大綱》各章，固然有不少流露民族情感的地方，但是錢穆大致上都保持著史家的冷靜，沒有採取太多煽動的修辭。第三十二章〈士大夫的自覺與政治革新運動〉卻是例外，在討論北宋變法的思想淵源時，錢穆寫下一段極為慷慨激昂的渲染，跟其他章節是格格不入：

> 正是那輩讀書人漸漸從自己內心深處湧現的一種感覺，覺到他們應該起來擔負著天下的重任。〔並不是望進士及第和做官。〕……這顯然是一種精神上的自覺，……這已是一種時代的精神，早已隱藏在同時人的心中，而為范仲淹正式呼喚出來。（下冊，頁四五）

接著寫的是范仲淹（九八九－一〇五二）早年在寺院讀書，生計困頓時的事蹟。整段敘述傳達一致的訊息：表示就算經濟條件不利，士人還是可以奮起出以天下為己任的自覺，這跟現代史學的取向很不一樣。在現代中國學院史學興起後，史家都傾向避免強調個人改變歷史的能力。從梁啟超一九〇二年的《新史學》開始批評舊史學是帝王家譜，現代的史家更進一步主張走出大人物的歷史觀。整體來說，專業史學對於個人能動性的討論頗為壓抑。[1]更要者，就算是就《國史大綱》

---

1 王汎森，〈人的消失？！——兼論二十世紀史學中「非個人性歷史力量」〉，載《思想是生活的一種方式：中國近代思想史的再思考》（臺北：聯經出版公司，二〇一八），頁三五七～三五八。王汎森也指出，梁啟超在一九二〇年代的《中國歷史研究法》，從《新史學》時期的社會「公理」轉向，轉而強調一種「歷史的人格者」。可是「歷史的人格者」並不必然代表個人的能動性，反而是更大的社會勢力以個人形態的展現。

整體來說，錢穆著力於勾勒社會經濟政治的條件可以推出什麼的中長時段的潮流。因此，這一段對於范仲淹內心自覺的想像，也是很突出，甚至突兀的。

這段慷慨激昂的鋪陳，卻沒有明確地定義「自覺精神」。要充分把握錢穆的思路，就需要從反面切入，先思考「自覺精神」不是什麼，再掌握正面的立論意旨所在。這裡先分為三點陳述。

首先，在錢穆筆下，范仲淹的「自覺精神」是跟經濟條件剛好相反的。這一段中，范仲淹是在最困頓、經濟最不利條件下成學。這個論點的特色，只要與《國史大綱》下冊第四十一章〈社會自由講學之再興起〉北宋的討論部分比對，就會十分明顯。下冊第四十一章的解釋，主要都是講到社會經濟條件如何造成士人階層的改變：印刷術的發展，加上科舉制度擴充，進一步消融門第，讓學術越來越開放。在「自覺」這一章，錢穆偏偏完全不講這些經濟社會條件，似乎覺得范仲淹是的自覺是先於那些條件的。

其次，范仲淹的「自覺精神」並不來自貴族的背景。在交代范仲淹的背景時，錢穆特別補入一條夾注，說明范仲淹不是貴族，即便他的祖上有唐代的宰相，但其家族在當時已經衰微。這個說法固然有商榷的餘地，但是就理解錢穆思路來說，卻十分重要。這條夾注顯示出錢穆有必要把范仲淹定位為非貴族，才能切合他的論述。我在這裡稍作延伸，錢穆認為范仲淹的出身並非貴族，但是他的想法卻像是有一種貴族的責任感。因此，范仲淹「以天下為己任」的抱負，並不是由階級決定的。

第三，就是更重要的，自覺精神不是可以由朝廷滋養教化跟灌輸的。在這一章，他一開始就講說宋朝養士超過了八十年，卻仍沒有等到范仲淹這個人出現。因此，在上位者的著意培養下，不能保證人才的產生，至少不是朝廷放一個成分進去，再適當加入某些助緣，就可以得到結果。朝廷當然有一定的助力，提供相對尊重士人的環境，讓士風休養生息的空間，但是那個結果畢竟不是可以培養與控制的。因此，「自覺精神」也不是靠外在環境的經營，或是政治力量的培養可以達到的。

總的來說，自覺不是經濟的，不是社會的，也不見得是政治的，在這三個「不」的後面，是一種很純粹的精神感召。「士之自覺」說由此與《國史大綱》其他章節有關鍵的差異。

我在這裡稍微回顧《國史大綱》如何分析士人歷史在前四個階段的發展。當討論士人身分在先秦時期的產生時，錢穆採取一種政治史與知識社會史結合的方式。在周代晚期，隨著封建政治的擴大，諸侯分封越細碎化，貴族裡面有些對於傳統的慣例（convention）有著不同程度的理解，產生出資訊的落差（information gap）。《國史大綱》指出，貴族之間逐漸有「知禮」跟「不知禮」的分別（上冊，頁一七一）。所謂的士人，一開始就就是在貴族階層中特別知道「禮」，知道這種貫串政治體制的知識的學者。

錢穆也以這種政治史與知識社會史的進路，理解經學如何在兩漢作為政治知識。在《國史大綱》裡，以及更早期、只講到西漢的秦漢史講義中，錢穆一直強調經學在政治活動的具體作用，也就是所謂的王官之學的真正意義。我們一般覺得學以致用，是先得到知識，再來想怎麼把它運用在實踐裡面。對錢穆來說，漢儒的經學卻並非如此，經書本身就是像法典那樣的政治文本。《國史大綱》以及秦漢史的講義都舉了「經義斷獄」，審判時以經書的例子作為審判基準，就像普通法系裡面的案例一樣。換言之，經書不是抽象的道德教條，而是過往政治行為留下來的案例。所以經學內的禮樂都是實際的制度，它本身就是制度，而不是經書先有道德精神，再根據精神產生出一套制度來。在這個背景下，熟諳經學的儒生自然而然在行政上有優勢，因為懂這些先例、懂這些知識，所以這也是一種政治史跟資訊落差的歷史解釋。因此錢穆說「可見士人學者逐漸在政治上佔到地位和勢力，實為當時一種自然的趨勢」(上冊，頁二三〇)。跟講范仲淹的方向很不一樣，這是自然的發展，而范仲淹則是個人的靈光閃現，兩章完全不一樣的態度。

關於魏晉士族門第價值觀的發展，錢穆則從制度與思想的交會著眼。《國史大綱》這一節的論點，可以歸納為兩句話：「道德的制度，制度的道德」。魏晉的九品官人法前身就是東漢的察舉，「孝廉」是察舉制度下最主要的科目。孝跟廉這兩種道德，就被特別標榜起來。道德難以具體地判斷，因此一些表演性很強的道德範疇就應運而生。例如，要表現孝道，就得把守喪延長。我們也知道，情感的真摯與否，不見得跟時間長短是對應的，但在制度化的道德之下，久喪成為可以從外在行為判斷的準則。又以友情來說，當時流行代友復仇。有說君子之交淡如水，朋友相處也不一定充滿戲劇性的事件，但在制度化的道德下，友情就需要被表演出來，為朋友復仇，正是其中一種極端、但可見可聞的友情表現。因為有那個制度，所以有那個道德，也因為有那個道德，才會把那套制度再生產，這就是錢穆對於魏晉道德觀念的整體理解。

接下來是北宋。除了「士之自覺」的一段，《國史大綱》中還有另一個章節談北宋思想動力的來源，就是四十一章〈社會自由講學之再興起〉。但這一章思路與上述的先秦、兩漢、魏晉一貫，都是以大的政治社會趨勢來解釋「士人史」的走向，幾乎毫無「士之自覺」的影子。自由講學再興起的趨勢，首先是由科舉觸發，科舉在唐代興起，歷經五代宋初的發展，逐漸讓新進的家族能與世家大族競爭；另一個面向是學術的流通、活字版的流行，讓少數人無法獨占知識。

更值得注意的是書院興起。在四十一章中，書院制度的建立是一股大潮流，約略在同一時期，戚同文（九〇四－九七六）、孫復（九九二－一〇五七），還有一眾學者都在摸索書院應有的樣態，范仲淹只是其中一個人而已。這與第三十二章的「士之自覺」說幾乎是相反的：在自覺說中，范仲淹是在物質跟制度條件未成熟，且還沒有書院制度以前，在寺院讀書時產生以天下為己任的想法。由此，我們可以看到「士之自覺」說的特殊之處，他與《國史大綱》其他更為「歷史化」的章節，所蘊涵的是非常不一樣的思考。

這兩種對於范仲淹與北宋學術的思考，與其把它當成《國史大綱》一書的瑕疵，倒不如當作是理解錢穆思想複雜性的鑰匙。我認為，士之自覺說與《國史大綱》其他章節的不協調，反映著個人能動性與歷史潮流間的矛盾。這個問題，無論是在中國史學傳統，或是各文化的史學傳統中，或多或少是共有的永恆關懷。但二十世紀中國受到兩大方面的思想資源影響，能動性與大潮流的衝突顯得特別激烈而明顯。一方面，隨著馬克思主義以及其他宏觀社會理論在中國流行，歷史討論越來越難以繞過大趨勢，甚或是發展通則的探索。在這些大的趨勢，以及發展通則之下，個人可以做得似乎不多。另一方面，在清末以來累積的改革與革命思潮，其基本預設就是從文化傳統而來的現狀，可以憑藉人力（無論是在地的，還是外力）迅速而徹底地改變。以譚嗣同（一八六五—一八九八）心力說為首，強調人類思想能動性的學說，為各種革命的議程保持希望以及吸引力。

關注大潮流的歷史學家，常會得出「大局已成，無可奈何」的結論。至少，他們所勾勒出的歷史長流，很容易會讓讀者有這種感受。再者，專業歷史學家對於細節與複雜性地重視，對於指導現實的戒懼，讓他們在公共討論中常採取一種「潑冷水」的姿態。有一位美國史的老師對我說過：在公共事務的討論中，人家都覺得歷史學家最討厭，因為歷史學家常常會說「不是這樣子的，比這個更複雜」，而不是給予一個肯定的答案。從這一點來說，歷史學家跟宣傳家處於完全相反的位置。為了動員大眾的支持，宣傳家往往強調，「人」——尤其是在他們領導下的人——有非常重要的任務，既可以選擇站在順著歷史潮流的一方，也可以用各種方式調節，甚至改變現有趨勢。

能動性與大潮流的問題，也可以理解為理想與現實之間的張力，錢穆對北宋學者的分類法就說明了這一點。北宋變法爭論中，有王安石（一〇二一－一〇八六）的經學派，理學家如二程，史學家則以司馬光（一〇一九－一〇八六）為代表。錢穆指出，經學派的王安石以及理學家們的想法其實比較接近，他們重視理想，認為短時間大幅度的變法是有可能的，差別只是在於認同王安石的政策與否。相反，史學家司馬光重視傳統，他覺得現狀是悠久歷史發展的結果，因此急劇的變法從原則上就是不可能。經學理學的理想，史家的鎮靜持重，是兩種不同的態度。

《國史大綱》的大部分章節，都可說是偏向司馬光的，採取一種中長時段的史學家觀點。但「士之自覺」則是在大潮流中，冀望特定個人可以特出於既定的趨勢，可說是偏向經學家與理學家的思考方式。我認為，一般都以史家來理解錢穆（至少是一九四九年以前的錢穆），但卻少有正視其「超歷史」的一面。所謂「超歷史」，我這裡借用了京都學派哲學家久松真一（一八八九－一九八〇）的概念：歷史發展有眾多積重難返的潮流，這些發展，更往往會被理解為無法突破的模式，或是「公理」。超歷史的思考，就是找尋個人既身在歷史之中，卻又不為歷史所限制，甚至反過來改變歷史潮流的動力。[2]

從「士之自覺」的特出切入，接下來我們可以更深入了解《國史大綱》〈引論〉多重旨意。〈引論〉

2 吳汝鈞，〈京都學派哲學：久松眞一對禪的解讀與開拓〉，《中國文哲研究通訊》十八卷一期（二〇〇八，臺北），頁一三〇。

中，錢穆把《國史大綱》前的現代中國史學分為科學派、宣傳派與記誦派。現時的史學史研究，多數注意錢穆跟科學派的對立。相對於傅斯年等所主張，以新材料、新方法重構局部的客觀事實，錢穆更重視國史整體的定位。錢穆與宣傳派的關係，卻比較少深入地探討。事實上，「宣傳派」對於錢穆有非常特殊的位置，他直接這樣說：《國史大綱》就是要用考訂派跟記誦派的工夫，做宣傳派的目的而已。但錢穆跟宣傳派，真的只有工夫上的分別嗎？在軼出歷史分析這一點上，「士之自覺」似乎是《國史大綱》最接近宣傳派的時刻，但其思想內涵，以及對於中國文化的願景，行動者的能動性等問題上，卻是與他所對話的宣傳派們有關鍵差異。

逆風的士

錢穆以「士史」作為《國史大綱》的文脈，以「士之自覺」說點出理想中的士人精神，自然是來自他的現實關懷。他在下冊最後一節，直接道出他的期望：他說中國文化在日後復興，應該以再度興起的士階層來領導。這一點讀者們都絕對不會陌生，甚至會覺得是老生常談。可是，他的關懷卻與同時代流行的各種「宣傳派」都格格不入。如果我們做一番思想史的爬梳工夫，把《國史大綱》跟清末到抗戰期間的士人與知識份子論比對，就會發現「士之自覺」完全是一種「逆風」的思想。

在現代中文裡面，「士大夫」有強烈的負面意義。從帝制時代的四民之首到共和時代的社會之蠹，這概念的翻轉其實從清末新政已經開始，不用等到新文化運動。在一九〇〇年到一九一一年間的新政時期，官方與非官方的行動者共同推動各種邁向現代國家的改革，這些改革對於中國社會的長遠影響，絕對不比一九一一年的辛亥革命低。其中的關鍵之一就是教育改革。在建立新式學堂制度時，改革者更帶來思想上的扭轉，就是一個對傳統士大夫的批判。

清末教育改革，可以說是一種士大夫打倒士大夫的運動。改革的領導者，包括張謇（一八五三—一九二六）、蔡元培（一八六八—一九四〇）、黃炎培（一八七八—一九六五）等名人。張謇尤其是其中的關鍵人物，他是中國現代實業家的領袖，在一九一二年前後，入主當時最具影響力的報紙《申報》。在教育界，圍繞著江蘇教育會建立的人脈，加上黃炎培的經營，在清末民初有異常深廣的影響力，也跟商務印書館有很多因緣。蔡元培更是家喻戶曉、被尊奉為教育家典範的人物。他們兩人都是有傳統科舉功名的士人（張甚至是狀元），因此我們常常把他們想像成新舊之間的過渡人物。較少受到注意的是，這些新舊制度中間的改革者，其實帶來了一套非常激烈的反士大夫理論，破壞力絕對不低於後來新文化運動諸子的反傳統言論。

張謇等人主張，士大夫就只是想做官的人，這種人的存在對於現代教育來說毫無作用，甚至是障礙，因為教育是要培養服務者，而不是希冀勞役別人的人。張謇在一九〇〇年代發明出一組概念，主張社會需要的是有生產力的「生利者」，而不是追求做官，榨取社會生產力的「分利者」。他進一步指責當時的傳統讀書人「自命為儒」，不屑於從事實業，為社會帶來真正的利益。透過在教育界與媒體的勢力，這種新的觀念成為主流，甚至是公民教科書所定義的社會秩序。[3]

在清末教育改革以後，士大夫三個字變成汙名，直至抗戰爆發、《國史大綱》編寫時，都並沒有扭轉。錢穆說需要「士的復興」，來重新領導對中國社會治理，在當時幾乎是不可思議的。

就算不是傳統的士大夫，現代的知識份子也難言可以領導社會。余英時有一篇經典文章〈知識份子的邊緣化〉，討論一九〇五年科舉廢除後，知識人的領導地位如何被軍人與政黨中人排擠，甚至取代。余先生的文章裡面，有一個很鮮活的例子：胡適曾經被國民黨的上海黨部通輯。胡適作為全國知名、帶領一代風潮的大知識份子，結果連小小的地方黨部、在國民黨內的邊緣人，都可以比你重要了，邊緣人是什麼意思？他不是黨中央，而是那種自告奮勇要維護黨的價值的人，或是運用黨的招牌在地方層面尋租的人。透過這個例子，以及眾多社會與思想史的分析，余先生覺得知識份子已經不再處於身兼政治學術領袖的那個中間地位。從此以後，領導政治、領導知識的，都變成是列寧式政黨的人——無論是一九二〇年代改組後的國民黨，還是共產黨。[4]

在中國的共產陣營，也逐漸發展出一種利用與控制知識份子的理論。在一九二〇年代共產陣營中，曾有一番關於知識份子定位的爭論：對於革命來說，到底應該是承認知識份子是少數推動改變的先鋒，還是一個壟斷知識的階級，需要被打倒。在這個問題上，共產黨早期最重要的理論家之一的瞿秋白（一八九九－一九三五），給出了一個耐人尋味的答案。他指出：知識份子不應該是一個階級，應該是一個工具，應該是共產黨利用來推動革命的工具。我認為，這一種把知識份子視為外在於「黨」，但可以「利用」的觀點，貫串了日後中共對於知識份子的各種政策。社會學家Eddy U的近著，概覽了二〇年代到中共建國早期「知識份子」作為社會分類的形成與轉變。從他的研究可知，中共對知識份子的定義是浮動的，對於教育程度職業種類的界線一直在調整；分類的過程是充滿變數的，往往因人設事，在不同的人群組合下就會有完全不同的結果。但無論是如何不穩定，這個分類系統也會為個人的生活帶來實質的影響。[5]

知識份子的困境不只來自黨的力量，更來自他們的自我譴責。王汎森〈近代知識份子自我形象的轉變〉一文，對此提出一個重要的論點：「知識份子的自我邊緣化。」他指出共產黨打壓知

3 Shiuon Chu, "The longer abolition of the Chinese imperial examination system (1900s–1910s)", *International Journal of Asian Studies* (2022-First View): 1-17.

4 余英時，〈中國知識份子的邊緣化〉，《二十一世紀》網絡版第一五期（二〇〇三，香港）。

5 Eddy U, *Creating the Intellectual Chinese Communism and the Rise of a Classification* (Oakland: University of California Press, 2019).

識份子的政策，其思想淵源有不少是來自於知識份子自我懷疑，甚至流於自怨自艾地言說。剛剛提到瞿秋白在這裡扮演著一個不一樣的角色：他不只是代表黨思考知識份子定位的理論家，其本人也是有待被整治的知識份子。[6]一九三五年被國民黨俘虜後，瞿秋白寫下有名的〈多餘的話〉，作為死前的自白（關於這一系列文章的作者曾有爭議，不過後來多數學者都同意那的確是瞿秋白自己寫的）。其中寫道，像他這種舊式文人，在日新又新的社會中有何可為？這種哀嘆，絕對不是瞿秋白個人的憂慮，而是一整輩知識人的想法。讀書人的自我譴責透過書寫與出版放大，是新文化運動後的一大現象。這種譴責讀書人的書寫，最後反過來成為黨方知識份子政策的正當性來源。因此，知識份子的邊緣化，不單是外在環境所致，也是自我促成的。

在二十世紀上半的這種氛圍下，像錢穆那樣主張要由「新士」帶領文化復興，是不可思議的。由知識社群來帶領社會的這個概念，從清末新政到抗戰時期，其實並不是主流，身兼政客與軍人於一身的黨人，才是政治與文化的主要運動者。錢穆把傳承傳統的「士」放在中心位置，就更是逆風中的逆風了。

「自我邊緣化」對我有很大的啟發，在此請容許我暫時離開本文主題，稍作延伸。我認為，知識人必須自重，不是自大、自誇，是要自重。不自重的話，有權力者就會就順水推舟，藉著知識人的自怨自艾，把他們所珍視的身分與價值埋沒到更低的地方去。對我這個歷史學徒來說，如果我跟著人家說歷史知識沒有用，或是要經過「實用化」、「公眾化」才有用，掌握權力、掌握通路的人，就會順著我的話打蛇隨棍上，認定歷史本質上無用，歷史的知識社群需要集體接受改造，才能在一個想像中的知識市場裡生存。

「自我邊緣化」更讓我們注意到過分自我批判所帶來的危機。作為在學界、學院裡面的人，尤其是人文社會科學學者、歷史學家，我們聽到菁英主義這四個字，往往就會膝反射似地批判。這源自一種自我批判的心理，有時甚至像是身為知識份子的原罪感。批判性可以警惕知識人不要濫用權威，但伴隨而來的危險卻不容忽視。菁英主義固然是有很多流弊，但是對菁英主義作虛無主義的批判，堅持知識人必須去菁英化，甚至否定菁英在社會存在的事實，也不會是出路。最後，我們只會變得無法監督那些手握權力、卻又不承擔菁英責任的人。

臺灣現在很多政治人物都愛強調自己是素人，是大眾的一員。這種修辭大家習以為常，但其實非常怪異。握有權力的人，就是要負責做出艱難決定，並且為決定負政治責任的人。這樣的人，怎麼可以厚顏地自稱素人？我們喜歡平易近人的人，我們喜歡那些明明很有權力的人告訴你說，我不是菁英，只是你的朋友而已。這種怪異的修辭能夠成立，反映了一個雙重的危機：社會

---

6 王汎森，〈近代知識份子自我形象的轉變〉，《臺大文史哲學報》第五十六期（二〇〇二，臺北），頁一～二七。

大眾不願意面對菁英存在的事實，處於菁英位置的，也不願意承擔菁英的責任。

另一方面，專業的現代中國歷史研究中，菁英的存在一直被忽略與低估。眾多關於知識份子的研究，似乎都不約而同地強調，有一個從科舉時代延伸到現代知識人群體，在一九〇五年科舉廢除後越趨邊緣化。知識人社群地位的衰落，在一九四九年中共建國，就是一個低點中的低點，文化大革命就是低點中的低點的低點。但是有沒有想過，在這個新的二十世紀裡面，那些有知識的人之中，誰變得更有權力？

讓我們回到主題，繼續談錢穆與主流知識份子的另一分野。現代中國的知識份子面對政治上的困境，因此他們的活動集中在學院內部，這一來是從現實政治撤退，二來也是把期望從目前轉到未來。故而，縱然黨人佔據了權力的主流，以學院為基地的知識份子，仍然保持著他們的菁英意識。但就算是從學院中的菁英主義來說，錢穆的立場還是與學院中的主流背道而馳。

中國現代學院菁英意識的典範人物，絕對是胡適。除了鼓動思潮以外，胡適生涯一個非常重要的部分，就是擔任學術的大經營者，類似企業家的角色。他在一九三〇年代致力改革北京大學的經驗，最能展現他的企業家性格。他改革的藍本是當時的北京協和醫學院，這個學院由美國洛克斐勒基金會（Rockefeller Foundation）捐助成立，以約翰・霍普金斯大學（Johns Hopkins University）醫學院為模板的研究型中心。胡適的目標，是要把北大變成文科的協和醫學院，一個集中最優秀人才，然後給予他們最好的研究環境的機構。為了這個目標，胡適用盡各種手段挖角各大學的名教授，例如南開大學就深受其害。[7]

胡適發表過一番驚人之論：他要當最大的學閥。江勇振寫的胡適傳記第三冊的章節，就用了這個說法當章與節的標題，非常奪目（第三章〈天字號學閥，明星級教授〉，第四節「努力作學閥：作得大、教得棒、活得好」）。胡適的這番言論展現他的野心，要集中所有的資源，投放在他認為優秀的菁英身上。現時在臺灣的中央研究院其實也受著胡適這種願景的餘澤，全世界幾乎沒有另一個機構可以像中研院這樣，完全把資源集中在高深知識的研尋，約略能相比較的，或許就只有德國的馬克斯・普朗克學會（Max-Planck-Gesellschaft）。

值得一提，學閥是現在還流行的一個貶詞，我們不喜歡這個字。作為貶詞的「學閥」，來自一九二〇年代國民黨北伐時期的宣傳。對於國民黨人來說，軍有軍閥，學有學閥，兩者都是要打倒的對象。軍閥有哪些，大家都約略知道，但學閥那時候是針對黃炎培為首，淵源自江蘇教育會的教育界勢力。對於國民黨人來說，處於黨外，卻能威脅黨的，就是「閥」。

與胡適的企業家作風相對，錢穆辦學代表的是另一種典型。他建立新亞書院的經歷，已經成

7　江勇振，《舍我其誰：胡適，【第三部】——為學論政，1927-1932》（臺北：聯經出版公司，二〇一八），頁四〇八。

為近乎神話的佳話，但推崇者卻往往忘記，新亞在現代中國高等教育中是個異數。新亞書院創立於一九四九年，是當時流亡香港的知識人，多方籌措才勉強建立的高等學校。在草創時期的艱困，完全超過其他現代中國大學。余英時初時在新亞受學於錢穆，有學生晚上就睡在教室裡面的地板上；錢穆本人生病時，養病也是在教室席地而臥。這個時候的新亞，可以說是最接近《國史大綱》「士之自覺」章中對范仲淹的形容。

運用在辦學上面，錢穆跟胡適差別並不止於資源多寡而已。作為學術行政者，胡適崇尚大規模計畫，認為集中大量資源，才可以從規模得到效率（economy of scale）。資源與收穫在一定程度上可以計算，也應該要精準計算，不能含糊。錢穆抱持著自覺說，卻會認為菁英不見得在計畫下，透過國家級的挹注，就一定能培養出來。從這個角度看來，錢穆似乎比較被動與悲觀，但自覺說同時帶來一種在逆境中維持希望的強烈意志。就算是在物質條件最不利的時候，值得以守先待後，只求耕耘、不求收穫的心情，按自己認為對的方式教育新一代。若本諸集中資源，追求卓越的邏輯，就不會一頭栽進這種沒有明確回報的艱難事業。

新亞書院得道多助，最終脫離草創的艱困狀態。雖然沒有完全走向協和醫院式的營運，但面對的問題也已經從「沒有資源」到「如何管理各種資源」。新亞書院的發展，是多方力量的匯聚，行政上多有張力與衝突之處，其中既有美方透過雅禮協會（Yale-China Association）等機構支持，港英政府的默許，中華民國方面則是蔣介石私人與官方都有提供支持。在加入這多重資源後，好處固然是不用像當初那樣「手空空，無一物」，但人事與組織的糾葛，也讓行政工作變得極為困難。因此，錢穆在新亞的行政方面耗費了大量精力，當然，後來成立中文大學所帶來的衝擊與爭議，更是糾結。

新亞的經驗，一來讓錢穆惋惜所犧牲的著述時間，但同時也越來越能同情且理解學院行政地辦事能力。錢穆有一本著作叫做《新亞遺鐸》，收集了新亞的相關文書演說，配合《素書樓餘瀋》中此時期的書信，讀者可以對新亞發展期間的紛擾有所體會。[8]錢穆曾在《師友雜憶》回憶新亞事務對他的影響，表示在創辦新亞，親身投入行政以後，才開始佩服做事的人。我覺得這番話特別值得注意。他在撰寫《國史大綱》時，重視精神如何超越環境，但在親身體驗學院行政後，則應該比較能欣賞建立學術機構所需要的各種努力。

無論如何，新亞早期的「艱險我奮進」（新亞書院校歌的名言），是與胡適的「學閥作得大」處於光譜另一端的辦學模式。「艱險我奮進」背後的思想淵源，很可能就是《國史大綱》時期「士之自

8　例如一九五九至一九六一年與楊聯陞的書信。錢穆，《素書樓餘瀋》，《錢賓四先生全集》五十三冊（臺北：聯經出版公司，一九九四），頁二一二～二二八。

覺」論。雖然錢穆日後沒有，也不應該堅持「艱險」、「困乏」的狀態，但他對「書院精神」的想像，仍然有早期思考與經驗的痕跡。

綜合本節所論，錢穆的「士之自覺」至少在三方面處於中國現代文化政治的非主流位置。在「士」的定位上，他抗衡著清末以來對傳統士大夫的汙名化；在知識份子的政治困境中，他反而認為文化復興應該由「新士」來帶領；在學院的經營上，他本諸一種重視精神先於外在條件的邏輯，讓新亞書院成為現代中國高等教育史上別樹一格的存在。

以內在的自覺對抗外在的公理

「士之自覺」說中，「士」的部分如何特出於清末以來思潮，已見上述。但比較不明顯、卻同樣重要的，是「自覺」這個概念在思想史上的特殊位置。

在錢穆來說，「自覺」是「從自己內心深處湧現的一種感覺」，顯然是精神上的，而非經濟社會政治因素所造就。但是從清末到五四，以至抗戰前，主流思想裡的「自覺」都不像錢穆那樣強調「自」發。一般講「自覺」更重視的是「覺」的部分，而且「覺」的對象是一個想像中的外面世界。作為consciousness（知覺、意識、信念）的對譯，「自覺」指的主要是對外界環境的意識。這些外在知識中，尤其重要的是國際間被假想為共同的秩序、慣例，甚至是所謂的「公理」。政治立場南轅北轍的思想家們，包括從新文化運動者、孫文主義者、共產主義者，都不約而同地採取這種外向的「自覺」定義。他們都是講對外在世界情勢的認識，而不是講說從自身內在而來的覺悟。

陳獨秀是中國共產主義的先驅，也是新文化運動的健將，他在一九一五年發表〈愛國心與自覺心〉一文，最能闡述「自覺」在當時的意義。陳文指出，愛國心固然可貴，但更重要是以對世界局勢的「自覺」，防止非理性的行動。他認為朝鮮、土耳其、日本、墨西哥及中國對於帝國列強的抵抗，固然是正義的，但昧於形勢的話，這種缺乏知識的愛心，只會為同胞帶來災難：

> 凡此諸國所行，豈無一二壯烈之為？吾人所敬。惟不自覺其國之情勢，客氣乘之，愛國適以誤國，謀國者不可不審也。

所謂「自覺其國之情勢」，其實就是說要知道中國國力的限制，不能說因為愛國的原因而否認這個事實。這種面對現實的智慧，陳獨秀稱之為自覺，而其實更像「自量」的意思。

陳獨秀〈愛國心與自覺心〉一文出版後，他的同志李大釗有一篇回應的文章，名為〈厭世心與自覺心〉。論點看似與陳文針鋒相對，但在「自覺」的定義上，雙方卻頗有共識。李大釗引用了當時的時髦理論，法國心理學家亨利・柏格森（Henri Bergson, 1859-1941）的「創造進化論」（creative evolution），辯稱陳獨秀不應讓中國國民妄自菲薄。既然西方人民也可以造就偉大文明，中國國民的人格本質與其想去不遠，當然也可以得到同樣的成功。從這個角度看，他的確比陳獨秀更強調中國國民的能動性。但是這個能動性的前提，卻是要學習外間的公理。文中有云：

吾民今日之責，一面宜自覺近世國家之真意義，而改進其本質，使之確足福民而不損民。民之於國，斯為甘心之愛，不為違情之愛。一面宜自覺近世公民之新精神，勿謂所逢情勢，絕無可為，樂利之境，陳於吾前，苟有為者，當能立致，惟奮其精誠之所至以求之，慎勿灰冷自放也。

他強調現實可以改變，但要達成改變，就得「自覺近世國家的真意義，改進其本質」，以及「自覺近世公民之新精神」。所謂近世國家的真意義，意思是中國的讀者得要認識一套普遍通行的國家定義；所謂近世公民新精神，就是要符合一套現代世界公民的共同價值觀。這兩種都是外在的、現成的公理，不是體悟自中國民眾本身。李大釗與陳獨秀，一人悲觀，一人樂觀，立場似乎相反，但其實同時預設必須追趕現成的外在公理。

新文化陣營的另一代表人物，是早年的傅斯年。在一九一九年一月《新潮》創刊，是新文化運動的里程碑之一。《新潮》的〈發刊旨趣書〉乃出自傅斯年的手筆，外在公理的自覺連結起全文的論據，可說是文眼所在。全文談及自覺的部分一氣呵成，故不厭其詳備引如下：

> 今日出版界之職務，莫先於喚起國人對於本國學術之自覺心。今試問當代思想之潮流如何？中國在此思想潮流中位置如何？國人正復茫然昧然，未辨天之高地之厚也。其敢於自用者竟謂本國學術可以離世界趨勢而獨立。夫學術原無所謂國別，更不以方土易其質性。今外中國於世界思想潮流，直不啻自絕於人世。既不於現在有所不滿，自不能於未來者努力獲求。長此因循，何時達旦？尋其所由，皆緣不辨西土文化之美隆如彼，又不察今日中國學術之枯槁如此；於人於己兩無所知，因而不自覺其形穢。同人等以為國人所宜最先知者有四事：第一，今日世界文化至於若何階級？第二，現代思潮本何趣向而行？第三，中國情狀去現代思潮遼闊之度如何？第四，以何方術納中國於思潮之軌？持此四者銘刻在心，然後可云對於本國學術之地位有自覺心，然後可以漸漸導引此「塊然獨存」之中國同浴於世界文化之流也。此本誌之第一責任也。

像《新潮》那樣的雜誌，它的責任就是讓讀者知道中國在外面整個思潮中的位置。這個對外界的認識，並不是中性的，而是要知道中國落後了多少，更甚者，你要知道傅斯年的所謂自覺，是要知道自身的缺陷，在一個普世的標準裡屬於如何後段的位置。這種急迫地追趕外在潮流的自覺，跟相信並等待自覺從本身文化中興起，幾乎是完全相反的。如果用臺灣高等教育流行的用語來說，就是要「國際化」。

在新文化運動的陣營外，孫中山以及他的繼承者們又會如何理解自覺？這裡只舉一篇年代相近、孫中山提到自覺的文章作為例子。在護法戰爭時期，孫中山有一篇〈為主張和平通電全國文〉（一九一八），其中也強調自覺的普世與外在性格：

> 蓋民主主義，為世界自覺國民信奉之正義，議院政治，為近代國家共由之正軌。民國肇造之基，實建於此。

全世界有「自覺」的公民，都信奉同一種民主，他們組成的國家，則都遵守議會政治的通則，中華民國初創就是根據這通則而來。民主主義或議院制度都是外來的，是外在世界的通例。

孫文主義的自覺觀，尚有一重變奏，化為更細微地滲透到日常生活中的外在指導法則。

費約翰（John Fitzgerald）有一本名著《喚醒中國：國民革命中的政治、文化與階級》（*Awakening China*），裡面有個乍聽會讓人意外地觀察。他認為，孫文主義的社會改造，譴責中國人不衛生佔了不成比例的重要位置。[9]孫文建立領導地位的方法，就是要成為一套外在公理的代表，以之開化中國人民。公理要滲透到日常的生活裡面，衛生這個概念可能是最有效的觸媒。現代中國的衛生論，一點一滴地把當時中國人的生活習慣定型化、問題化。例如吐痰成為中國人的風俗，需要改革；筷子與夾菜會讓口水傳染，因此筷子也是病源，要根據分食的世界通例加以改造。這種寓公理於衛生的論述，並不在孫中山身後停止。一九三〇年代蔣介石領導的新生活運動，更是把它發揮得淋漓盡致。雷祥麟就以這個角度解釋為什麼新生活運動會糾纏在瑣碎的衛生德目，諸如不要吐痰、要洗手之類。[10]要之，從民主主義到日常衛生，孫文主義的自覺，都是認識外面的公理，然後遵從外面的公理。

在政治光譜的另一端，毛澤東思想中也有「外在公理的自覺」的影子。他在一九三七年寫成的

9　John Fitzgerald, *Awakening China Politics, Culture, and Class in the Nationalist Revolution* (Stanford: Stanford University Press, 1996), pp. 36-37. 簡體中文版：費約翰著，李霞譯，《喚醒中國：國民革命中的政治、文化與階級》（北京：三聯書店，二〇〇五）。

10　雷祥麟，〈習慣成四維：新生活運動與肺結核防治中的倫理、家庭與身體〉，《中央研究院近代史研究所集》第七十四期（二〇一一，臺北），頁一三三～一七七。

〈實踐論〉（後來與〈矛盾論〉並稱），就以「自覺」為共產主義改造世界的最高層目標：

> 無產階級和革命人民改造世界的鬥爭，包括實現下述的任務：改造客觀世界，也改造自己的主觀世界——改造自己的認識能力，改造主觀世界同客觀世界的關係。地球上已經有一部分實行了這種改造，這就是蘇聯。他們還正在促進這種改造過程。中國人民和世界人民也都正在、或將要通過這樣的改造過程。所謂被改造的客觀世界，其中包括了一切反對改造的人們，他們的被改造，須要通過強迫的階段，然后才能進入自覺的階段。世界到了全人類都自覺地改造自己和改造世界的時候，那就是世界的共產主義時代。

從「改造自己的主觀世界」來看，毛澤東誠然提出一種有別於前述學者的能動性，他提出一個目標、一個願景，預設人民可以自我改造。但耐人尋味的是，他所說的自我改造，是由蘇聯這個政體先在全球推動的。更要者，引文後半段寫道，「一切反對改造的人們」是現實世界的客觀事實，要改變這個現狀，就要通過強迫，然後讓反對者變得自覺地加入改造大業。因此，對於大多數未聞共產福音，反對改造的人們，這個偉大的共產主義改造是從外面來的，只是強迫久了，他們也就不得不對改造內化，變成自覺。由此觀之，毛澤東的改造觀，可說是最極端的一種外在公理論。事過境遷，這些文字從今日的我們看來，其中赤裸的暴力讓人咋舌。他等於說：不能靠對象自己自發，必須要強迫到他自發為止。但對於身在其中、毛澤東當時的受眾們，或是進入毛思想領域的信仰者來說，這就是自然不過的道理。之所以能自然化如此驚人的暴力，毛澤東過人的辯才與魅力固然是其中的原因。但廣布於各種政治立場，服膺外在公理的習慣，也絕對是重要的助力來源。

以上有限的樣本，覆蓋了政治光譜中幾個關鍵的位置。我們至少可以說，在二十世紀前半的中國，「認識外在公理」是一眾政治領袖人物所共識的「自覺」定義。錢穆的自覺，卻是與他們完全相反：從《國史大綱》的「士之自覺」章可見，他主張超越經濟社會政治，從內心發出的自覺。在他編寫《國史大綱》時，若說完全沒有注意到上述那些人的自覺說，是不太可能的。但他在《國史大綱》內部並沒有留下太多線索，更遑論對這些思想上的公案，一一箋注？

這才是《國史大綱》真正難讀的地方。不少人會說，《國史大綱》以文言文寫成，加上其綱目體的舊式體例，造成理解的障礙。但我認為，這些技術上的問題不難解決，真正困難的是，捕捉錢穆在全書各處的對話對象。他所接觸的思想學說太多了，而且比我們想像中更緊貼當時流行的各種現代理論。只就《國史大綱》內部來看，實在難以知道他行文的特定指涉。因此，要真正理解《國史大綱》，我們此下很需要繼續做思想史的工夫，一點一點地爬梳，一點一滴地索隱。

悲欣交集的文化復興觀

這種索隱式的研究，並不是為了滿足學者的考據癖。若要為思想定位，了解其多面的意義、各種可能的後續效應，進一步的考據工夫是不可免的。一般對於錢穆的理解，常會滿足於一些標籤為止，像是「傳統」或是「民族主義」等。少有人追問的是，錢穆的民族主義，到底有什麼內涵？是從怎樣的思路推演出來。

值得一提，中共在香港特區推行國民教育期間，有一位教育局長特別提到《國史大綱》「對其本國歷史之溫情與敬意」的說法，以之為官方宣傳張本。余英時當時已經九十歲，他身為錢穆的高足，或許覺得中國官方的民族主義，會成為錢穆《國史大綱》的死亡之吻。為了破解這個死亡之吻，余先生採取一種學術與政權分立的思路，主張錢穆的民族主義是根據嚴謹的史學研究而來；中共近年的民族主義，則是共產主義破產後，以民族情緒湊合的產物。兩者不能同日而語。[11]余先生聚焦於錢穆的學術工夫，固然是非常重要的面向。可是，正如前面所討論，錢穆雖然說《國史大綱》「無疑的將以記誦、考訂派之工夫，而達宣傳革新派之目的」（上冊，頁四六），但錢穆在思想上的目的，其實也與清末以來各宣傳派背道而馳。因此，分辨錢穆的民族主義與中國崛起的民族主義，更應該注意其思想內涵與連帶效應的分別。我們總不能說《國史大綱》只是用嚴謹的史學研究，做跟中國崛起論一樣的宣傳目的。

「自覺」的概念，正是了解錢穆民族主義內涵的一把鑰匙，由此切入，我認為錢穆所抱持的是一種文化復興的民族主義。這種復興的觀念與現時流行的中國崛起論有決定性的分別。以《國史大綱》為中心，錢穆對於歷史時間的感覺，平衡樂觀論與悲觀論的努力，讓他沒有落入中國崛起論背後的「百年國恥」史觀。文化復興的民族主義，也讓錢穆對於知識人在社會的定位，有其一套不同於同時代主流的答案。

不過，在回到「自覺」所帶來的各種答案前，我先指出一個相關而稍微不同的問題。在《國史大綱》〈引論〉這篇大文章裡，錢穆花了一整頁來反駁一種「中國睡獅」的說法（上冊，頁六六～六八）。這種說法自清末開始流行，相傳拿破崙說過，中國就像暫時睡著的獅子，有深厚的潛力，一旦被喚醒就會成為世界強權。根據楊瑞松考證，其實拿破崙根本沒有講過這一番話，睡獅說只是中西媒體互譯中層層累積而產生的傳說。[12]這傳說雖然有虛構的地方，但卻真切地反映兩種貫穿現代中國的思路。從清末以還，正如剛剛提到的《喚醒中國》所論，「喚醒」本來就是政治文化中

11 余英時，〈展望香港的前景——答某媒體八問（上）〉，《自由時報》二〇二一年四月二十四日。
12 楊瑞松，《病夫、黃禍與睡獅：「西方」視野中的中國形象與近代中國國族論述想像》（臺北：政大出版社，二〇一〇）。

的關鍵概念。這個概念有一種影響深遠的意涵：只要用外力喚醒中國，就可以速成地解決問題。時至今日，睡獅說則與當代的中國崛起論無縫接軌，中國資金在全世界的金融市場有舉足輕重的位置，也造成很多國家對中國獻媚。中國的經濟起飛了，睡獅醒來了。

錢穆並不同意。他用了另一種同樣強烈的修辭來反駁睡獅說：中國不是睡著，是有病，而且病了非常久，根本是一種長期病。他在《國史大綱》引論提到，那個病或許是從唐代安史之亂就開始。安史之亂以後，中古士族可以與朝廷分庭抗禮的基礎，已經無可挽回的崩解。錢穆並不認為中國文化的源頭，至少是建立道德精神的周代時，就已經有這個病痛。但他把病源從安史之亂算起，那這個病也伴著中華文明非常長的一段時間了。在錢穆看來，這長期病並不是靠外力喚醒，或是獲得富強，就可以立刻解決。

因此，錢穆固然是中國民族主義者，但他的民族主義，卻與「外力喚醒」、「追求富強」這兩種清末以來主流的民族思潮，以至當代中國崛起論的民族主義不一樣。當然，錢穆不是直接以我們為訴求對象。處於不同的時空，他也不會為我們「代打」，去批判中國造成的現狀。但錢穆的思路還是有眾多值得借鑑之處，可以讓我們看到中國崛起論以外的各種可能性。

錢穆「長期病」的說法，也蘊含著一種既樂觀又悲觀的時間感覺。在此，我們再次回到錢穆的「士之自覺」論。自覺雖然超越外在條件，但何時就會生出一個人（或幾個人）出來解決問題，我們永遠不會知道。那個等待可以是漫長的，那個等待可以超越我們的人生。這也是歷史殘酷的地方：就算我們是對的，也很可能會等不到實現的時刻。因此，我認為錢穆既理想，也很現實，這兩方面在《國史大綱》裡展現得淋漓盡致。從極長時段來說，中國文化源遠流長，有值得樂觀的地方，但在中長時段來說，卻是充滿悲觀的。因為那個病動輒是以幾百年來計算，就算不從安史之亂算起，只從明清「君主獨裁」一段開始來說，中國政治文化也病了幾百年了。因此，《國史大綱》可說是樂觀與悲觀並存的。

在極端樂觀與悲觀之間激烈擺盪，正是中國近代政治文化的核心問題。革命就是一連串的承諾，承諾革命以後就會得到什麼，但是這些承諾通常是幻滅的。解決這個幻滅的方法，就是繼續革命。一直動員，一直以更多的承諾、無限延後革命，完成兌現承諾的時刻。換言之，對於當下能整體改造社會的過分樂觀估計，往往會成為滋養不斷革命的養分。

在二十世紀思潮的洪流中，《國史大綱》帶出一種悲欣交集、相對平衡的歷史觀，實屬難能可貴。《國史大綱》中並置著理想的「士之自覺」論，與勾勒大趨勢與長期文化病的「士史」。錢穆一方面肯定人的能動性，在特定的時刻，甚至會有范仲淹這種超越時流的人物出現；但他不會承諾，這種轉變在不久將來、甚至立刻就可以達成，等待可能是無了期的。

要在慢性病的文化中推動改變，就需要耐心等待、接受挫折，無法按預先寫好的日程與步驟來追求成功。在這裡，我借用一個工程師跟園丁的比喻：工程師是先有一個藍圖，把所有東西都規劃好，但園丁不是。園丁播一把種子到泥土裡去，有些會死掉，有些就是長了一半就夭折，最後茁壯的，可能是少數僅僅幾棵；播種的時候，也不會知道哪一棵會茁壯。在錢穆來說，培養人才以及他嚮往中的文化復興，似乎都只能用園丁的態度，只問耕耘，不問收穫，無法像工程師那樣精算結果。這是個「費時而沒把握的事情」，人才出來以後會有很神奇的效應，但是人才的出現是很機緣巧合，甚至是沒頭沒腦的，我們只能等待。

現時的臺灣社會，卻會有不少人嚮往工程師式的管治。有一個說法是，律師治國是最差的，因為律師的工作就是歪曲事實；工程師治國會帶來好的改變，因為工程師都老實地按著事實行事。這種說法也有一定道理，但卻忽略工程師的「老實」也有可怕的一面。工程師相信你投放一定數量的資源，再乘以某些的因素，就會得出某個結果。這種規劃一切、控制一切的想像，在整個二十世紀中國歷史中早就非常盛行，最後在共產中國造成不少災難性的結果。以「一孩政策」為例，科學史學者發現當初決策過程內，火箭科學家提供的運算方式扮演了關鍵位置。[13]此外，社會學家安舟早期有一本書叫《紅色的工程師的崛起》，裡面指出文革時期崛起的新一代統治菁英，不少都是念工科的，尤其是清華工科出身，習近平就是其中最著名的例子。[14]從這個角度來說，中國可以說是已經實現工程師治國了。可是，這真的我們想要的社會嗎？當然，要維持管治的運作，規劃與效率是不可少的，但在工程師的思維外，園丁式的耕耘對於一個社會的健全運作，以及面對無法操控現實時的穩健心態，絕對是必要的。在人才培育與教育方面，尤其無法完全用工程師式的精算來責成，這只會造成對於知識人的錯誤期待。

綜合錢穆對睡獅論的反駁，及其自覺說中悲欣交集的情感，我們最後可以回到「溫情與敬意」的說法，更清晰地點出錢穆與當前中國民族主義的分別所在。「溫情與敬意」來自《國史大綱》〈引論〉前的〈讀本書請先具下列諸信念〉（上冊，頁三七），是四條「信念」中的第二條，強調國民在對本國歷史有一定認識後，應當、也將會抱著「一種對本國歷史的溫情與敬意」。比較少受到討論的是第三條，其中指出讀者不應該自以為處於「已往歷史的最高點」，而把「我們當身種種罪惡與弱點」都推諉給古人。換言之，對錢穆來說，溫情不是懵然於病痛，是讀者要承擔，他們本身就是有那個弱點，而不是處於外部，自以為是外來公理的代言人，超然地批判古人的弊病。

《國史大綱》的民族主義，強調的是承擔責任，而不是在中國所謂崛起時隨波逐流突然愛國。更不用說，錢穆也不會認為富強就可以解決中國文化的長期病。換言之，《國史大綱》不是一本當

---

13 Sarah Greenhalgh, "Missile Science, Population Science: The Origins of China's One-Child Policy," *The China Quarterly*, Volume 182 (2005): 253–276.

14 Joel Andreas, *Rise of the Red Engineers: The Cultural Revolution and the Origins of China's New* Class (Stanford: Stanford University Press, 2009).

民族文化啦啦隊、煽動狂熱的書。對於認同或同情中國文化的讀者來說，《國史大綱》是很沉重的書，錢穆要求他的讀者正視本身的罪惡與弱點。那個病固然從歷史長期發展而來，但是讀者不能把病都推給古人，然後置身事外，因為讀者也是那個病的一部分，而他們也不可能突然以革命來掃除這個長期慢性病。

但《國史大綱》同時是一部帶來希望的書。錢穆深知歷史的光明與黑暗同時存在，一體雙生。慢性病固然纏綿已久，但是患上慢性病的社會也不見得就一定像地獄一樣，慢性病裡的生命，還是有很多光輝在。甚至可以說，正因為身處慢性病當中，人與這個長久的潮流對抗，人性的光輝才特別顯示出來。如果安史之亂是中世以下中國文化慢性病的起點，范仲淹就正是在慢性病越演越烈時崛起，超越時代的人物。

小結

就像一開始講的，《國史大綱》是一本長期流通的名著，但我們對它的理解其實並沒有想像中那麼深。本文只是很初步地把《國史大綱》的〈士大夫的自覺與政治革新運動〉一章，放在書內與書外的脈絡，嘗試把握錢穆在寫作時的思路，以及可能的對話對象。

在更全面地對《國史大綱》的思想史意義作研究前，我在這裡以個人對錢穆的感覺，作為代結論。對我來說，《國史大綱》一直都不是一個主流或是經典，它是個挑戰者；錢穆的角色，與其說是大師，他的學術生涯更像挑戰主流的鬥士，他不是巨人歌利亞（Golyat），而是大衛（David）。《國史大綱》讓人敬畏之處，在於錢穆一夫當關的姿態，一個人挑戰從清末民初以來到抗戰期間，眾多名學者所擁抱的主流思想。

這點不是我的孤見，杜正勝早就有相似地評價。在回顧錢穆對中國古代史研究領域的影響時，杜正勝指出錢穆一輩子的治學與為人的風格，就是不與人同，一直擔當一個主流的批評者的角色。[15]杜正勝自然是有他本身的立場，他這番評價是以中央研究院歷史語言研究所掌門人的身分，對於作為該所傳統對手的錢穆，表達最大限度的敬意——因此，杜正勝的文章中同時對於錢穆的執拗不無微詞。但是，我們無論是作為讀者，或是作為研究者，都可以更沒有包袱地欣賞錢穆作為挑戰者的能量。錢穆自學成家，走上北大講壇，但卻沒有因為追求卓越而捨棄自我，一直敢於挑戰流行的思潮。我們現在看到的人文社會科學專書，很少會看到這種植根於深厚學養的氣

15 杜正勝，〈錢穆與二十世紀中國古代史學〉，《新史學之路》（臺北：三民書局，二〇〇四），頁二三〇。

魄。

大家可能都會知道，錢穆最喜歡的文章是韓愈的〈伯夷頌〉，此文歌頌的正是「舉世非之，力行而不惑」的特立獨行人格。傳說錢穆每每在夜闌人靜的時候朗誦〈伯夷頌〉，這可能就是他人生的寫照，也可能是《國史大綱》這本書的精神寫照。

錢穆與余英時[1]

王汎森／中央研究院院士

二〇二二年八月我在中央研究院近代史研究所的「余英時院士逝世周年紀念工作坊」進行〈胡適與余英時〉的演講後，回到辦公室，收到臺灣商務工作人員的邀約，希望我以〈錢穆與余英時〉為題寫一篇文。雖然我對這個主題並無專門研究，在余先生生前也從未請教過這方面的問題，但覺得〈歷史時間是延續的嗎？——錢穆與民國學術〉一文，仍有部分與〈錢穆與余英時〉有關，故義不容辭地答應下來。但我只能就個人所知的一鱗半爪加以討論。

新亞之寶余英時

我始終認為胡適、錢穆、楊聯陞（一九一四－一九九〇）三位對余英時影響最大，可謂「三清化一氣」，其中在整體的文化、政治方向上，胡適影響最大；在學問上，錢穆影響最大；在職涯上，楊聯陞影響最大。余先生在香港五年多，其中實際從學於錢穆的時間只有一年半左右，但是余先生始終認為，「如果我沒遇到錢穆，我以後四十年的生命必然是另外一個樣子」。

余先生是新亞書院第一位畢業生，他告訴過我，同班同學只有三個人，其中一位後來成了乞丐，有一位在美西經商。余先生告訴過我，他的學士學位論文是《歷史自由論》，主要的意思是，「自由」的概念是隨歷史演進慢慢堆累上去的。不過現在已經找不到這本論文了。他在新亞研究所的碩士論文最初題作「兩漢之際政治變遷、社會背景」，在哈佛大學（Harvard University）改寫為〈東漢政權之建立與士族大姓之關係〉，後來又從當時積累的卡片寫成另一篇〈漢晉之際之新自覺與新思潮〉，這兩篇論文經修改發表後收在《中國知識階層史論（古代篇）》。

新亞時期錢穆、余英時兩位的過從，余先生已在《余英時回憶錄》中談得很多，譬如余先生對

1 本文中對錢穆、余英時兩位先生的稱呼並不一致，往往隨文章行之而變換，請讀者諒察。

《國史大綱》曾下過一番精密的工夫，又如余先生學生時代所寫郭沫若抄襲錢穆的文章，最初也是錢穆口頭告訴他的。這些寶貴的細節《余英時回憶錄》中談得比較多，此處就不贅引了。

我感覺錢穆在學術大方向上，給余先生很大的影響，尤其是重視綜括歷史發展的大勢，重視歷史中諸元素交織的過程，一方面不同於楊聯陞的細節考證，也與胡適集中於思想文本的分析有所出入。此外，在個別學術問題上，我覺得余先生也經常會回過頭去看他的老師錢穆怎麼說。因為他對錢穆的著作下過很精密的工夫，所以有很多早已溶化在他的腦海中。

譬如，余先生五十年前首次訪問臺灣，當時學生書局創辦人劉國瑞隨手送給余先生新印的《授書隨筆》，書上標「舊題黃宗羲撰」，但余先生翻閱後即覺得可能有誤。我覺得線索之一，即是余先生對錢穆《中國近三百年學術史》相當熟稔，書中討論黃宗羲的部分從未有黃氏著《授書隨筆》一事。在我從學余先生的最後階段（一九九一年十二月十九日），余先生曾經隨手送我一本新出的《猶記風吹水上鱗：錢穆與現代中國學術》。這是我第一次看見該書所附錢穆給余先生的書信，直接體會到錢、余師徒之間學術切磋的密切。

譬如錢穆要余先生讀葉適（一一五〇—一二二三）《習學記言》，或是王夫之《讀通鑑論》，認為他們對歷史的論點每每非常精闢，「得一句是一句」。信中對余先生文風有所評論，認為他當時文風近似陳寅恪，而錢穆認為陳寅恪的文筆「故作搖曳」、「臨深為高」、「衍詞太多」，所以「每一篇若能刪去其十之三四，始為可誦」。同時也表示想為余先生的文章刪去十之三四。此外，對於余先生終夜不寐的生活習慣也有所規勸，信中說：「弟求遠到。」不應該像梁啟超那樣通宵熬夜、「起居無節」。[2]不過他並未提到梁啟超五十歲就過世了。

我是在西元二〇〇〇年前不久客座香港中文大學時，才有機會身歷其境，了解余先生在錢穆心中的地位。在這次訪問期間，在中文大學執教多年、同樣畢業於新亞書院的孫述宇，曾多次與我談起余先生與《中國學生週報》的關係。所以在《中國學生週報》（四七〇期）讀到徐速（一九二四—一九八一）於一九六一年七月間所寫的〈憶學生週報三主編〉，其中提到余先生擔任週報主編時，正在新亞研究所讀書，「天賦穎慧，為吾輩之佼佼者，年未冠，於學術界即露頭角，賓四先生嘗以『新亞之寶』視之。」

在香港中文大學訪問時，我也讀了《錢賓四先生全集》，在書信集中讀到錢穆與余協中（一八九八—一九八三）、楊聯陞的通信，更進一步印證了徐速文中「新亞之寶」這個稱號的來源。在錢穆給余協中的信中說：「弟又告內人，英時天資英發，實似往年張君蔭麟，而醇厚過之，必有遠

2 錢穆，〈致余英時函〉民國四十九年五月廿八日，《素書樓餘瀋》，《錢賓四先生全集》五十三冊（臺北：聯經出版公司，一九九四），頁四二八～四三〇。

到之期，此不僅兄之老福，亦弟晚年心情所切盼。若使英時能在弟身旁親眼看其一日千里之脫轡絕馳，弟之心情蓋無愉快過於此者。得一後起人才殊不易，弟為新亞化了十載心血，卻要向英時身上索償。以此告兄，想不怪弟之無聊或過分也。」[3]這時余英時還在學，信中所言是一個老師對學生最高的褒獎與期許了。

記得當年在普林斯頓大學（Princeton University）讀書時，談到《師友雜憶》，余先生說，錢穆動筆時曾告訴他：「我只寫你一句。」這一句便是一九六〇年，錢穆訪問哈佛燕京學社（Harvard-Yenching Institute），親自向任教於哈佛大學的歷史學家賴世和（Edwin Reischauer, 1910-1990）表示對該社長年支持新亞研究所的謝忱。賴世和回答：「哈佛得新亞一余英時，價值勝哈佛贈之上多矣，何言謝。」這時余英時尚未從哈佛畢業。《胡適日記》一九五八年一月十六日有一條記，潛山余協中到紐約拜訪胡適，他告訴胡適，他的兒子余英時在哈佛讀書，「哈佛上上下下都說他有了不得的聰明。」胡適所記得這段對話與錢穆和賴世和的對話約略同時。

余先生一九六二年從哈佛獲得博士，在錢穆與余英時的來往書信中，最常出現的一個主題是：究竟余先生學成之後，應先回中文大學還是繼續留在美國發展。這個問題之所以始終存在，是因為余先生當時是以訪問學者到哈佛，兩年之後才轉為博士生，照新亞規定，他應該於學成之後回香港服務兩年（這也是余先生於一九七三年回新亞書院擔任院長兩年之故）。但是我覺得裡面還有更深刻的學術意涵，即學問發展與所在社群之間的關係，尤其是不同的學術社群與學術問題意識所形成的問題。

錢穆反覆強調，留在美國，只能成一「美國標準的漢學家」，並深感憂慮。在一九六二年的信上說：「即如弟此次（博士）論文，化去精力不少，然最後挑定此題（按：東漢生死觀），由穆懸想，殆不能有重大價值與意義之發現也。」[4]話說得很重，這方面的材料頗多，我覺得牽涉到的問題相當重要，所以錄下幾段。

余先生在《余英時回憶錄》中說，在一九五六年到哈佛不久後，便收到錢穆的信說：「在美固可益研新知，然舊籍邃深，時過而學，則事倍功半。至於他年重謀出國，機緣決不乏，故弟之繼續在國外深造，或先歸益治舊籍，再過數年，重再遠遊，此事得失，各居其半。儘可安心乘運，不必多所計慮也。」[5]余先生在《回憶錄》中說他當時收到此信時深受感動，有意思的是，《余英時回憶錄》英文版在紐約Cambria Press出版時，正是取這一段作為廣告詞。

錢穆的書信集中，有許多對余先生留在美國的憂慮，如「穆所深感不安者，弟若長留彼邦，

---

3 錢穆，〈致余協中函〉民國四十八年十二月二十一日，《素書樓餘瀋》，《錢賓四先生全集》五十三冊，頁二〇七。
4 錢穆，〈致余英時函〉民國五十一年三月一日，《素書樓餘瀋》，《錢賓四先生全集》五十三冊，頁四三八。
5 余英時，《余英時回憶錄》（臺北：允晨出版公司，二〇一八），頁一八。此信亦收入《素書樓餘瀋》，《錢賓四先生全集》五十三冊。

實恐與（於）吾弟學業前途害多利少。因彼邦學術界所要求於弟者，決與國內社會要求不同。弟長處此環境中，縱使一帆風順，身安名遂，究與回國來困心衡慮曲折求達之所得，難乎相提並論。」[6]隔年的另一封信中又說：「抑鄙意為弟學業前途計，實以返港為是。弟有意治中國思想史方面，非在中國社會不斷有真切活潑之刺激，即只有專在書本方面文字方面求啟悟，此終是落了第二義。抑且在美少師友可資切磋，並又寄人籬下，心神不舒，並又不得不求合彼方之需要，最後只成一美國標準之漢學家，於弟前途損失誠大。穆之所顧慮者主要在此。」[7]又如「三日來書奉悉。外人研究漢學，其眼光、興趣、立場、意見終自與國人不同，惟恐熏染過久，終妨深入遠到之前途。穆以往所以屢欲弟歸來者，惟以慮此為要，然國內亦有種種不愉快事，以此躊躇。」[8]上述幾段話，主旨是相近的，「最後只成一美國標準之漢學家」、「外人研究漢學其眼光、興趣、立場、意見終自與國人不同，惟恐熏染過久，終妨深入遠到之前途」，等語更是言之深切。

我覺得這個議題值得再三回味，余先生究竟應該留在西方發展，還是應該回到東方？是錢穆的看法對，還是余先生的抉擇正確？留待讀者諸君判斷。我個人以為，此後余先生與他的老師在學術方面便漸有歧出。二〇〇四年七月，歷史學家張灝（一九三七－二〇二二）告訴我，他於一九五八年首次在哈佛見到余先生時，「余先生是不折不扣的錢派。」

錢穆與余英時的關鍵差異，此處隨舉兩個例子。第一、「經義」是否大於「史義」。錢穆主張史學之中應有一個價值理想的世界統攝一切歷史活動。關於這一點，錢穆在許多地方都有談到，這裡主要是以他和另一位得意門生孫國棟的討論為例。一九六八年，錢穆回覆孫國棟的一封信中，顯然是針對孫國棟早先給他的信中提到「經義」之外尚有「史義」表示異見，信中說：「所論經義之外，更有史義，此意大可商，興衰治亂在史，其所以興衰治亂者不在史而在經、子、集諸部中，望能細誦《（論）語》、《孟（子）》儒家乃及其他諸子以及集部中有重要地位者如韓（愈）、歐（陽修）集等，就史論史眼光太狹，只見利害得失而已，不足以治人，亦不足以治史也。此層極關重要，能從此得悟，庶乎為學、為人，可以百尺竿頭，更進一步也。」[9]對此，孫國棟並不同意，接著再給錢穆一信，其中說到了：「竊以為歷史盛衰之大本大原，固在於經，然而社會組織日繁，演變萬端，亦恐非經義所能概括得了。」[10]在一九七二年，錢穆給孫國棟另一封信中又說：「總之，須

6 錢穆，〈致余英時函〉民國五十年七月七日，《素書樓餘瀋》，《錢賓四先生全集》五十三冊，頁四三六。

7 錢穆，〈致余英時函〉民國五十一年三月一日，《素書樓餘瀋》，《錢賓四先生全集》五十三冊，頁四三八。

8 錢穆，〈致余英時函〉民國五十八年四月十六日，《素書樓餘瀋》，《錢賓四先生全集》五十三冊，頁四五〇。

9 錢穆，〈致孫國棟函〉一九六八年七月二十二日，收入黃浩潮，陸國燊編著，《錢穆先生書信集——為學、做人、親情與師生情懷（香港中文大學新亞書院六十五周年院慶紀念專刊）》（香港：香港中文大學新亞書院，二〇一四），頁一一七。

10 錢穆，〈附孫國棟覆函〉，《錢穆先生書信集》，頁一一八。

先有理想，乃有成敗可言，否則只是敷衍，一切不足道也。」[11]

錢穆堅持經學的「義」或「道」必須統攝、貫穿或穿梭在歷史的研究之中，他不認為在歷史研究的過程中可以任意塑（撰）造史實，但是必須時時有「經」的、「理想」的在筆端，或是評判、或是賦予色彩，而不認為在歷史研究內部，可以發現「史義」。錢穆認為如果沒有「理想」則無成敗可言，一切只是「敷衍」。

但是無論如何，這與一切置身於現代學術社群、服從現代學術紀律，追求客觀的現代史學之間必然有所扞格。我個人以為余先生〈反智論與中國政治傳統——儒道法三家政治思想的分野與匯流〉一文的刊出與前所未有的轟動，多少彰顯出兩代史家的意見之不同。

〈反智論與中國政治傳統〉刊出時極為轟動，即使是當時我這樣的一個高中生也深受震動。[12]多年之後，當時的《聯合報》發行人劉國瑞告訴我，當時僻處外雙溪的錢先生來電，希望他能送一份〈反智論與中國政治傳統〉的剪報給他，應該就是因為〈反智論與中國政治傳統〉一文中，主張儒家後來法家化，外儒內法，歷史上陽儒陰法的時代非常長，在過去二千年中「反智」才是常態，「主智」反而是偏態。這當然與錢穆的主張不同，而且文中對中國歷史的激烈批判，也與錢穆所持的對國史要有「溫情」與「敬意」，有所出入。但是如果我的了解沒錯，錢穆本人對此並沒有什麼表示，不過余先生有一次告訴我，此後錢夫人贈送錢先生新書給余先生時，每每先說一句：「這個你未必同意，不過可以看看！」從這一語之微，似乎多少反映了當時師徒二人意態的出入。

承續上面的討論，余先生未追隨他的老師對中國歷史文化進行種種本質性的斷言。這一方面的斷言，特別在錢穆先生中期以後的著作，如《政學私言》、《湖上閒思錄》、《文化學大義》等書中俯拾即是。

譬如在討論文化問題時，錢穆說：「中國文化已經發展成一個比較完整而健全的系統」、「符合於文化演進之正常軌道」，中國以「道德精神」為文化的最高引導，並可以包含科學，這是健全的文化發展的三層次的格局（生物人→自然人→文化人），西方則只有兩層次（生物人→自然人）。只有中國文化發展出「心世界」，「道德精神」領導的第三層次的世界。

又如講政治哲學時，強調希臘未曾發展出「大群政治」，猶太更是如此，而中國發展出了「大群政治」，是一個了不起的成就。又如《湖上閒思錄》中發揮此思想，反覆強調中國發展出「大群文化傳統」。或是在思想上，認為西方的宗教、哲學等皆大有問題，千言萬語希望中國不要步入西方的「絕境」。西方文化正在大危機之中，而抵擋它的法寶是發揚中國固有的「即理想即實在」、

11 錢穆，〈致孫國棟函〉一九七二年七月四日，《錢穆先生書信集》，頁一四三。

12 記得當時〈中國時報·人間副刊〉主編高信疆先生在羅斯福路的壽爾康餐廳請我吃飯時，不無沮喪地提到，因為聯副分日連載了〈反智論與中國政治傳統〉一文，所以那一年兩個副刊的競爭中，他覺得落了下風。

「如如這這」的哲學。而我很少（或沒有）在余英時先生的著作中看到他呼應上述的觀點。

錢、余治學觀點的出入

從錢穆與余英時在一個學術個案上的切磋，或許可以看出兩人的出入。在一九六〇年錢穆寫給余英時的信中，討論余先生的〈漢魏之際士大夫階級之自覺及其新思潮之關係〉（原題）。寫這一封長信時，錢穆適在耶魯大學（Yale University）作客，信的內容很長，共有十二頁，收於《錢賓四先生全集》五十三冊《素書樓餘瀋》中，詳細內容請讀者自行參閱，我只是想特別提出一點，加以討論。

第一，錢穆在信中指出，余英時文中「羣體自覺」是不是一種「階級意識」？如果是「似與東漢士人精神，稍嫌不貼切。外戚官員與士人之衝突，主要還應注意到士之正義感，儒家之傳統精神。」又說「且以天下為己任」，「即與階級意識之覺醒判然兩事。」又說：「弟謂『當時士羣交際道德意識重於階級意識』。此話極扼要。但既是如此，則所謂羣體自覺，自須更加明確之界說，而當時人所辨之『清濁』，與近代語所謂『上下層』，亦有甚大距離可知」、「所謂『自覺』，本身應有一價值，階級意識自馬克思階級鬥爭之歷史觀言，自有甚大價值，但自不取馬氏歷史觀言者，階級意識根本不當有，此即不得用『自覺』一語。世族賤視寒門，卻不得謂其是一種自覺也。至於個體自覺，則自當別論。因個體確自有其價值所在，與階級門第不當同類視之也。」[13]在另一封信中，錢穆說：「惟弟意似欲以社會史為主而以思想史印證之，此層恐尚須再加深研。鄙意社會變動之影響及於思想，亦如政治變動之影響及於思想，皆有所偏，似當以思想為中心，而以社會政治種種變動印證之似更深切。」[14]

此中的關鍵處是錢穆認為余英時以「階級意識」來想像「士」群，並堅持「士」群有其理想與抱負，而不能等同於「階級自覺」，並認為余先生在考慮「士」這個群體時，忽略了其「理想」與「抱負」。我注意到余英時後來將標題中的「士大夫階級」改為「士」，去掉「階級」且在正文中改用「階層」（stratum）。

我個人直覺猜測，余先生使用「階級」一詞，恐與一九五〇年之前他對馬克思主義史學的熟悉有關，據《余英時回憶錄》所言，當時他對許多左派史學著作非常熟稔，而改為「階層」，一方面

13 錢穆，〈致余英時函〉民國四十九年五月廿八日，《素書樓餘瀋》，《錢賓四先生全集》五十三冊，頁四二三～四二四。

14 錢穆，〈致余英時函〉民國四十八年七月四日，《素書樓餘瀋》，《錢賓四先生全集》五十三冊，頁四一八。

接受了老師的意見，另方面恐怕與在哈佛讀書的幾年間，熟讀對韋伯（Max Weber, 1864-1920）及大力在美國引介韋伯的帕森斯（Talcott Parsons, 1902-1979）著作有關，韋伯既繼承又修正了不少馬克思的理論，其中之一便是以「階層」代替「階級」。

但余先生沒有在這篇長文中太過強調「士」群體的「理想」與「抱負」。陳啟雲（一九三三—二〇二〇）在多年之後批評余先生時認為，中國傳統社會「士農工商」中「士」之所以為四民之首，是因為「士」是功能性的「階層」，不在維護本身或本「階層」的經濟利益，而在其能超越本身或本「階層」的經濟利益，來整合調度各種不同的經濟（生產力）實體（農工商）的利益。「士」具有社會文化功能，而此社會文化力量鞏固一種道義、提升為一種理想，如「仁者愛人」、「公而忘思」、「天下為公」、「大人者以天地萬物為一體」。一但其違反了這道義喪失這個理想，便會失去了這功能，也就失去其存在的價值。所以陳啟雲堅持「儒士」的道義理念和理想是研究漢儒的首要論旨。[15]

而我的推測，余先生在歷史研究時牢守客觀規範，了解「士」的歷史中當然有其理想，但並不是時刻如此、永遠如此，不任意對一個歷史群體或歷史現象本質性的判斷態度，恐怕才是余先生的本旨，而這與余先生當時身處西方學術界的治史態度分不開。錢穆過世之時，我正在普林斯頓大學讀書，記得在一個秋日的午後，余先生說，「錢穆代表『士』出發的史觀」（大意如此）。這個簡短的對話，即印證了上述的差異。

當然，錢穆與余英時的通信中還有許多有價值的觀點，值得進一步注意。譬如在一九五八年的信中說：「吾人發意志學，當於自己有一終身計畫，並於一時代有五十年、一百年以上之遠大眼光。」[16]又如一九五七年，余先生為暑期撰文的題目，向錢穆有所請教，余先生本來大概想寫晚清今文家的問題，但錢穆的指導是：「私意專以晚清經世思想與當時政治社會之關係為題似較妥，至於今文學運動，只是文中關聯之一項目而已，因有經世思想才轉入今文學運動，此項運動並不能包括經世思想之全部。」[17]

從余先生這一面說，余先生對乃師錢穆的為人與學問風格，在《猶記風鱗水上飄》、《回憶錄》及〈《國史大綱》發微〉中已經說了不少，請讀者參看，此處僅摘其一二。

在〈錢穆與新儒學〉中，余先生強調錢穆不立門戶，沒有做「大教主」的心態。他認為錢穆「一生為故國招魂」，強調從歷史上尋找中國文化精神，強調「中國文化的獨特系統」，對中國文化傳統的生命力抱持無比信心。認為錢氏在學問上兼「通」與「專」，「以通馭專」，講究「貫通」。余先生尤其強調錢穆的治學態度與五四人物也有相通之處，但他雖接受科學精神，卻不接受「科學主

---

15 參見陳啟雲，〈漢儒與王莽：評述西方漢學界的幾項研究〉，《史學集刊》第一期（二〇一七年一月），頁五七～七六。

16 錢穆，〈致余英時函〉，《素書樓餘瀋》，《錢賓四先生全集》五十三冊，頁四一三。

17 錢穆，〈致余英時函〉，《素書樓餘瀋》，《錢賓四先生全集》五十三冊，頁四〇七。

義」。在〈《國史大綱》發微——從內在結構到外在影響〉中，余先生則特別以《國史大綱》為例，提出錢書中上、中、下「三層」結構論，也就是錢穆在給嚴耕望的信中所自道的「拙著側重上面政治，更重制度方面，下面社會更重經濟方面。中國注重士人參政，於歷代選舉考試制度及時代士風，頗亦注意。」（上冊，頁一九）余先生指出，《國史大綱》原始材料包羅萬象，但經系統性處理，以密切配合全書「三層結構」的構想，建立了一個通貫全史的大架構，通過它，不但使得中國歷史的整體動態豁然呈露，而且時代變化的特徵也被一一抉發出來，而且往往用一、兩句話便能概括出時代的動向。（上冊，頁二二）

除了上述之外，我依稀記得在二〇〇〇年代，余先生曾兩度對我提及郭店楚簡中老子簡的年代問題。我當時並未了解這兩次談話的意義，後來才慢慢意會過來，這是針對著錢穆先生老子（前五七一—前四七一）晚出而發的。錢穆認為老子不但晚於孔子，而且到了後來甚至推遲到秦漢之前不久，說：「惟主老子書猶當出莊子惠施公孫龍之後。」[18]一般認為公孫龍的生卒年是西元前三二五—二五〇年，而錢穆推測老子書在西元前二三〇年之後。錢穆對這個創發非常看重，在《先秦諸子繫年》、《莊老通辨》乃至與友人論學書信中一再言及。如他在一九五七年給余英時信上說：「莊先老後，竊謂得吾書而可資論定矣。《莊老通辨》別闢一考據途徑，為前賢所未窺。」[19]一九五八年錢穆致楊聯陞函：「惟《諸子繫年》貢獻實大，最為私心所愜。《國史大綱》亦足開一規模而已，只《繫年》一書始可真與古人相擬。」[20]可見他對《繫年》一書的看重，而對《莊老通辨》中老子年代的斷定也非常自信。當他得知嚴靈峰（一九〇四－一九九九）對《莊老通辨》〈自序〉有所駁難時，在給徐復觀（一九〇四－一九八二）的信中便說：「惟弟對此問題，則暫不擬有所答辯。因最好之答辯應已包蘊在拙著之內，其更有力之答辯則為《莊》、《老》原書。」又說：「閻百詩《尚書古文疏證》豈不已成為學術界定論？然清代討論此問題者，直綿歷至同、光之世，不僅西河毛氏一人持異見也。」[21]然而一九九五年十月出土的郭店楚簡，其中便有《老子》甲乙丙三篇。郭店楚簡的年代約為西元前三百年左右，目前學界雖然仍有認為老子晚出的，此處不一一詳引，但依我所知，包括裘錫圭在內，一般傾向於相信唐蘭（一九〇一－一九七九）在一九三〇年代所寫的〈老子時代新考〉，認為《老子》形成年代大約是戰國早期是公元前五世紀中葉或稍晚一些，[22]這個論斷與錢穆的推論相差甚長。不過郭店楚簡出土時，錢穆已經過世，來不及對此有所討論了。

18 錢穆，〈自序〉，《莊老通辨》（臺北：三民書局，一九七一），頁三。
19 錢穆，〈致余英時書〉民國四十六年四月十三日，《素書樓餘瀋》，《錢賓四先生全集》五十三冊，頁四〇七。
20 錢穆，〈致余英時書〉民國四十七年三月十九日，《素書樓餘瀋》，《錢賓四先生全集》五十三冊，頁四一三。
21 錢穆，〈致徐復觀書〉民國四十六年十七日，《素書樓餘瀋》，《錢賓四先生全集》五十三冊，頁三七二。
22 裘錫圭，〈郭店《老子》簡初探〉，《老子今研》（上海：中西書局，二〇二一），頁一二～一七。

大概是一九九〇年末，余先生回臺灣開會，我當時正從普林斯頓大學回到臺灣，訪查博士論文的史料，曾去圓山飯店看望他，當時錢穆先生過世不久，余先生隨手用飯店的便箋把他的悼詩抄下給我（如附圖），這也是我手上唯一一件余先生手寫的詩。

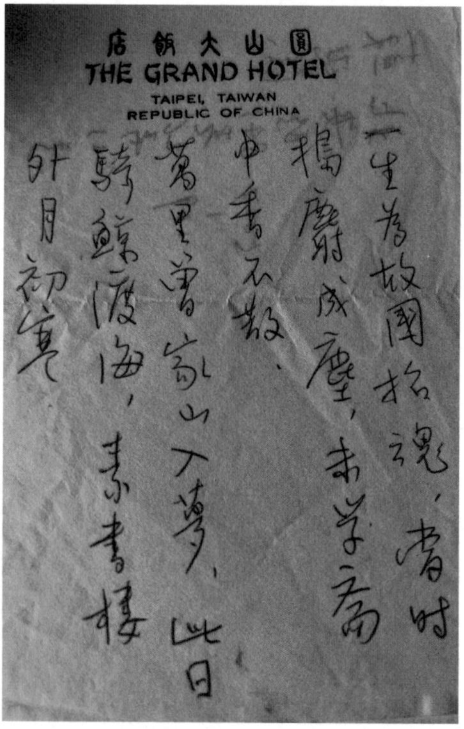

最後，我想簡短作個結束。錢穆與余英時是兩代人，是兩位取向不完全相同的大師，錢穆仍然以道自任，認為「經學」、「理學」應涵攝歷史，而余英時這一代史學是史學，不能就理想的，而只能就現實的講歷史，不再有以經學、理學涵括歷史的想法。此外，余先生置身於西方學術社群中，受到這個學術社群的規範或束縛，這與錢穆所處的環境並不完全相同，但余先生對他的老師始終禮敬。他經常說錢穆先生雙目炯炯，是極聰明之人。記得二〇一七年，我回普林斯頓大學客座時，余老師剛寫完《國史大綱》的《導讀》，他鄭重地告訴我：「我的老師（錢穆）放在任何文明都是第一流人物。」

貳

國史大綱的歷史世界

- 從文獻中抽繹時代精神——《國史大綱》的上古史／高震寰
- 大時代的氣運盛衰——《國史大綱》的中古史／傅揚
- 立基於社會治理——《國史大綱》中古代至中古的宗教／許凱翔
- 以政治為走向的書寫——《國史大綱》的宋元史／鄭丞良
- 專制下的經濟與學術——《國史大綱》中的明清史／丘文豪

從文獻中抽繹時代精神

《國史大綱》的上古史

高震寰／中央研究院歷史語言研究所助研究員

眾所周知，錢穆的《國史大綱》以超卓的學識與系統性觀點，建構起體大思精的一家之言。雖然是一九四〇年的作品，至今也還是中國史教學與研究會閱讀甚至引用的著作。其學術上的價值，此前已不乏專家講解。例如新版《國史大綱》所收錄余英時的〈《國史大綱》發微——從內在結構到外在影響〉，以深厚的學識，及其與錢穆的互動經驗，對《國史大綱》進行了深入剖析。若想知道《國史大綱》整體上的學術價值，只要閱讀該篇就能大體明白。

個人求學時期雖然也拜讀不少錢穆的作品，但坦白說，並沒有專門研究過錢穆思想。故在學識以及對錢穆的認識上，不可能及得上余英時或其他專門研究的學者。我所能提供的，首先是作為一個讀者，分享自己接觸與研讀《國史大綱》的經驗，呈現較年輕輩的學者在成長過程中可能是如何接觸與看待《國史大綱》。其次，作為一個秦漢史研究者，分享一些讀《國史大綱》上古史的粗淺心得與意見。並透過與較新上古史研究的比較，談談《國史大綱》的上古史在今日的價值。最後，藉由本次重溫《國史大綱》的機會，我也稍微思考了目前中國上古史研究的問題與方向。

像《國史大綱》這樣的經典，隨著讀者成長經歷的不同，甚至同一人在不同階段，也可能會讀出不同的滋味。故我的看法可能很多專家學者不一定同意，我也沒有要求大家「應該這樣看待《國史大綱》」的想法，只是提供自己的閱讀經驗。實際上該如何評價《國史大綱》這部經典之作，最終還是要請讀者們自己去品評。

我與《國史大綱》的接觸

個人第一次接觸到《國史大綱》，約莫是升高中三年級的時候。在那之前，因閱讀了市面上《資治通鑑》的白話簡易版，還有《萬曆十五年》等作品，對中國歷史起了興趣，在高三時期，我已幻想做一名歷史學家了。父親了解我的生涯期待後，於是建議我讀《國史大綱》，在他的認識中，這是大學文史科系人手一本的基本用書。

初讀《國史大綱》，坦白說相當吃力。因為高中生缺乏各朝制度、考古資料的背景知識，而《國史大綱》是將眾多史料濃縮為幾句精華的厚重作品。這部書分為三層次，有大字的「綱」，以及「綱」下分析所據史料的「目」，並在「目」下還有進一步說明的「夾註」。對高中時期的我來說，就連最大字的「綱」，也讀得懵懵懂懂，更遑論讀「目」與夾註。在歷經數個月艱困地閱讀，勉強將書翻完後。與其說得到了什麼歷史認識，更多的或許是「歷史這門科目沒有原先想的那麼簡單」的震撼感。

讓當時的我有點意外的是，進入大學後，使用《國史大綱》教學的課程並不多。這可能與歷史學這門科目逐漸分科、專業化有關。和我父親的時代不同，隨著出土史料的增加，每種史料與其斷代都逐漸發展出獨特的研究辦法與問題意識，故僅僅依靠《國史大綱》來教學是不可能的。事實上，要只依靠任何一種中國通史來教學都不可能，《國史大綱》已經是我在課程中比較常碰到的通史著作。

我再度認真閱讀《國史大綱》，是在大學四年級預備考研究所時。不同於各個斷代或專題式的課程，研究所的考試範圍難以預期，是古今中外歷史的全方面考驗。因此，像《國史大綱》這樣整合性的著作，對考生來說忽然變得相當重要。相較於高中挫敗地閱讀體驗，大學四年級的我已經粗具各時代的基本背景知識，比較能充分地掌握「綱」，並有一定程度的讀懂「目」，乃至於夾註的價值。但是，和其他通史類著作相較，總能感覺到《國史大綱》還是比較艱澀難讀。

當時考生常閱讀的通史性著作除了《國史大綱》外，尚有各由傅樂成、甘懷真，以及由伊藤道治（一九二五—二〇一六）等日本學者撰寫的三部《中國通史》。如果略作比較的話，這三部作品以為教學目的或面向大眾的傾向，相較於《國史大綱》更強烈。他們的內容，較多為史實鋪述與研究成果介述。即便有一些歷史理論，也大多都是被學界公認的內容，用以輔助讀者理解重點，並無表現獨特觀點的目的。相對來說，比較沒有「成一家之言」的意思。對於急欲複習中國各時代重點的考生來講，這三部《中國通史》因比《國史大綱》更容易掌握而受到歡迎。

《國史大綱》雖也有面向和教育國民的企圖，但由於其許多立論已不僅是史實鋪述，而具有專業學術研究的層次。特色是在「綱」簡單描述後，藉由「目」來解釋其史料的根據。幾乎是將一篇論文凝縮於一頁中的綱目之間，使本書的寥寥數語，往往可以刺激出其後學者更精密地研究。而每一篇又在這些綱、目基礎之上，成一更大的解釋系統，形成以紮實研究為後盾的一套「一家之言」。沒有一定史料與二手研究基礎的讀者很難吸收。但正由於其具有學術觀點的意義，在研究的考古題中也能見到詢問對其觀點有何看法的考題。因此雖然較難讀懂，考生們也不敢偏廢。

如果稍微比較這些通史類著作。新興的中國通史，比起論述「中國這個國家的歷史」，可能會更側重「中國作為世界文明形成的一部分」的角度。尤其日本學者的著作，由於其東亞史的關懷，重視中國與域外的連動發展，想呈現一個多元複雜的東亞世界之發展。

與此相對，《國史大綱》比較強調中國發展為一個整體的內在理路，企圖描述近現代中國成為一個民族國家的歷史基礎。近來和錢穆角度較相近的通史著作，可能是許倬雲的《萬古江河》。不過，許倬雲的著作，論述了更多各時代經濟、社會層面的條件，諸如禮器的形制、作物的種類、人口移動、宗教、技術，還有生活習俗等。同時也不忘與同時代的羅馬、大食等國家比較，觀察的視角更加多元。且在描述中國如何凝成一共同體時，也非常重視各時代的中國史在人類文明中所處的位置。

比起綜合所有因子來描述歷史發展，《國史大綱》緊抓著文化精神來評價政權的興衰與歷史的推進。對於制度發展或歷史事件，大體看它背後所表現的精神來給予評價。認為文化的興衰，與其時代精神上的積極進取或糜爛相關。這種獨特的視角，大約即〈書成自記〉中所謂「體」，使《國史大綱》在解釋制度或事件上，都有作為一方代表性意見的價值。

就現在角度來看，《國史大綱》專門注重文化精神的觀察，可能會被認為不夠多元。但要以一部中國通史就交代完中國史的方方面面，本來就不可能。在我看來，讓《國史大綱》成為經典之作的原因之一，正由於它以一種視角貫串整部作品，對整個中國的歷史給出了獨特的詮釋。也因此，它除了自己本身的立論具有一方的代表性外，也啟發了其後很多研究。直到現在，我閱讀不同時代的史學著作時，有時還可以看到《國史大綱》的影子。雖然其中也不乏持反對或批評態度者，但八十多年前的作品，仍有足夠分量在學術研究作為一代表性意見，實屬難能。

應當注意的是，《國史大綱》的詮釋之所以影響力極大，並非由於迎合了大眾的口味，而是立基在史料分析之上。這是使它作為中國通史特別難讀的原因，卻也是其價值所在。與先射箭再畫靶的膚淺愛國宣傳不同，《國史大綱》雖然也帶有對本國文化的情感，卻是一部下了極大工夫的學術作品。即便是對中國文化沒有特別情感者，仍然可以從中得到學術上的好處。這就是它在今日仍有閱讀和討論價值的原因。

錢穆在引論時曾批評當時「革新派」治史雖風靡全國，但怠於問材料，於史實往往一無所知。其出於臆測的系統宛如空中閣樓，只是借歷史口號為現實之工具。類似的情況，一直到現在也還存在。同時，讀者對於歷史，出於不了解或不耐煩，而以一種虛無主義全加否定的情況也不在少數。

各領域學者所能採取的一種態度，是不受一時風氣之鼓動，認真地研究，為後來願意探求真相者留下線索。對於歷史學者來說，歷史必須要立基於史料，不是想怎麼解釋就怎麼解釋。就如同一顆蘋果，你可以從各種角度來描述它的顏色與形狀，但終究不能說它是一顆橘子。每個學者當然都有自己的意識形態，可能導致觀察角度的差異，但最後必須要立基於證據來講話。雖然可能沒有東西是真正不朽的，但用心而嚴謹的學術作品，比迎合一時風氣的事物有更長久的生命力。這是《國史大綱》在學術成就之外，帶給我的啟發。

錢穆書寫的上古史

中國上古史的粗略範圍，大致是從史前新石器時代開始，以東漢的滅亡為結束。我個人的研究以秦漢史為主，而我在這篇關於《國史大綱》的上古史文章中，也體現了這種認識。我會盡可能圍繞著《國史大綱》的論述，補充一些在這部作品成書之後新增的史料與研究概況。但因為各時期都有各自專門的史料與課題，史學界對這段時期的分工其實很細密。以我有限的學力，恐難掌握得面面俱到。

談中國上古史的一個問題，首先在於其範圍內包括了沒有文字的史前時期。現在對於史前時期的研究，大體上是立基於考古史料，包括遺址、墓葬，及其中的器物之器形、組合，來進行考古學文化的分類與分期。由於完全立基於考古資料，這些令人佩服的研究所展示的，很大程度是人類文化面的發展。這種考古學文化面向的研究，和進入文字時期後，普遍按殷、周、秦、漢為中國史研究框架的習慣與問題意識有些不同。

舉例來說，對於新舊石器時代遺址研究，關心的問題中包括農業的起源與發展、器物生產方式與內容、階級分化的跡象，戰爭的有無與進行方式等。這些是對中國以外的人類文明史也有重大價值的課題，不過中國通史的問題核心，一般還是基於「中國為什麼變成現在這樣」的關懷來思考。所以，這些史前材料要如何融入這個問題，變成一個撰寫上的難題。因為在史前時代，「中國」這個概念，就算是作為文化核心區的意思，恐怕都還沒有形成。

在《國史大綱》的撰寫時代，基本上是從「在黃河流域尋找中華文明根源」這種思路考古與解釋材料，同時發掘也還有限。因此，《國史大綱》只在開頭稍微提了一些考古發現，諸如北京人、藍田人。而遺址上，仍只有仰韶到龍山一系的描述，其他地區雖有材料，卻不太提。接著便提到殷墟，認定為仰韶、龍山之後。以現在更豐富的材料來看，這部分可以談得更多。但由於《國史大綱》撰寫時的資料還不夠，其重點擺在其後的「傳說神話之審定」。

在談神話上，錢穆反對當時胡亂疑古的風氣，強調神話對認識古史有一定幫助。不過也很警覺神話有渲染、溢美的成分，所以他雖然從唐、虞時代講起，但主張當時不可能像《尚書》講得那般美盛。堯、舜的禪讓，反映的是一種部落的君位推選，經後人傳述理想化。這種試圖排除神話中過於理想化的部分，並給予符合人類發展階段的解讀方式，基本上奠定了我們對神話的態度，即便現在也具有啟發性。不過，其中對於夏族活動區域的判斷，是根據文獻推導而來。現在的學者大概不敢如此推定。

現在談中國史前史，由於考古資料眾多，基本以考古史料為主，神話為輔甚至不談。藍田人等史前直立人，究竟與現代智人有無傳承關係，爭議不小。目前較主流的觀點認為，所有現代智人都是在非洲演化，並於距今七萬年前左右自非洲遷徙出來，取代了各地的原始人屬物種。故這些直立人的遺骸未必能像《國史大綱》所言，代表現代中國人的祖先。

若撇開非智人的材料，只考慮新石器時代的遺址。中國史前時期的狀況，考古學家蘇秉琦（一九〇九—一九九七）曾打了一個「滿天星斗」的比喻。即當時現代中國範圍內的文化是分區的，每個區都有自己的傳統與譜系，故文化的演進是多元進行，他將之分為六大區系。現在隨著納入材料的增加，與判定標準不同，學者間有分得更粗或更細的意見。

這些文化圈之間有互相交流的痕跡，所以張光直（一九三一—二〇〇一）曾提出「相互作用圈」，可是似乎還沒有形成一個明顯的中心。除了中原地帶的仰韶、龍山外，山東的大汶口、東北部的紅山，巴蜀的寶墩，兩湖區域的大溪、屈家嶺—石家河文化，還有長江下游的良渚等，在很長的時間內，各文化圈的發展都互有長短，看不太出來哪一個最為先進，或成為諸文化圈的中心。

那麼，要怎麼解釋後來「中國」的出現呢？對此，嚴文明曾提出「重瓣花朵」來強調中原地區雖然文化上還沒有特別先進，但在地理上具有吸收各地文化的優越性；費孝通（一九一〇—二〇〇五）也提出了「多元一體」的格局，多少都有回答「中國」如何在「滿天星斗」之後出現的意思。但由於各地考古學研究都還繼續發掘出新的材料，這段歷史該如何書寫，還充滿著不確定性。

真正將考古遺址與「中國」結合得比較緊密的，大概是二里頭遺址。這是一個石器時代末轉向青銅時代的過渡期遺址，時代約在西元前一八〇〇—一五〇〇左右（距今三千八百到三千五百年）。在規模上相當巨大，包括了兩座宮殿遺址，以及城市幹道、青銅樂器與兵器、青銅作坊等。其先進的文化表現似展現出作為中心的態勢，故考古學者許宏稱之為「最早的中國」。且由於其時間點與區域與傳說中的夏代相近，因此被鄒衡（一九二七—二〇〇五）等學者認定可能與夏都有關。但由於難以驗證，多數考古學者還對此持保留態度。同時二里頭的一、二期在考古學文化表現上，比較接近河南龍山文化，但三、四期卻接近二里崗早商文化。即便在肯定二里頭為夏文化的學者中，到底哪幾期是夏文化也有爭議。

另一方面，近年公布，在二里頭之前有巨大、先進文化表現之遺址，尚有山西具有宮殿、城牆，以及疑似文字及觀象臺遺存的陶寺（距今約四千三百到三千九百年）；以及陝西北部，具有石構城牆、馬面與角樓的石峁遺址（距今約四千三百到三千八百年）。要論夏都的話，它們也都是有力候選，某種程度上也動搖了二里頭作為「最早的中國」之地位。因此雖然可以確定在殷之前，肯定已經有比較成熟的國家，但那是否就是夏，或哪一個是夏，甚至它們的發展是否如神話傳說所言，都還有很大的討論空間。

岩波書店在二〇一九年所出版的最新中國通史中，渡邊信一郎仍將二里頭視為「中原」的原型。不過這些遺址和文獻中所記載的三代傳說，甚至夏、商之間的關係，大概還是只能存疑。同時，近年郭靜雲提出別開生面的解釋，主張神話的發源地在長江中游的江漢平原，後來被北方具馬車技術，並逐次征服南方的殷商王族借為自己的歷史。這個解釋引起巨大爭論，目前暫未得到考古學者的一致認同，卻也反映了考古史料與神話傳說的裂隙間，還有很多空白與不確定。杜正勝在論述早期國家時，不硬性地將遺址與傳說接合，但強調遺址顯示的時代進程，與各期傳說有一定程度的對應，或許是現階段比較保險的做法。

脫離史前時代，進入殷商的部分，開始有甲骨可以憑據。對此《國史大綱》也引王國維研究，強調《史記》的世系可信。並對夏商關係採取了「夏作為強武的上游民族征服下游之商，後染其驕佚之習氣，而為其顛覆」的推斷。這大概是綜合文獻對夏君王的記載，以及後來周人東征的歷史回推的。不過就考古學來說，目前還很難驗證商的早期活動區域，及其與夏（如果存在的話）的關係。胡厚宣（一九一一—一九九五）的《殷商史》判斷，考古學遺址上，商代早期有鄭州商城、偃師商城為代表；中期以洹北商城為代表，晚期則以殷墟為代表。其中鄭州與偃師商城哪一個是文獻中所說商早期的亳都，或者到底有沒有一個固定的亳都，目前似未達成共識。而商人早期似乎有頻繁遷徙的習慣，其原因有游牧、追尋戰爭、青銅礦源，或維持聯盟等諸多說法，也沒有一個定論。

殷商晚期，以殷墟和甲骨為中心的歷史，有很多細緻的專業研究。據林澐的說法，可如此總結來看，甲骨中的商，接近一個方國聯盟的領袖，商王通過軍事討伐，脅迫其他方國加入聯盟，對自己行納貢或軍事支援義務。並透過作為盟主取得的資源，繼續攻擊並脅迫更多方國加入自己的聯盟，以擴大勢力。商王對自己的屬國，除了軍事以外，可能也有親疏不等的政治影響力。當時並不只有商王有這種聯盟，與商敵對的勢力可能也有類似的結構。

從甲骨看，武丁時期似乎發動了大量的戰爭。在那之後，本來作為主要對手之一的土方也不再被提到，可能反映對其已有效壓制，同時商的擴張戰爭似乎到其滅亡前都還持續。因此，《國史大綱》將商人描述為文弱，文化優美，耽於理想，可能跟近來研究給人的印象有些差距。當然不是說一定誰對誰錯，也有可能只是描述的面向不同。只能說隨著出土史料的增多，有些話反而不敢講得那麼肯定。

相對於殷商以前歷史的不確定，《國史大綱》對殷周關係的描述，直到現在，也有很高的參考價值。如錢穆提到周人滅殷前，已奉殷為共主，這個認識到現在也沒什麼變化。考古學的資料也顯示，周人原本是徘徊在游牧與農耕之間，比較落後的族群。似乎是臣服於商後，在文化上多方學習，才逐漸成規模。楊寬（一九一四－二〇〇五）指出，周的青銅文化主要是繼承商代。在鼎、簋等禮器，與戈矛等兵器上，都沿用商而略有改進。這可能也和周滅商後，掠奪商之重器，並遷徙其工匠，故繼承其風格有關。但綜合所有資料，應當可以認定周是在臣服於商的過程中學習並壯大。如杜正勝指出，周人牧野誓師，打著恢復秩序的大旗拉攏殷商氏族長，不自視為侵略殷商之外族。從金文來看，周對許多殷遺民家族也採親近與懷柔策略。對當時大多數殷遺或親殷國家來說，周滅殷可能只是換了一個聯盟共主，他們原本就是同一秩序下的成員。

《國史大綱》對周初封建的描述，提到周武王（前一〇七六－前一〇四三）滅紂後，不能徹底鏟除殷的勢力，而設三監為第一期封建。武王崩後，武庚與三監同叛，殷王朝之勢力一時俱起，於是有周公東征，重定封國，設魯、齊、蔡等國以抱殷宋，為二次封建。又說西周的封建，乃一種侵略式的武裝移民與軍事佔領，與後世統一政府封建為一種政區分割不同。還有西周的經營，大多向東南而不向西北。這些論述，大多為其後的學者繼承發展。雖然在資料上有大量擴充，論述也較精熟，但大方向上與《國史大綱》相合。

惟在論述犬戎地望上，錢穆認為犬戎在東南不在西北，否則犬戎無緣越周合申。不過，如其論述春秋的章節將提到，當時諸夏與戎狄，其實只是文化上的界線。也可能如許倬雲所言，周人對西北主要採防守，而負責守衛的申、秦都與戎狄有婚姻關係；透過這種結合之力量守住西線。犬戎等戎狄可能還是從西方來，但和西晉時的五胡一樣，已深入內地，以此能與申聯合襲殺幽王於驪山。

還可以補充的是，西周社會的發展，由於其後考古資料的增多，有較以往更深的認識，利用器形和紋飾來探討分期或禮制發展的研究也不少。許多研究利用青銅銘文，評估土地交換，以及各氏族婚姻、勢力消長，乃至官僚組織、國家形態等方面的研究，較著名的材料像是散氏盤、裘衛鼎、盉等。西周中末期的土地糾紛，常被視為王畿內的矛盾激化，以及封建殖民的重點，從周初分封人轉為對土地佔有的一種表徵。

在諸多青銅器個案研究之上，借重西方城邦來解釋西周國家形態的城邦說，近來也受到挑戰。例如李峰提出「權力代理的親族邑制國家」，來描述周人兩次東伐後，逐漸完成由「五邑」為代表的諸邑，及成周所構成的網狀統治。強調「邑」並非像城邦那般為獨立的政治實體，而是通過對周王的效忠與其他的「邑」聯繫在一起；一直到春秋以前都缺乏獨立的官僚機構。整體上，對西周的探討，基於考古的新資料，變得越來越精細。不過整體上，並未與《國史大綱》嚴重衝突。

春秋時期，由於已經有《春秋》、《左傳》等文獻資料，描述可以比較肯定了，但要從文獻中抓出這個時代的主軸，仍然是一件需要廣博學識與眼光的事情。對此，《國史大綱》提出的主軸是，平王東遷後，諸夏面對各國的內亂與相互兼併，同時與戎狄的衝突也加劇。其中最大的威脅，為北方的戎狄，與南方的楚。為了應對這些威脅，而有齊桓（？—前六四三）、晉文（前六七一—前六二八）之霸政。而霸政衰微後，各國大夫執政，乃至篡位，遂成戰國之勢。這些論述常被後續研究繼承發展，例如杜正勝《周代城邦》在描述齊桓公霸政背景時，便引用了《國史大綱》。

可以補充的考古資料方面，春秋青銅器銘文似乎從記錄軍事活動、賞賜、冊命等內容，轉向追孝、饋贈或媵器。故研究也比較偏向探討各國之間的聯姻與交往情況。如陳昭容指出，夾在晉、楚之間的陳、蔡與漢淮諸國，春秋早期多與北方來往，極少與楚往來。但到了春秋中晚期，出現不少漢淮各國與楚國的婚姻記錄。這點與《國史大綱》所觀察到，楚國對諸夏由侵略轉向參與的趨勢相同。

至於考古資料與《左傳》的對應上，近來基於對曾國青銅器銘文追溯其先祖為南公適（括）的內容，基本確認出土於隨州青銅銘文上的「曾」國，應該就是《左傳》中的姬姓隨國。「曾」可能是他們受封的正式國名，各國稱其為「隨」，或許是基於其都邑所在的稱呼。隨國在《左傳》中被描述為漢東之國中最大的，因此考古學所透露其與楚的交往，在認識漢陽諸姬的命運上具有一定代表性。各地青銅器銘文與墓葬，為本期各地諸侯國的交往與發展情況提供了線索。不過，就觀察春秋時期整體的政治趨勢來說，似乎沒有能取代《左傳》等傳統文獻重要性的史料。因此，《國史大綱》對本時期的論述，仍有很高參考價值。

在春秋一節，我認為還應該注意《國史大綱》對春秋貴族文化的讚揚。錢穆認為春秋貴族文化「到春秋而發展到它的最高點」，表現在對宗教有一種開明合理的見解，在國際間大體重和平、守信義，在戰爭時猶不失重人道、講禮貌，外交上文雅風流等特質。在這個評價之上，他認為戰國的上層政治「只是些殺伐戰爭，詭譎欺騙，粗糙暴戾，代表墮落的貴族」。至於下層民間社會的學術思想，也是「沿襲春秋時代貴族的舊生計」、「精神命脈，一氣相通」，將戰國民間學術視為對春秋貴族學的繼承。我想比起對史實的敘述，這些評價更能反映《國史大綱》的「體」，即將描述的重點擺在每個時代的精神文化及其承擔者，作為評價時代優劣的基礎。這部分在論述殷周以前的歷史時，由於史料難徵，比較難以發揮。但在春秋以下，相關的論述與評價就多了起來。這是我認為貫穿全書的重要觀點，雖然今人對這類評價不一定都同意，但對其的引用與批判，正是這本書到現在還有生命力的證明。

戰國時期的歷史，如錢穆所言，由於秦火焚燬各國史料，司馬遷只能根據秦記表六國時事。而記有戰國史料的《戰國策》、《呂氏春秋》等著作，雖然內容很多，但目的不是記錄史事，如楊寬《戰國史》所言，有年代混亂、真偽混雜的問題。同時，這又是一個在經濟生產、軍事、行政技術、學術思想等方面，都有劇烈變動的時期。就描整體時代發展來說，很難抓出一個明快的主軸。

《國史大綱》的策略，是先將諸國的爭霸過程粗分為四期，然後就宗法封建轉向郡縣制的新軍國，及民間學術的發展兩方面來論述。就以「文化精神」為重點來說，確實有把握住本時期的重要發展。楊寬《戰國史》在鑄鐵技術的發展上，論述了《國史大綱》比較少談的技術發展層面，體現其後史學界對於個時期社會生活、經濟、技術層面的益發重視。不過，各國政治體制的變動，以及學術思想，仍然是今日論述戰國史不可避開的兩個領域。

在論述這兩大領域上，《國史大綱》的重點是強調貴族轉向平民。如郡縣制的發展，首先提到官吏承擔者由宗法封建制下具血親之貴族，轉向無親緣關係的賢人。其次論述土地制度的變化，從井田制轉為認田不認人的「履畝而稅」，從此開啟民間土地的自由買賣與兼併。再次談及軍隊組成中，農民軍隊的興起。從貴族為戰士，到戰士為貴族。最後談到工商業都市的發展，以及貨幣的使用，使商賈、軍人代貴族而興。這些制度與經濟的鋪墊要帶出的，即本節文末所言「更重要的，則為民間自由學術的興起」，這再次體現「精神文化」的承擔者與其思想內容，才是本書的核心關懷。即便如此，本書對郡縣制的論述，也不是隨便進行的。像是本書立基於文獻史料對「井田制」的解讀，不拘於「八家共一井」的說法，將重點放在由公家劃定的小塊田地，解放為成片土地的大規模開發，至今也是井田制研究中常常被引用的一種代表性觀點。

第六章〈民間自由學術之興起〉，嘗試解釋學術的下移。錢穆認為，春秋的貴族學術，本來是宗法封建貴族為維護秩序而定的學問，即「禮」。但其後貴族奢僭，出現了許多「不知禮」的貴族，而貴族墮落的過程中，知禮者往往在下，不知禮、無學問的卻在上，於是王官之學流散民間，成為百家。這個說法與《漢書》〈藝文志〉對九流十家都推估了一個王官的源頭相關，諸子出不出於王官，在當時就有正反意見。錢穆可能因主張不盲目疑古，故此處仍然採行這種說法。現代學者可能會覺得，諸子百家中本來就有沿襲跟回應時代兩部分，所以爭論諸子出不出於王官，本身就是一個太簡化的命題。不過對當時學者來說，這可能具有表現學術態度的意義。

先秦學術思想是錢穆極擅長的領域。不過，《國史大綱》倒沒有因此就偏題去多談，仍講得很精要。其主軸，首先放在孔子在政治上的失敗，以及在教育上的巨大影響，認為從孔子的影響下，激發出墨子（前四六八—前三七六）。儒家與墨家，分別從比較溫和和激烈的角度，來反對當時的貴族。而戰國以下學派，基本不出這兩家的範圍。在錢穆看來，儒家的積極繼承者是法家，其用意是把貴族階級的上下秩序重新建立。但隨著游仕勢力與地位的提高，他們開始將精力放在鑽研結黨與保持祿位，以成「縱橫」之局。在士氣高漲，而貴族養賢的極端風氣下，到了戰國末年，乃有反游仕、反文學之思想。其所舉的三個代表性的思想，是老子、荀子（前三一六—前二三七）、韓非（前二八一—前二三三）。

應當補充的是，老子思想的年代，在當時已有不小爭論。錢穆以其思想特徵符合戰國末年時代背景著眼，將之排在莊子（前三六九—前二八六）之後，是他很著名的意見。不過，現在由於基於考古器物與器形，定年為戰國中期偏晚的郭店楚簡中，出土了較早版本的《老子》。據此，《老子》最初版本的撰寫與流傳，當在戰國中期以前，故錢穆將老子排在戰國晚期的意見，可能無法成立。另一方面，郭店楚簡版本中，在「絕智棄辯」等處與今本「絕聖棄智」有若干不同，讓人懷疑《老子》可能在流傳過程中經過修改。因此，現在考慮諸子學派問題，除了思想特徵外，也必須注意各種版本與內容之複雜變化。

儘管對老子時代的判斷可能太晚，但《國史大綱》對整體思想變化趨勢的論斷，有其基於《先秦諸子繫年》的考證為根底，倒也不宜因小廢大。只是必須注意，由於近年出土的戰國典籍簡眾多，這個領域正受到新材料與方法上的衝擊。

最後，談談秦漢的部分。秦漢是中國第一個帝制時期，如《國史大綱》所強調，確立了中國之版圖、民族、政治制度，以及學術思想。這些如果就細部來講，自然都還有可深究的餘地，但說秦漢基本奠定了現代中國的規模，應該沒什麼問題。緣此《國史大綱》也耗費了比前面時代更多的篇幅來講述秦漢時期。

由於《國史大綱》具有追溯現代中國如何形成民族國家的關懷，所以其立論，常向著「中國必然走向統一集權政府」的結論走。故有些對統一不利的因子，會被視為「反動」，好像有一種這些因素讓歷史倒退的味道。錢穆在秦到西漢部分，常以這個標準來評斷政治與制度，以消滅「反動」因子，來描述歷史的前進。

今日大概不會採用這種論述方式，這不僅僅是因為學者政治態度轉變那麼簡單，而是學界不再預設某種目標才是歷史前進的正確方向。同時，某些被視為不利於統一的因子，經過細究，往往也會發現有其不得不然的必要性。但是，撇開這種理論預設不同的差異，《國史大綱》對秦漢各期的論述，基本都有把握住重點。

以秦的統一來說，由於錢穆以統一集權政府為歷史目標，故他對秦政府廢封建、行郡縣，統整各地制度文化風俗的舉措，大加讚揚。認為秦代政治的背後，有一個高遠的理想，視秦政為一種進步的政治。他以為秦政府的失敗，咎在役使民力逾量，並視之為一種貴族氣味的失敗，這是將「由平民建立統一政府」視為一種應當邁向的進程所作之結論。

可以補充的是，秦政的內容，在錢穆的時代確實是「無可詳說」。現在由於睡虎地秦簡、里耶秦簡、嶽麓秦簡的陸續公布，給了學界一些線索。就我個人來說，贊同錢穆所言的秦政府過度役使民力，但到底是怎樣的過度役使，還有秦政的本質，透過對簡牘中律令、文書的研究，可以有更深入地認識。比起「貴族階級的氣味」這類抽象描述，從簡牘中可以看到秦從邊區戰國擴張為帝國的過程中，面臨國家體制轉型的困難。有些問題甚至入漢好一段時間，也沒有完全解決。

就個人較有研究的刑徒為例。秦朝的無期刑徒和現代有期的徒刑不同，沒有刑期。與其說是徒刑，不如說是降等為賤人。相對於平民以上有二十等爵為升級獎勵，在平民以下也有候、司寇、隸臣妾、城旦舂等不同等級為懲罰；各等級按高低有不同待遇。這種以身分升降為獎懲手段的辦法，承接著封建階級的概念，只是不再以血統，而是以律令或君主的意志來決定身分高低，顯示出戰國的特色。

其中隸臣妾與城旦舂的管理中，有比照牛馬一樣的「徒隸產子課」等考課項目，在文書中幾乎與牲畜一樣視同國家財產。而秦人在執行律令上，確實一絲不苟到不允許變通的地步，結果是大量平民淪為刑徒。以里耶秦簡遷陵縣的記錄來看，官府的日常運作相當倚賴刑徒。遷陵縣的戶數大約在一百五十二到一百九十一戶之間，其總人口粗估不過一千兩百人上下。其官吏數量員額一百零三人，實際五十一人，但其徒隸加總，卻達到三百四十二人左右，幾乎達到縣總人口三分之一。儘管遷陵縣可能是一個基於戰略價值設置的小縣，但統計數字顯示，官府運作倚賴刑徒的程度，可能超過服役之平民。

這讓人感到，秦的滅亡，或許與其施政過度削弱自己編戶齊民的根本有一定關聯，且這種施政並非只導因於始皇的好大喜功，而與其整個國家體制有關。這種體制使秦國在統一戰爭中脫穎而出，卻不足以使它建立的帝國長久地維持下去。觀察到這些因素，就不難明白漢初為何要採無為而治，網漏吞舟之魚。至漢文帝（前二〇三—前一五七）改制時進一步設定了刑期，建立將罪犯解放回齊民社會的機制。這是為了將體制從以軍事擴張為務的戰國，轉換為長治久安的統一政府之必要過程。

到了講述西漢的部分，《國史大綱》將重點放在集權統一政府的建立，尤其視漢武帝朝的復古更化為關鍵。首先論述的是，戰國以來農民的負擔與普遍破產，被迫賣身或亡命，繼而帶出蓄奴的「商賈」，與匿亡命的「任俠」為社會之中層。而西漢初年的官僚，大體來自軍人、富人，與皇帝私人三途，仕進的制度還不成熟。西漢初的學術，雖是儒統未絕，但政府尚黃老無為，還不被重視。這些商賈、任俠，不成熟的制度以及消極的黃老政策，被錢穆視為「統一政府之反動」。言下之意，歷史發展的關鍵，就在於掃除這些反動因素。因此，賈誼（前二〇〇—前一六八）作為改革發端的代表被提出，緊接著就談武帝朝的改革。

武帝朝的眾多改革中，錢穆舉了五個最要緊的革新：設五經博士、設博士弟子員、郡國察舉制度、抑制商業與兼併，以及打破有爵乃拜相之例。要之，就是確立儒家的指導地位，以制度創造符合儒家理念的官僚來源，以及壓制原本在政治上佔優勢的富商與軍人。以此，他評價武帝以降的政府轉換為一個代表平民，卻有教育、有智識的士人政府。

當然，若細究起來。漢代的「儒家」跟春秋戰國或後世所謂「儒家」的內容，有許多不同，吸收了很多諸子的思想。例如天人感應雜揉了陰陽家等思想，求雨停雨等儀式也具有術數的一面，而漢武帝雖然在博士官的設置上偏重儒家，但實務上重用聚斂與文法吏，僅以儒術為緣飾。所以武帝朝儒術在政治上的作用，或許還不那麼大。但不能否認，武帝的崇儒態度培養了儒家的人才，以及他們自認應在政治上發揮作用的自信。這些影響將在武帝之後逐漸發酵。

如《國史大綱》所述，這些士人在得勢後，一方面研究發展了政治理論，總結一套歷史演變的過程，以為五德終始，德衰應讓賢予新受命者。另一方面講求禮樂、教化，以期達成理想的秩序，由這些思想最終引導出王莽（前四五－二三）的受禪。對王莽變法之立意，錢穆給予肯定，認為用意在解決兼併，有一種「國家社會主義」的味道。認為其失在於執行太驟，奉行又不得其人，且內容迂執不通情實。而他強調這個失敗使變法禪賢的思想消失，政治上從此只注意王室之安全，而不注意平民生活，是中國史演進上的一個大失敗。繼起的東漢，只是一個由宦官、外戚輪番掌握的墮落政府。

錢穆一反傳統上對王莽的惡評，注意到王莽改革有總結武帝以來儒家理想的脈絡，影響了後續許多研究的視角。王莽的理想性，從目前出土的王莽貨幣之精良，亦可略窺。其幣制改革，企圖以政府的力量規定貨幣的價值，這大約也受西漢影響，由政府控制貨幣，以抑制商人剝削平民的思想影響。如呂思勉所言，王莽很大程度上，是將西漢儒者的政見付諸實施。

錢穆對王莽改革的極度痛惜，大約出於欣賞他有意以政府的力量來抑制一切的不公平。但就個人看來，無論王莽的改革如何得法，其以國家來平抑一切不公平的理想不太可能成功。事實上，當王莽發現行不通時，也廢止了銅冶和山澤的專利，不是完全沒有調整。另一方面，王莽的改革並非對東漢毫無影響。故從王莽到東漢，其實有理想與現實來回拉扯的一面，並非改革失敗後就全面崩毀。王莽的挫敗可能讓東漢的儒學理論暫時放棄德衰讓賢之說，對政治改革採取比較保守的態度，但未必從此「墮落」而停止發展。同時，由國家來完全統制社會經濟，以求公平的思想，在其後的時代還要不斷地以各種形式復活。

新史料方面，西漢到王莽時期，簡牘材料其實不少，可是關於中央的材料不多。涉及較大的是，一般判定為呂后（？—前一八〇）二年的張家山漢簡《二年律令》中記載秩級的〈秩律〉，透露了若干中央宮署的組織。比較著名的有閻步克對「宦皇帝者」的研究，揭露了侍奉皇帝，與「吏」有別的特殊群體，對了解西漢初皇帝私人郎官集團的內容有所補益。至於最關鍵的武帝時期，時代最近的走馬樓西漢簡似乎有律令的材料，但尚未完整刊布，不確定能帶來多少新訊息。

由於西漢簡牘多出自地方官署或小吏墓葬，西漢史有進一步開展的，反而是地方的政治制度與文化。例如沿居延與敦煌烽燧線採集，包括居延漢簡、新簡、肩水金關、懸泉漢簡在內的諸多西北漢簡，揭露西北防線的組織制度與文化。現已部分公布，文帝時期的睡虎地西漢簡，則和睡虎地秦簡一樣，出於小吏墓中，內容包括地方小吏的功勞與出差紀錄等。這些新史料對於傳世文獻，比起動搖，更多的是證實與深化。故整體上，對立基於傳世文獻論述的《國史大綱》衝擊較小。

秦到西漢的考古學文化上，考古學家徐蘋芳（一九三〇—二〇一一）指出，從錢幣、銅鏡、瓦當等日常用器，以及墓葬隨葬品的器物組合來看，統一雖肇始於秦，但要到漢武帝以後才逐步完成。例如嶺南的南越王墓，和諸多廣州西漢前期漢墓，受楚制的影響似乎較大。要到昭、宣以後，當地墓葬中竈、井、倉、囷模型器出現，而地區性的陶器逐漸消失；銅鏡也以漢式昭明鏡、日光鏡為主。陶器上鼎、壺、簋、燈、薰爐也普遍取代具地方特色的瓿、三足盒等。雖然各地區域性的特徵未必完全消失，但漢文化的影響日益加深，可以作為文化統一進程的一點補充。

至於東漢的部分，讓錢穆得出東漢只是一個「墮落」政府結論的，很大程度是由於常態性的幼帝即位，與外戚、宦官的循環爭權，所以帶著中央集權的期盼來看，幾乎乏善可陳。不過，如果著眼於士人階層形成，東漢時期又相當重要。士人不只在仕途上開始佔優勢，加上他們的儒業與道德，讓他們成為政治、文化上的特殊階層，憑此在中古逐漸成為「門第」。故許多學者都認為，東漢是古代邁向中古的過渡期。雖然相較於錢穆注重文化精神的傳承，其後的研究更加注意士人，或稱為「豪族」的經濟根基，以及對鄉里聲望的經營，但在注重士人階層發展的大方向上基本類似。可以說東漢歷史的研究重點，從中央轉向了地方。從東漢以後，一個士大夫階層從各方面成長起來，在往後的歷史中扮演要角。

東漢士人文化的內容，錢穆點出士人的美德和察舉制度有關。換言之，高節異行很大程度是為了充作仕進的資本。以此，逐漸造成不近人情的虛偽，故批評他們是「偏狹的道德」，只注重私人與家庭，而不能再擁立一個中央。這點他到了第四編講魏晉南北朝時，還要批評得更仔細。他批評名士大族不忠心要一個統一的國家，而這種離心力，在於漢代郡太守權力幾等同古代諸侯，自辟屬吏，結果使地方士大夫有兩重的君主觀念，國家觀念淡薄。

這些論述指出了漢代地方制度導致的文化發展，最終影響了整個社會的走向，對其後研究有很大影響力。嚴耕望便繼承了錢穆的兩漢太守權力等同諸侯的意見，論述秦漢時期地方長吏集所有權力於一身，對屬吏亦有殺伐之權。

現在可以補充的是，秦末漢初簡牘中，地方政府的許多官吏還由中央分配。像是「令史」，在

〈史律〉中是要通過國家考試後，由中央「太史」調派到各地去。游逸飛研究則指出，秦郡在制度設計上，呈現太守、郡尉、監御史分權的態勢，還不是長官元首制。到漢初，還有獄史因徵發縣令舍人，而與縣令衝突被殺，導致縣令被判死罪的案例，這顯示當時長吏對僚屬的控制力有限，亦無任意殺伐之權。而將西漢晚期與東漢的文書比對，可以發現東漢地方屬吏有逐漸以「君」尊事長吏的傾向。故地方長吏的擴權，可能是西漢晚期到東漢時的逐漸發展。也就在這段期間，地方長吏與僚屬間的君臣倫理關係逐步建立起來，對東漢以降歷史造成巨大影響。

士人的美德上，如錢穆所指出，大體不脫久喪、讓爵、推財、避聘、報恩、報仇等，大多都偏向對家族的責任。部分士人對這些美德的堅持，有時到了讓人疑其虛偽的地步，所以推測他們動機不純有其道理。不過，我認為當時士人對美德的堅持，也有出仕以外的動機。各地士人基本都是出自鄉里，而美德正是鄉里評判的標準。即便不是士人，想在鄉里中紮穩腳根，也必須展現對家族有責任感的樣子，才有可能在鄉里中脫穎而出，故而就不得不加倍表現這點。政府對孝子廉吏的察舉，當然促進了美德內容的激進化。但說到底，那是原本就存在於鄉里中的標準。所以為了區別自己不是為了出仕才這麼做，有刻意避開仕宦的「逸民」——儘管後來假裝「逸民」也變成沽名釣譽的手段，但從頭到尾都不出仕的隱士確實存在——被視為真正優秀的人物。漢政府以鄉議取士，是因為相信符合鄉里道德者，必為忠臣。但其結果，有時連律令都不得不對這些美德退讓。例如復仇，在西漢末已被列為人民「七死」之一。但由於為父母報仇是大孝的表現，官僚甚至皇帝都多所赦宥。

某種程度上，東漢儒學和西漢一樣，即便一開始是政府基於統治需要提倡，但當士人們捲起聲勢，他們就試圖鞭策政府向其理想邁進。而活躍於皇帝身旁的宦官，及布列州郡的宦官子弟，阻礙了被鄉議評為最優秀者的仕進，故被視為腐敗的根源，於是雙方的衝突無法避免。在漢末，表現為兩次黨錮之禍。錢穆批評東漢士大夫們不忠心，如果從士大夫的角度來看，他們盡力鏟除宦官，倒也是想創造一個合於理想，值得他們效忠的政府。東漢政府兩次黨錮，等同對士大夫階層理想的否定。既然如此，由一個合於理想的新政權來取代漢朝，就逐漸成為士人心目中的可能選項。至於魏晉以下的分裂，除了士大夫的意向外，更大的因素恐怕是異民族的進入。

最後談外族。在秦到西漢，主要是匈奴，東漢主要為西羌。錢穆認為中國對外之勝負，取決於國內政治。因此，到底還是從國內形勢談起，主要透過與西漢的比較批評東漢。他主張秦到西漢以長安為首，使東方文化經濟向西輸送，與西方之武力凝合，是一種進取的態勢。反之，東漢關中殘破，改都洛陽，使東方經濟文化不再向西輸送，故武力衰退，社會容易動搖。又人才上，西漢各色人物平流並進，東漢則走歸一路，故國力又衰。以此來解釋西漢壓服匈奴，東漢之亂於西羌。

判斷經濟文化因定都洛陽，而不再向西輸送，是很有意思的意見。如果對比唐代，雖然在武周時也改都洛陽，但其後發展卻與東漢完全不同，或許與廣通渠、通濟渠等運河在聯絡各地經濟、文化的重要性有關。改都洛陽是否真的減弱了對關中的文化輸送，這點未來或許可以從考古學文化上注意。人才上，東漢取士的單一化確實常被詬病，可是這和制度的成熟與常規化有關。而且東漢前期竇憲對付匈奴，亦有一定成績，所以人才進用對軍事的影響，也可能需要更細緻的研究。

今日談秦漢與外族，不會滿足專以中國為中心的考察，也重視外族的角度與條件。對匈奴的研究，我求學時已有林幹（一九一六－二〇一七）、護雅夫（一九二一－一九九六）等學者的專書，分析匈奴的組織制度與歷史；也有王明珂對匈奴經濟生態的考察。現在基於對內亞史的關心，利用考古墓葬、碑刻、器物等研究匈奴的成果也逐漸增多。

二〇二〇年在蒙古國烏蘭巴托以西，發現了巨大的三連城遺址，一度被認為可能是單于庭「龍城」。可是後來在三連城的附近，又發現了另一個出土「天降單于」等可能由漢人工匠製作瓦當的城址，引發了「龍城」可能不只一處的推測。總之，對北方游牧民族的研究，較過去有長足的進展。羌人方面，有王明珂綜合人類學與文獻考察的一系列著名研究，有興趣的讀者可去閱讀參考。

整體來說，《國史大綱》上古史的部分，在史前時代到殷商一段，由於當時材料的限制，比較不足。但在西周以後，由於錢穆對傳世文獻的深厚造詣，大多仍有參考或啟發價值。當然在視野上，各時期都有更多考古資料為憑據，能進行更深入，或地方角度的研究，不過不會完全推翻《國史大綱》建構的主軸。

雖然作為入門書可能過於艱澀。但對有一定程度的學生，以及進入研究階段的學者來說，越是反覆咀嚼，就越能感受到《國史大綱》的價值。其觀點，有時也未必都是錢穆的獨見，而往往參考了當時其他學者的意思，只是由於大綱務求精簡，並沒有注出。從這點上說，《國史大綱》是濃縮了上一代學界精華的作品。

當然，它並不是一部完美無缺的著作，許多的學術意見，在當時就已經有爭論。今日研究在許多方面，也可以進行更多視角或內容上的補正。學術本來就是累積的，對於舊說的批評與補充，本來就是健康學術過程的一部分。作為一部有深厚文獻根底的作品，我認為《國史大綱》今後仍能刺激出許多精彩的研究。

中國上古史的研究方向

最後，簡單談談個人重讀《國史大綱》後，對中國上古史的一些思考。過去對中國史的學術研究，有很大一部分是受現實政治因素的刺激而來。在中國來說，有形成民族國家的迫切需要。就中國史研究比較興盛的日本來說，亦有關心日本自身處境，考察革命史觀與日本革命可能性的企圖。不過，這些政治社會因素，到現今都已經逐漸冷卻下來，這也導致除中國以外，學者對中國史研究興趣的普遍降低。

相對於中國對本國史的熱烈研究，日本、歐美、臺灣的研究社群，由於多數學生缺乏興趣，都處於衰退。而上古史，由於研究涉及簡牘、考古資料分析的門檻，又衰退得更厲害。從學術的角度，這種沉寂有好有壞。壞的方面自然是能獲得的關注與資源越來越少，但這也降低了學術研究受政治風氣干擾的機會，學者們可以專注於各自的興趣，對材料進行無政治目的的純粹考釋。考古資料的大量出土，也適合這種研究傾向。但這也造成研究的極度專業分工與破碎化的危機。

現在對上古史的研究，除了傳統文獻外，也很注重考古資料。無論是史前遺址、甲骨、金文或是簡牘，沒有三到五年的摸索，就很難上手，這種困難進一步降低學生對中國上古史的興趣。而基於各自的材料，又會產生不同的研究脈絡。其結果，雖然都是上古史，但因為過於專業，對話的空間卻很小。不要說像錢穆或許倬雲那樣，獨力撰寫《國史大綱》或《萬古江河》一類有體系的通史，就連中國上古史都很難打通。

要阻止中國上古史完全退縮成一個冷僻的研究領域，我想大概要從上古史學者間，盡可能找到一個共通課題做起。但基於史料不斷更新的衝擊，上古史學者，例如涉及簡牘研究的學者，必須持續追逐新公布的史料。大概在此後的一段時間，專注於消化新史料的研究傾向依舊無法避免。就建構踏實的理論基礎而言，這個過程應該也是必要的。

因此，儘管有逐漸邊緣化的焦慮，我認為還是必須耐住寂寞，對史料進行紮實的考察。在研讀新史料的過程中，一定會形成對那個時代的新想法。而在這些想法有比較成熟的學術基礎後，必然會回頭綜合舊史料提出總結，並嘗試和同領域的學者，以及過去的經典研究對話。如同《國史大綱》並非僅依錢穆的才智憑空而生，而有當時學術研究為憑據。我認為新的經典作品，也必須在深厚的學術累積上，才能開花結果。

就一些可能的共通方向來說，新世代除了看重出土史料外，研究興趣也有轉向下階層的傾向。錢穆看重精神文化的承擔者，在上古史來說是西周以降的封建貴族，以及在漢代逐漸形成的士大夫階層，這也是一直以來的研究重點。不過，就較新的秦漢史研究而言，透過簡牘來研究戍卒、刑徒，以及地方小吏之生活與文化的研究逐漸增多。這些較低的社會階層，雖然大多名不見經傳，且和士大夫相比，屬於較「俗」的一群。不過，那正是普遍出身於「市民」階層的現代學者感興趣的部分。比起菁英領導歷史走向的論述，我更傾向相信由普羅大眾的生活堆砌出來的因素，才是歷史洪流的動力所在。我並非要否定對於菁英的研究，那是必須的步驟，但在士大夫研究的基礎之上，對社會上各種小人物的研究，或許可以讓我們更深入把握歷史的走向。

以黃巾之亂為例，《國史大綱》將其定位為農民結合「宗教」、「迷信」之奮起，但迷信成分太多，宗教質地太差，所以不容易成功。這論述確實不錯，但如果考慮到張魯的五斗米道在漢中維持了很長時間，就會感到民眾以宗教自主管理是可能的。再考慮道教在魏晉時期進入士人階層，甚至被立為國教的發展，似乎顯示出下階層影響上階層的能動性。

這些從民眾的日常生活中誕生，為菁英整理，最終形成推動歷史的力量的因素，除了宗教之外應當還有很多。如前面提到東漢士人的道德，如果注意這些美德高行欲展示的對象，也包括鄉里中的民眾，就能想像那些德行標準，或許源自於細民的日常生活。而這類鄉議評價，最終成為國家認定為取士的標準。在這上下階層文化互相作用的過程中，逐步奠定了人心中與國家緊密聯繫的社會框架。如此考慮，秦漢以後的中國，近乎頑固地追求統一秩序，並講求領導人私德的原因，其實很深層。就像考古學文化中，日用陶器的器形與組合被認為最能代表該地文化那樣。若拋開基層皆為無知愚民的成見，應該能看到更根本的事物。秦漢出土史料的地方性格，也很適合這樣的探索。

如同《國史大綱》的寫作背後，有當代最了不起的學術研究為支撐。基於新世代對社會基層，以及生活文化史的共通興趣，我想在十幾年後，或許可以形成撰寫另一部「一家之言」的學術環境。但即便真的有另一部經典寫成，《國史大綱》也未必會褪色。畢竟在講求多元視角的今天，新觀點的形成，不代表舊觀點的廢棄。《國史大綱》作為教科書，或許不是最親民的選擇。但作為一部有觀點的學術著作，個人認為它可能會一直活在與新研究的不斷對話中。

大時代的氣運盛衰

《國史大綱》的中古史

傅揚／國立臺灣大學歷史學系助理教授

「《國史大綱》的中古史」其實是一個設計出來的題目。什麼意思呢？在中國史的研究裡，錢穆是不用「中古」這個概念的。相對來說，陳寅恪就直接把魏晉南北朝到隋唐的這個時段看作中古時期，時不時會用「中古」來指稱這幾百年。也就是說，錢穆自己可能不會很喜歡這個題目。

事實上，我們可以在傳統文獻裡找到「中古」這個詞。什麼叫「中古」？中古指的就是距離現在有點遠又沒有那麼遠，它是「古」，但沒有到遠古、上古，也非近古，而是夾在中間的一種時間距離感。但我們現在用中古來囊括魏晉南北朝以及隋唐史，則是受到日本與歐美學界的影響。如果我們同意中國史有若干發展軌跡，將魏晉南北朝以至隋唐、也就是三世紀後期到十世紀初視為一個大時代，應該有其道理。錢穆在《國史大綱》中，提煉出一些貫通魏晉南北朝和隋唐五代的特徵與變遷線索，也反映了這個認識。這個大時代是不是要稱作「中古」，可以另當別論，但我們在此不妨便按學界的習慣使用這個詞。

也就是說，要考慮「《國史大綱》的中古史」，其實就是品味《國史大綱》第四編「魏晉南北朝之部」（第十二至二十一章）和第五編「隋唐五代之部」（第二十二至三十章）。錢穆講魏晉南北朝，首先關注的是我們所謂中古的開端，也就是分裂的局勢；所謂的分裂，就是南北沒有統一。所以錢穆進一步去談南北各自的政治演進和社會經濟狀態，最後則以宗教思想結束這一編。在隋唐五代部分，錢穆一開始便強調，隋唐政權成立體現了從分裂走向統一的變化，我們必須注意在這個「統一盛運」的歷史潮流下，制度與社會呈現什麼樣的面貌。極盛之後當然會衰退，接著說明的是在這個「統一盛運」裡，唐朝出現了哪些往下走、墮落的跡象，以至於促成唐末的黑暗時代，也就是五代時期的混亂。第二十一章談〈宗教思想之瀰漫〉以及第二十七章談〈新的統一盛運下之對外姿態〉，因為另有專家學者解說，我們這裡就跳過。

合理的立國精神

我們都知道，《國史大綱》是一部非常傑出的通史。通史篇幅有限，能呈現的是作者認為最重要的東西。那對錢穆而言，他最重視的元素是什麼？至少在中古史部分，錢穆念茲在茲的，可以說是一種立國的精神，也就是國家、政權或集體人群要建立集體秩序，需要仰賴哪些與精神士氣有關的要素。如第十二章談中國中古為什麼會進入長期分裂，他說「一個政權的生命，必須依賴於某一種理論之支撐。此種理論同時即應是正義」（上冊，頁二九九）。換言之，任何國家、政權要能夠建立與穩固，絕不能僅靠武力，而是要有一些內在的精神力量。他認為東漢以降，尤其是西晉政權，就缺乏類似的理論，缺乏合乎正義的立國精神。

錢穆在談北魏均田制時也說，「一種合理的政治制度的產生，一定會配合一種合理的政治思想」（上冊，頁四三九）。在錢穆眼裡，均田制體現了一個合理的政治思想，政治思想源於人心，並進一步透過制度瀰漫在整個政權中。繼承均田制及其精神的，是接續北魏傳統的西魏、北周，再到後來的隋唐政權；錢穆認為，這個北方政治體系之所以能統一天下，就是因為背後有一種合理的政治思想。

隋朝也是很鮮明的例子。率先終結南北分裂的其實是隋朝，可是隋朝很快就滅亡了。隋朝為何速亡，學界有很多討論，錢穆在《國史大綱》中則有一個較少人強調的觀點。錢穆說隋朝確實做了很多事情，尤其在穩固民生經濟的部分做得很好。可是他認為不夠，隋朝還需要有「更高尚、更合理的政治意識」（上冊，頁四七七），真正做到這一點的是後來的唐朝。在第二十五章說明中晚唐盛運衰頹下的一些現象時，錢穆則認為到了唐朝中葉，那些令人尊敬、欣賞的意識與精神，其實已經懈怠了。唐朝初年的進取精神，原先那些追求合理政治的想法，不再受到重視，或至少沒有力量讓人為它付出，結果就是國家制度也伴隨精神而趨於腐化。

所以我認為，不管是中古史，還是整部《國史大綱》，錢穆關於中國史發展的一個重大洞見，就是要找出國家、政權的精神寄託。我們可以這麼說，中國史那些知名或享祚較長的王朝，絕不只是特定家族的歷史而已。王朝其實是有一群人創建一個相對來說有效的政府，可以跟社會建立比較良性的互動，並達到平衡的狀態。以上說明應該能反映錢穆對立國精神或國家政治理論的認識，而《國史大綱》最關注的，就是不同時代的人如何懷抱理念，建立一個他們認為理想的國家與社會的關係。

君、士、民的互動

我們應如何考慮國家與社會的關係呢？根據《國史大綱》和錢穆其它著作，我們的著眼點是「君」、「士」、「民」。如果順著上面的說明，我們好像會有一個印象，認為所謂的立國精神或國家的歷史，其實就是政治制度；制度最直接體現了立國精神或政治理論。這一點不能說錯，但會讓我們輕忽或低估了一點：在錢穆的史學思想中，歷史是關於人的事物。我們不能忘記，任何制度都是人所創造出來的，是「君」與「士」為了回應「民」而創建。也就是說，所謂的「國家」，是「君」和「士」共同構築而成的。「國家」面對、統治和管理的「社會」，是「士」跟「民」互動與交錯的廣大世界。研究中國史必須研究國家與社會，而且不能將二者割裂，具體分析對象則是「君」、「士」、「民」三者的內涵與他們的關係。很清楚的是，「士」乃「國家」與「社會」之間的橋樑，這也呼應錢穆著述的一個重心，也就是關注士人的歷史、強調中國史上「士人政府」的特質。

總而言之，根據《國史大綱》的〈引論〉，我們讀歷史，其實就是要看君、士、民的互動，看國家與社會的互動，並觀察這些互動如何體現或催生出不同的政治制度、學術思想，以及各個時代社會經濟的面貌。所以論「《國史大綱》的中古史」，就是看錢穆如何討論以上要素從漢末至唐末的發展、變化。錢穆在〈引論〉中說，任何朝代都有政治制度、學術思想、社會經濟等元素，作為歷史學者或一個關懷歷史的人，我們要培養眼界，判斷在特定時期，哪一個元素特別重要、應優先觀察什麼。從這個角度說，閱讀《國史大綱》不只有助我們把握中國史的知識，也是一個培養「史識」的思想訓練過程。

如上所述，中國中古的開端是東漢末就出現徵兆的長期分裂，從「君」、「士」、「民」的角度看，我們可以觀察到什麼？首先，所謂的「君」，包含皇帝以及跟皇帝關係最密切的貴族，如皇室、外戚，甚至是宦官，因為宦官的權力理論上直接源自皇帝，可以把他們視為皇帝或皇權的延伸。在東漢末年，皇帝及皇權的延伸，簡單說就是腐化。腐化體現在代表「君」的這一群人，與士大夫和社會上的一般民眾有非常強的隔閡，也就是說，「君」與「士」和「民」之間缺乏良好、理想的互動關係。

從「民」的角度看，也就是觀察社會經濟的面貌。相較於秦漢時期，中國中古社會經濟的一個重大發展，是廣義上的農民破產。因為戰爭和其它挑戰，漢末有相當可觀數量的農民其實沒有條件養活自己與家人，選擇投靠地方上的強宗豪族。而一旦農民選擇這條路，他們就成為強宗豪族的「部曲」，也就是依附人口，身分也因此降低了。何以如此？因為照道理講，從戰國時期、尤其是秦漢以後，國家便透過戶籍制度管理人口，所有人應該都是國家的編戶齊民，必須承擔繳稅、服役等義務，也享有法律規定的權利。但漢末因為這些義務太過沉重，或是憑一己之力已無法承擔生活的重量，很多人才試圖逃離政府的控制。換句話說，成為強宗豪族的部曲，就等於拋棄現在所理解的合法公民身分。

當人民選擇強宗豪族的庇護，他們基本上就不再受到國家的保護，國家當然也無法從這些人身上取得財物、勞動力等資源。這些國家所需要的基本資源，原本就是由編戶民來提供，當大量編戶民選擇在強宗豪族的羽翼下求生，就會導致代表皇帝以至中央政府的國家變窮、力量被削弱。在西晉短暫統一的時候，政府曾發布一些命令，看起來是要照顧因戰亂而投奔強宗豪族的農民：政府說現在天下一統，希望這些依附人口可以走出來，重新成為國家的編戶民。但錢穆認為，西晉的做法「對民眾絕無絲毫善意與德政」（上冊，頁四〇九），他認為西晉會這麼做，其實只是想爭取這些人口，「將強宗豪族的私民眾奪歸公家」（上冊，頁四〇九），因為有人口才有賦稅，才會有人服役。這仍然不是一個合理的政治意識，不合理的政治意識終歸會失敗，所以西晉統一為時不長，很快就土崩瓦解，開啟二百多年的南北分裂。

至於「士」，錢穆認為在中國中古的初始階段，他們的思想「逐步狹窄，逐步消沉，恰與世運升降成為正比」（上冊，頁三一三）。更具體地說，漢末到三國時期士人精神所在以及追求的目標，從儒家經典、儒術與合理的倫理和政治原則，轉向更講究效率與功效的法家，最後再轉向道家，變得「虛無」、「浮沉」、「不負責任」。從「國家」這一面看，漢末代表「君」的一批人不行了；到了魏晉時期，代表「士」的人也不以社稷為念，國家當然無法茁壯。錢穆敏銳地以洛陽被破壞來說明這個變化：在漢代，洛陽乃「政治中心而兼文化中心」（上冊，頁三二一三）。傳統文化中心洛陽所提倡的知識追求以及實踐，或者簡稱之為儒術，重視的是國家和君臣問題。但因為「君」跟「士」都出了問題，沒辦法走在合理的軌道上，當時的人在觀念上就開始從重視國家轉為重視家庭；以個人為中心，重視自己的家庭。原本強調的君臣大義，也轉向關注自身家族和以家族為中心的人際網絡。作為政治與文化中心的洛陽在中古前期被「毀滅」，更象徵漢代擁抱的上述文化與政治理想湮沒不彰，直到北魏重建洛陽才出現轉機。

《國史大綱》對上述的發展極其不滿，以至於錢穆認為當時中原漢族就是極端鄙視名教禮法，沒有「廉恥氣節」，還不如那些「略涉漢學，粗識大義」（上冊，頁三二三）的非漢族群。我認為這個看法有欠說服力，因為我們可以看到，這些非漢族群、傳統史籍和錢穆所說的「胡人」，其實給社會、經濟、文化帶來相當大的破壞。他們有沒有真如錢穆所形容的欣慕文化、知大義，可能有待商榷。但無論如何，錢穆突顯非漢族群優於漢人，正反映了他對魏晉時期「君」與「士」的強烈不滿。

不管如何評價「士」，他們依然是串聯「君」與「民」、「國家」與「社會」的媒介。錢穆認為，「變相的封建勢力」是中古時期「士」的基本特質。前面提到，漢末以降許多人尋求強宗豪族的庇護；這些強宗豪族，進入魏晉時期往往搖身一變成為士大夫門第。這些門第一方面是連接「士」與「民」的代表，另方面本身就是「封建勢力」。什麼是「封建勢力」？錢穆用這個詞，想到的是秦漢以前貴族社會的狀態，是能享有世襲特權的群體。之所以說中古時期士大夫的門第勢力，成為一種「變相的封建勢力」，指的就是從魏晉一直到中晚唐，士族已經具備諸多條件，可以透過世襲、代代相承的方式傳遞各種資本，包含文化、社會、經濟以及政治的資本。為什麼是「變相」的呢？因為這不是嚴格意義的貴族，可以直接表明有血統就能世襲、就有特定權益。中古門第勢力仰賴的是大家都知道的「九品中正制」。

簡單的說，九品中正制是東漢末年政治紛亂、戰爭頻仍時的一個權宜之計。政權需要人才，但我們如何得知誰是真正的人才？漢代因為政治穩定，每個地方都有專門負責的人，他們會定期跟中央報告人材情況，讓中央去考核並決定是否任用，這就是察舉制度。在戰爭情況下，就只能讓統治集團內部的人憑藉自己的地緣關係推薦人才。這種做法本來也未必成問題，但實際運作時，推薦的人選不見得是地方公評的優秀人才，而往往是有家族力量或人際網絡為後盾的人。發展到後來，九品中正制可以說是不同大家族間互相抬轎，導致官僚體系中較有名望或重要的官職都給特定幾個家族把持。這些門第大族成為所謂的封建勢力，九品中正制則無法確實搭起「士」與「民」之間的橋樑，無法有效地讓有能力的庶民進入政府，讓「社會」跟「國家」有良好互動。

西晉滅亡，進入長達二百多年的南北分裂，但東漢末開始確立地位的士族並未消失。事實上，即便唐代推行科舉，門第大族的優勢與權威仍然存在，是貫穿整個中古時期的重要元素。不過，由於南、北政治與社會情勢不同，留在北方的士族與遷徙至南方的士族，在特質與發展上也有所差異。一言以蔽之，錢穆認為北方士族較可取，南方士族問題頗多，認為「南士借上以凌下，北族則附下以抗上」（上冊，頁三九四）。也就是說，南方士族有相當一部分是跟隨司馬氏南移的北人，這些人憑藉皇室的權力和權威來欺凌、壓抑原本南方的居民。相比之下，北方由於要對抗胡族勢力，士族必須更積極地聯合人民和各種社會力量，才有機會自保，這樣的差異仍然反映「士」跟「民」的關係。南方士族與社會、人民的關係並不理想，在錢穆看來，南渡士族就是在進行「殖民侵略」，北方士族則是為了求生存，能與社會、人民團結一致。以「士」為中介，「社會」層面的這種差異，也影響到「國家」的精神底蘊：「南方士族直是政治權利上之各自分佔，而北方士族則幾成民族意識上之團結一致。」（上冊，頁三九五）

門第的角色

西晉滅亡，南北分裂的態勢就大致抵定。錢穆認為，南方門第只考慮自己與家族，不會為了中央或國家犧牲自己與家族的利益。他們「只為保全家門而擁戴中央，並不肯為服從中央而犧牲門第」（上冊，頁三三〇），當然也不會有忠君的想法。那這些門第士人都在做什麼？他們「多自顧家室，能以談辯擅名，即不須再經綸世業」（上冊，頁三三三），也就是放言高論與空談，不再關心怎麼讓國家、社會變得更好。之所以如此，還是因為這些人背後的精神志氣與漢代不同：「魏晉以下」的士人，「道德觀念與人生理想，早已狹窄在家庭的小範圍裡」（上冊，頁三六〇）。如此一來，他們自然無法提出新的、更合理的政治意識，讓南方政權脫胎換骨。相較於東晉，南朝政權開始起用寒人，也就是缺乏門第勢力的人，錢穆認為這是個轉機，但整體來看，南朝還是拿不出新精神，因為南朝政權還是非常仰賴自己人，也就是宗室。《國史大綱》舉了梁武帝的例子，指出梁武帝已經是南朝最傑出的皇帝，但除了篤信佛教，他的多數作為都稱不上大刀闊斧，無法改變南方政權。結局就是南方的政治、社會發展遇到瓶頸，無法推動整個中國歷史的進程。

南方若力有未逮，便只能仰賴北方來推動中國歷史進程。魏晉南北朝的北方歷史，大致可分成三段：第一段是五胡十六國時期，也就是五世紀中期北魏統一北方以前；第二段是從北魏統一華北到最後分裂成東、西魏；第三段則是東、西魏對峙再到後來的北齊、北周並立，以至於由北周統一北方。錢穆認為，貫穿這三個階段最關鍵的元素是北方士族的活動。北方雖然在大環境上，是胡人有優勢，有政治、軍事實力，但他們也經常受過漢族教育，並時不時尋求跟留在北方的漢族門第合作。所以錢穆說「五胡雖雲擾，而北方儒統未絕」(上冊，頁三六七），也就是儘管非漢族群為政治、經濟、社會、文化帶來破壞，但在華北，從漢代傳下來的儒學素養跟精神並未消亡。

更進一步說，等時機成熟，這個「儒統」還會發揮作用，促進北方的非漢族群漢化。現在學界已對「漢化」的概念提出諸多質疑，但在錢穆撰寫《國史大綱》的當下，對他而言北魏孝文帝在做的，很明顯就是漢化工程，就是仿造中原舊王朝的典範來改造鮮卑政權，讓鮮卑政權更加強大。何以如此？因為鮮卑人已不再僅統治鮮卑人，統治範圍也擴大許多。至少在北魏孝文帝的理想中，鮮卑和北魏的目標是統治全天下。要統治全天下，絕對無法只依靠鮮卑人原本的政治組織，必須有所變革。變革的模範是誰？當然是曾經真正治理全天下的王朝，也就是漢朝或經典中的三代，但三代制度多不可考，最切實可效法的，仍然是漢代的制度。正因如此，傳承儒學的北方士族可以施展抱負，並在制度變革的同時，也一點一滴地改變風俗習慣，邁向「漢」的理想。

總的來說，錢穆在《國史大綱》中，不斷強調南方與北方的門第士族有根本差異。但另一方面，作為中古時期的「士」，他們仍有些共通特質，這個觀察出自錢穆一篇名文〈略論魏晉南北朝學術文化與當時門第之關係〉。他指出在魏晉南北朝，「一切學術文化，可謂莫不寄存於門第中，由於門第之護持而得傳習不中斷；亦因門第之培育，而得生長有發展」。除了整理中古門第具體傳承了哪些學術外，錢穆還特別強調士人保存的學術文化，並非只是紙上的東西，甚至也不僅是為了維繫家族秩序和禮法；這些學術思想與文化，可以形成一種力量，逼出胡漢合作的局面，開啟隋唐盛運。當然，實際扮演此角色的，依然是北方士族。他們在艱難凶險的環境中，保持漢代留下的學術文化傳統，這種精神的力量，最終影響了北方的統治者，讓「君」和「君」與「士」構築的「國家」，願意進行不一樣的政治改革，採取有別中古前期的政策或制度，可以更好地照料「民」與「社會」，令北方政權脫胎換骨。

制度及其精神

根據《國史大綱》，北方政權的脫胎換骨，體現並歸功於四個主要的制度。第一個是北魏孝文帝時期推行的均田制。均田制最重要的精神，說穿了很簡單，就是要確保人民活得下去，確保人民有一定的田地可以養活自己，並在養活自己的基礎上繳稅給國家。

北魏可以做這件事情，很重要的原因是北魏統一了華北。相對於之前的華北政權，北魏的國家機器的力量強大許多，比較有辦法限制貴族或大地主，結果便是國家有力量找到土地來發給人民，「讓貧者亦有一最低之水準」。均田制不是共產制度，要讓所有東西都成為國有，然後每個人固定配給多少土地或資源。均田制的精神是要確保人的勞動力跟土地可以互相配合，也就是不要讓很多人無地可耕，或者有很多荒廢、沒人開墾的土地。這些狀況，在中古時期的華北並不罕見，所以均田制就是要彌補這種土地與勞動力之間的落差。

均田制直接促進社會經濟的發展，再回過頭來給原本北方的儒統，也就是學術文化，提供各種發展的勁道。在錢穆看來，均田制本身就反映了一開始所說的政治理論或立國精神，反映一種「政治道德的自覺」。他認為推行均田制的北魏君臣，非常深刻地認識到人民需要幫助。北魏君臣認知到政治菁英不能只考慮自己，不能只顧自己的家族，而必須照料社會民生，確保人民生存無虞。雖然說北魏擁有強大的國家力量，但倘若政治菁英不願意去做，沒有考慮人民生計，仍舊不會有均田制。在錢穆看來，均田制確實是北朝政權發展非常重要的里程碑，它一方面體現了華北的學術與政治思想，另方面又開啟之後的隋唐盛運。

第二個是府兵制。在錢穆看來，府兵制至少有兩個非常重要的歷史意義。一個是軍人地位再次提升。前面提到，魏晉南北朝時期很多人因為活不下去，只好投奔大族，成為他們的依附人口；這些人有時也必須負擔作戰的責任。錢穆認為，我們很難期待這些沒有國家保護、沒有國家編戶身分、沒有公民地位的人，會真的在戰場上拋頭顱、灑熱血捍衛國家，因為他們無法得到回報。也就是說，這些人作為軍人，地位其實非常低，怎麼能寄望他們擔負光復中原的重任呢？而府兵制則直接提升軍人的地位，讓他們擁有更好的戰力，最終幫助北周與隋征服北方、統一天下。

另一個歷史意義，是錢穆對於中古社會史的論斷。他認為府兵制真正的突破，在於國家對農民表現了些「人道意味」。錢穆認為，府兵制反映了國家更願意花時間、精力去照料人民。府兵首先是一種兵農合一的制度（但其他研究者有不同觀點），讓軍人在不用戰爭的時候種田養活自己，需要作戰時再進行武裝，國家也會定期操兵訓練。換言之，所謂人道意味，首先是讓軍人生計無虞，透過耕種取得經濟收入；其次是確保軍人有足夠的訓練與準備，而非草菅人命、把人丟到戰場上送死。

錢穆甚至還主張，府兵制有助於消解胡、漢隔閡。對此，我沒有進行研究，無法給予恰當評價，但有一個比較的案例，也許有助我們思考。研究戰爭史的學者發現，一次世界大戰因為戰爭規模很大，在歐洲催生出較全面的徵兵制度。這樣一來，不管你是有錢人、紈褲子弟，還是來自鄉下，又或者目不識丁，在軍中基本沒有差異，軍階一樣就被一視同仁。所以在軍隊中，原先種族或社會階級帶來的隔閡，的確有可能消融。一次世界大戰的這個現象對解釋府兵制度不見得有效，但也未嘗沒有可能，或許值得我們留心。

第三個是三省制。三省制就是由尚書省、中書省與門下省組成的國家決策和行政體系，也就是我們今天說的國家機器。在唐代，國家所有政令都會經過三省：中書省草擬方案和命令，門下省負責審查、評估。門下省若覺得不妥，就會將文書退回給中書省；若判斷沒有問題，便會把詔令下達給尚書省，讓尚書省安排轄下的吏、戶、禮、兵、刑、工等六部去執行。大致而言，三省制就是政務中行政、某種意義上的立法（擬定詔令）以及審議的分工。但我們可以想像，審議和封駁詔令可能很花時間，也會耽誤政令的時效，所以在執行上，唐朝發展出了「政事堂」的辦法，讓負責擬訂詔令與負責審查、封駁的人，以及負責執行的一些高階官員，可以先好好討論出最有效或對國家社會最好的辦法，再循程序發布命令。

在錢穆看來，三省制是「宏大又兼精密」的設計。它反映從先秦到唐代不間斷的一個歷史發展，是政府（行政單位）益發脫離皇帝和王室、走向獨立的結果，這是錢穆考慮中國政治制度時相當有特色的認識。他認為中國政治制度史發展的大方向，就是走向獨立——政府越來越能獨立處理政務，不受皇帝和皇室的掌控或影響。反對這個看法的大有人在，最直接的批評是，我們看秦以後的中國歷史，皇帝一直都在那裡；只要他一聲令下，仍能推翻所謂政府獨立的決策。錢穆的回應是，皇帝不顧程序搞破壞的情況應是特例，在整個中國歷史上屬於少數。我們可以這麼想：假設我們是皇帝、是政治上的最高領導者，我們大概沒有精力過目所有關乎國家大事的詔令，也無法實際經手所有政務。說皇帝大體上來說都照行政程序走，是有其道理的。

錢穆認為唐朝的三省制，其實是中國官僚制度發展的一個自然結果。它的本質是一種文治政府，強調要用相權，要用剛剛說的三省、特別是中書跟門下長官的權力來節制君權，讓皇帝不要做得太過。這個文治政府的運作，就是前面談到的「君」與「士」兩個範疇的互動，而且是以「士」制「君」的良性互動。錢穆還進一步主張，中國沒有代議制，就是因為宰相有權力，可以發揮監督皇帝的作用。相較之下，歐洲沒有類似的宰相制度，以致君主可為所欲為，所以必須要有代議制來限制君主。錢穆對歐洲史的理解，有很多可商榷的地方，但他對傳統中國政治制度，以至於中國皇帝是否為專制的問題，仍提供許多洞見，必須從歷史和法理等不同角度進行分析，不過這裡已無法涉及。

第四個是貢舉，也就是科舉制度，關乎國家如何選拔人才，以及選拔什麼樣的人才。也就是考慮什麼樣的人適合從政，以及怎麼樣讓這些人進入政府。貢舉制是隋唐，特別是唐朝所提出來的解答；用錢穆的話來說，是要建立「客觀的考試標準，來不斷挑選社會上優秀份子，使之參預國家的政治」（上冊，頁五〇三）。我們都承認，直到今天，什麼是「客觀」的考試標準，依然很有爭議。但無論如何，考試還是一個相對來說比較合理、簡易可行的做法。錢穆認為，這是貢舉制很重要的特徵。

除了為國家攬才，貢舉制還有消融社會階級的作用。我們今天知道，唐代推行科舉的時候，尚未從根本上發揮消融社會階級的功能；要再等到兩、三百年後的宋代，科舉才在這方面取得顯著效果。但錢穆在《國史大綱》或其它著作中不斷強調，傳統中國極其重視選拔人才。選拔人才的一個內涵，當然是讓國家政府可以做得更好；但另外一個要點，其實在於讓王朝統治的每一個地方，都意識到有在地的子弟進入中央當官。由於任何省分、任何地方基本上一定有人能進入中央，王朝透過由這些人組成的政府統治天下，就不會只是關照特定省分或地方。也就是說，中國的選才制度有著連結國家與社會的功能。漢代透過察舉，讓地方得以發聲，地方覺得這個人好，便送他去中央。到了科舉制的時代，則是讓地方的人直接透過考試，證明自己有資格進入中央政府。又如錢穆認為貢舉可以「培植全國人民對政治之興味而提高其愛國心」（上冊，頁五〇四），也是值得思考的見解。

《國史大綱》有一個部分談得非常少，就是中國跟東亞的關係。我們現在討論唐朝與東亞世界，會注意到新羅士人在唐朝學習後可以參加科舉考試，甚至可以任官。我沒有印象是否有學者關注過科舉對新羅士人心態的影響，如新羅士人對唐朝的情感，或某種對國家政權的認同。我認為中古時期的選才任官，如魏晉南北朝的九品中正制和隋唐科舉，甚至長期存在的門蔭規定，除了制度與社會史的層面，其實也有很多文化和精神意識的內涵，是未來可以深入發掘的。

總之，錢穆認為在唐代前期，「府兵跟進士，實為農民出身發迹之兩條路徑」。在此，我們看到錢穆又回到「國家」與「社會」的關係，關心一個「民」怎麼變成「士」，或「民」如何進入到政治的領域。如果愛讀書，可以讀書，你就去考進士；如果體格不錯，吃苦耐勞，你可以從軍。無論選擇哪條路，每個人都有機會提升自己的社會身分，在這個過程中，國家也不斷地讓新血進入到政治舞臺，讓國家機器可以不斷汰舊換新，持續保持剛健向前的能量。

以上說明的四個制度，有些源自北朝，有些始於隋代，但到了唐朝都滙聚在一起，促成錢穆所說的盛唐氣運，也就是唐朝在極盛時期展現出來的格局。首先是唐代的「租庸調法」，也就是稅收與賦役制度。錢穆認為租庸調制與均田制一脈相承，就是國家先確保農民有土地、生計無虞，然後在這個基礎上徵收人民的資源。現在一些研究認為，均田制跟租庸調法也許沒有那麼直接、那麼強的因果連結，但錢穆確實是如此看待兩者關係。錢穆認為，從均田制發展到唐代的租庸調法，箇中精神就是要能在社會經濟上滿足農民需求。唐代也延續府兵制，讓國家有一套健全的武裝。進士科就是剛剛說的科舉、貢舉，能相當程度地開放政權，讓農民也有可能提升自己的身分，打破階級；錢穆認為，人們一旦相信學習與考試可以改變身分地位，社會便將不斷往充實文化或學識的方向走。最後，就如前面提過的，以三省六部為代表的政府組織，亦得到錢穆的高度評價。相較於中古以前的政府，它更加完備，照顧到非常多國家和社會事務，而且具備政治的合理性，也就是有決策、審議和執行等政務分工。

對錢穆而言，以上四個制度結合起來，反映的就是一個合理的觀念；用他的話來說，「此種政治、社會各方面合理的進展，後面顯然有一個合理的觀念或理想為之指導」。這些東西講起來或許沒有什麼深遠的大道理，但可以讓人民生活過得更好，提升社會文化，也讓國家有條件能保衛自己。更進一步說，「這種合理的觀念與理想，即是民族歷史之光明性，即是民族文化推進的原動力」。而這不僅是唐朝的成就，也是中國史在中古階段長期醞釀的結果：「從北魏到北周以及隋唐，逐步進展，光明在黑暗的氛圍中長養成熟，在和平的階級下達其頂點。至於社會不時的動亂，只是黑暗與盲目勢力給與歷史進展的一些波折。」（上冊，頁五一二～五一三）從這段話來看，以「中古史」作為整體考慮《國史大綱》，確實有其意義——只論魏晉南北朝，便無法目睹黑暗之後的光明燦爛；只論唐朝，則無從知曉光明與黑暗經過了什麼樣的奮鬥。

大時代的沒落

《國史大綱》對於唐朝的統一盛運，主要著墨在以上的四大制度，我相信這也反映錢穆自己認為一個合理的國家應該具備的條件。不過，我們看唐朝的歷史，也會發現唐朝所謂的盛世維持得並不久。用錢穆的話來說，「衰象」在盛世中便已見端倪，體現在很多地方。其中很關鍵的一個原因，是統一後南北文化的互動。雖然隋唐重新統一天下，但南、北方畢竟各自發展了二、三百年，很多東西都產生隔閡甚至衝突，以及某一邊要壓過另一邊的想法。這個現象應該不難理解，比如臺灣並不大，但仍時常「戰南北」，在飲食、習慣、用語上都不無出入，何況是中國中古時期，地理範圍和多樣性大，分裂時間又長，隔閡絕不令人意外。

在某種意義上，南北的隔閡與交流，實際上導致唐朝中衰。錢穆認為，唐朝的衰象表現在社會整體傾向從北方強調的儒家經術，轉向了南朝的文學，也就是辭藻華麗、聲韻優美，但與國計民生不盡然相關的駢體文。若放在《國史大綱》對整個中古史的討論來看，這個觀點其來有自。正如前面所述，錢穆認為北朝能夠統一、發展、脫胎換骨，最關鍵的原因是北方繼承了儒家的經學、經術，並發揚其精神，應用在政治與社會建設上。一旦儒學、經術的精神開始消沉，一旦人們開始轉向南方的文學風尚，留心那些跟國計民生不相關的事，統治階層與文化菁英的政治思想和對政治的期待，自然也會變質。精神與理想變質的直接反應，就是盛唐四大制度——租庸調、府兵、科舉、三省——的破壞。

四大制度破壞與演變的情況又是如何？大體而言，官員喪失「為民制產」的精神，吏治敗壞，租庸調不復可行，只能採取「未必能惠民生」的兩稅法。面對軍隊「沒有一種合理的人道觀念」，終造成府兵消失，僅剩方鎮邊兵與中央禁軍。唐代科舉還在初生階段，社會又「尚文」不「尚實」，致使選拔出的人才工詩賦而不善吏治。三省制面對的問題則是新、舊機關疊床架屋，「妨礙整個政治效能之推進」（上冊，頁五三五）；在官僚集團膨脹的過程中，中央趨於腐化，地方難以整頓，政府也缺乏革新精神，以至積重難返。關於這些變化，錢穆有一句話可以作為總結：「一個制度的推行，必有與其相副的一種精神與意識，否則此制度即毀滅不能存在。」（上冊，頁五二一）

錢穆提出的另一個觀察是，中、晚唐之所以走向衰頹，也源自王朝自身的黷武政策。我們一般定調唐朝由盛轉衰，分水嶺當然是西元七五五年的安史之亂，因為藩鎮擁有強大軍力，所以可以動搖國本。而在安史之亂後，唐朝中央政權也不得不面對各地或大或小的藩鎮挑戰。錢穆的慧眼在於他強調藩鎮力量的養成，其實來自唐朝的擴張政策。雪上加霜的是，這些坐擁強兵的軍人有許多是非漢族群，「是唐室用中國財富豢養成的胡兵團」（上冊，頁五五一）。總的來說，「一面好大喜功，無限止的開邊；一面又寬大為懷，全泯種姓之防」（上冊，頁五五三），亦為唐朝中衰的關鍵因素。這些看法見於《國史大綱》第二十七章，雖然章名是討論「對外姿態」，但跟中古史的大變化密切相關，不能不加以重視。

藩鎮力量養成，開始威脅唐朝中央以後，就形成了惡性循環。錢穆認為，藩鎮往往不會照顧地方的社會經濟，導致民不聊生；社會經濟破產下，當然也無法侈言提升社會文化素養。反過來說，唐朝為了對抗這些藩鎮，必須維持軍隊和擴大軍事實力，而戰爭與軍備都非常花錢，這些資源當然得靠壓榨人民而來。藩鎮看到唐朝中央擴軍後，也會依樣畫葫蘆、繼續擴軍，讓原本就被破壞的社會經濟變得更加殘破。這就是一種惡性循環，如滾雪球般一直惡化下去，即使進入五代時期的華北，情勢也沒有馬上改變，至少要到後周時才有轉機。相對而言，當時的南方則比較穩定。但在錢穆眼中，「所謂五代十國，其實只是唐室藩鎮之延續」（上冊，頁六〇六），特別黃河流域民生之疾苦，「直是中國有史以來未有之慘境」（上冊，頁六二〇）。這個「黑暗時代」的描繪，不免讓人感覺中國中古始於混亂、分裂，也終於混亂與分裂，但其中還是有重大差異，包括關中與洛陽地區在中國史上的地位不復以往；南方社會文化凌駕北方；以及中國北方與東北的異族政權自此扮演強大對手等。錢穆提醒我們，考慮五代十國時，「該從地理的橫剖面上，來認取當時中國史上一種空前未有之大搖動」（上冊，頁六二二）。我認為，拿這個論斷來說明中國中古走向宋代以降的變革，其實同樣適用。

延續錢穆的探索

以上是《國史大綱》對中古史的整體觀點，最後我想簡要地用幾個例子，說明學界有哪些後續研究，其實與錢穆的看法有直接或間接的關係。按照研究主題的時間順序，我們可以先看看《國史大綱》中「二重君主觀」的論點。《國史大綱》第十二章提出，從東漢末到魏晉「當時的士大夫，似乎有兩重的君主觀念，依然擺不脫封建時代的遺影」（上冊，頁三〇五）。簡言之，對當時士人來說，皇帝是君主，但提拔我進入政壇的人也是我的君主；這是源於春秋時代貴族社會的傳統。甘懷真便進一步分析這種二重君主觀到底如何構成，除了心理的因素外，還有什麼其它的憑藉，有助於打造這種君臣關係？他的做法是考慮儀式，詳細論證此處不便說明。簡單說，他認為春秋戰國以來「策名委質」的禮儀，正是締結君臣關係以至二重君主觀的關鍵。

中國中古前期的特徵之一是南北分裂，何以中國歷史到了三世紀末，會走向分裂的態勢呢？余英時一篇短文就認為，漢末出現了四股重要的離心勢力，正是因為這四個要素，中國史才會分裂，而且要到隋唐時期才能再次統一。這四個力量包括胡族的崛起、門第的勢力、由儒學重群體轉向道家重個人的思想變化，以及以佛、道教為代表的民間文化對上層儒家文化的反抗。兩相比較，這四個要素在《國史大綱》中都或隱或顯地出現了，當然余先生有做進一步發揮。重要的是，他認為「在離心勢力的發展未消歇之前，政治統一是無法勉強建立的」。錢穆在《國史大綱》中對魏晉士風有所批評，余英時則另有長文進行更細緻的分析，不再贅述。

嚴耕望是制度史和歷史地理的巨擘，也是錢穆的高足。他在〈從南北朝地方政治之積弊論隋之致富〉一文中，也補充了《國史大綱》的觀點。《國史大綱》第二十二章講隋朝統一時說，傳統史書有一個很強烈的印象，認為隋的國庫非常富有，一直到唐朝統一很久後，都未必追得上隋朝的財富。錢穆提出了幾個原因，其中一點是「北朝君臣大體均能注意吏治。隋承其風而弗替」（上冊，頁四七五），也就是關注地方官員與地方社會的互動。嚴耕望進一步指出，隋朝其實做了很多制度與人事上的精簡，大幅降低人事成本，制度以外，人的因素也很重要。隋文帝所謂的勵精圖治，就是非常有自覺地打擊地方上的貪官汙吏，認為「政治既已安定，自不容貪贓枉法者普遍存在」。透過這些分析，嚴耕望為《國史大綱》論隋朝何以「府庫充盈」，提供了更確實的論證。

我的研究也經常受益於《國史大綱》。如前所述，錢穆很重視北朝儒學，認為它與隋唐盛運密切相關；我有一篇小文則嘗試進一步考察當時儒學的內涵。我認為有兩個重點：第一，「依漢魏之舊」確實是很關鍵的理念，「反映儒學傳統告別過去動盪、迎接新時代的努力」；第二，儒學在當時面對的挑戰，並非只有南、北問題。儒學至少還面臨兩個重要對手，一個是文學，一個是法律。這一點其實也接續最一開始所說，東漢以降思想潮流的變化。我認為初唐儒學能為政治社會做出重要貢獻，就在於當時人釐清了「文治」中儒學與文學的不同成分，以及能較好地調和了儒、法互動，在教化和循名責實之間取得平衡，促成貞觀之治。

最後要分享的，是同為錢穆高足的孫國棟的著作。他的〈唐代三省制之發展研究〉一文，把《國史大綱》對三省制的描繪發揮得更徹底，提出了至少四個重要觀察。第一，君主為政治上最高負責人，而非至高無上；第二，制度的核心是以設司分職取代君主威權獨運；第三，三省制也要求君主虛心與臣下直諫；第四，它在原則上是以公道代私僻，以崇法代喜怒。要言之，三省體現一種理性政治的精神，讓政治事務和行政走向合理化。這些特質，基本上是延續錢穆的見解，但處理得更加周延。除了這篇文章，孫國棟在《唐宋史論叢》中，也討論科舉制度如何促成唐末宋初的階級消融，也和《國史大綱》有密切關係，這裡便不贅述了。

小結

是時候做個總結了。我們考慮「《國史大綱》的中古史」，主要是根據〈引論〉提出的政治制度、學術思想、社會經濟等三個元素，觀察東漢末年至五代十國期間，特別是魏晉南北朝與唐代，國家與社會的互動關係，以及這些互動關係怎麼推動中國史的進程。在上文的說明外，我還想補充兩點。

首先，就整個中古史來說，一個最根本的元素就是門第的力量，或者說是以世家大族這種形態出現的士人力量。我們知道，戰國時期出現游士，漢代透過察舉制度和經學讓士進入政府，宋代又透過科舉吸納士人，進一步消融社會階級。若按照這個線索，中古士人以封建勢力的形態出現，似乎是一種發展上的突變。但在錢穆眼中，中古門第勢力仍然反映中國歷史的大潮流，一個走向文治政府與文治社會的潮流。他認為中古門第固然是種變相的貴族、具有世襲特色。但士人與門第得以如此，其實正說明士人的力量變得很強大，才有條件支配、影響中古社會與政治。若著眼於此，中古門第的出現，依然是順隨中國歷史發展的大勢。

第二點涉及中國史的分期問題。我在最一開始時便說，錢穆不喜歡以歐洲史為參照的「中古」概念，但這不表示他在斷代的框架外，沒有自己的分期或時代觀。大體而言，錢穆似乎認為唐宋之際是一個巨大的轉換或變革期；根據我有限地閱讀以及《國史大綱》對中古史的描繪，錢穆應該是把漢朝跟唐朝，以至於漢代以前的中國歷史，視為內涵比較相近的一個整體。如《國史大綱》說「租庸調制與府兵制，是兩個古代社會蛻變未盡的制度，大體精神頗與漢制為近」（上冊，頁五二五），又說「中國西北部文物驟衰，實為唐中葉以後一極要之轉變」（上冊，頁六〇六），都與此相關。

換言之，假設錢穆要一刀切，將中國歷史劃為兩段，他極有可能會以宋代為界，也就是把宋代以前視為廣義的古代社會，宋代以後則是一個走向近代的社會。這樣一來，《國史大綱》對中古史的理解，就必須連結到漢代、甚至連結到春秋戰國時期，以進行更長時段的解釋。我認為錢穆不會反對我們這麼做，畢竟《國史大綱》就是一部懷抱通貫精神的通史，能提供我們整體視野與比較眼光。上述觀察可能會讓我們聯想到日本學者內藤湖南（一八六六－一九三四）的著名學說，也就是所謂的唐宋變革論。我沒有深入研究，不敢妄言內藤與錢穆史學思想的關係，姑且提出來供大家參考。

由以上說明可知，錢穆雖然不以魏晉南北朝史或隋唐史研究知名於世，但《國史大綱》對這些斷代、或我們這裡說的「中古史」所提出的觀察，仍有非常多極富價值的洞見。閱讀「《國史大綱》的中古史」，毫無疑問有助我們理解中古中國的人、社會與制度背後的交錯互動，把握他們背後的精神意氣，以及認識中古時期在傳統中國史進程中的角色。

參考書目

內藤湖南，〈概括的唐宋時代觀〉，收入《日本學者研究中國史論著選譯》第一卷。北京：中華書局，一九九二。

甘懷真，〈中國中古時期「國家」的型態〉，收入《皇權、禮儀與經典詮釋：中國古代政治史研究》。臺北：臺大出版中心，二〇〇四。

余英時，〈中國史上政治分合的基本動力〉，收入《中國歷史上的分與合學術研討會論文集》。臺北：聯經出版公司，一九九五。
余英時，〈漢晉之際士的新自覺與新思潮〉，收入《中國知識階層史論・古代篇》。臺北：聯經出版公司，一九八〇。
孫國棟，〈唐代三省制之發展研究〉，收入《唐宋史論叢》。香港：商務印書館，二〇〇〇。
孫國棟，〈唐宋之際社會門弟之消融——唐宋之際社會轉變研究之一〉，收入《唐宋史論叢》。香港：商務印書館，二〇〇〇。
傅揚，〈斯文不喪——中古儒學傳統與隋代唐初的政治文化〉，《漢學研究》三十三卷第四期（二〇一五，臺北）。
錢穆，〈略論魏晉南北朝學術文化與當時門第之關係〉，收入《中國學術思想史論叢》第三卷。臺北：三民書局，一九七七。
錢穆，《中國歷代政治得失》。臺北：東大圖書公司，一九八四。
謝偉傑，〈亂世中的曙光——錢穆對中古早期歷史的一些看法〉，收入《重訪錢穆》上冊。臺北：秀威資訊，二〇二一。
嚴耕望，〈從南北朝地方政治之積弊論隋之致富〉，收入《嚴耕望史學論文選集》。臺北：聯經出版公司，一九九一。

立基於社會治理

《國史大綱》中古代至中古的宗教

許凱翔／國立暨南國際大學歷史學系助理教授

本文的旨趣，在探討錢穆《國史大綱》中的宗教論述。每當討論宗教議題時，不免涉及一個基本的問題：什麼是宗教？若以此檢視本文的主題，便需考慮兩個問題，一是現代學術對宗教的定義為何？二是錢穆本人如何認知宗教？我之所以提出前述疑問，是因為某些現在想當然耳的名詞或概念，在其原本所處歷史情境中卻被賦予不同的意義。因此，欲分析錢穆的宗教觀，就必須掌握現代學術定義下的宗教意涵，且追溯錢穆及其時代對宗教的理解，突顯錢穆宗教觀的時代意義。接下來，我將根據以上脈絡，對此主題展開討論。

宗教的定義及其時代性

宗教的現代定義

今日人們指稱之宗教，即英文的religion，其定義已有不少學者深入討論。例如蒲慕州指出，宗教是對「人外力量」的信仰。人們信仰的對象或有生命、無生命，性質或為自然、超自然，人與社會主動或被動受到人外力量的影響而改變命運，因而感到需要對這類力量作出回應，便形成信仰的行為。[1] 箇中關鍵，在於人們必須相信人外力量的存在，宗教才得以成立。宗教反映出的特質，可稱為宗教性（religiosity）。蔡彥仁、黎志添等認為此指與宗教有關的經驗中，所具有的不可化約、非理性等特質。[2]

在宗教分類方面，楊慶堃（C. K. Yang, 1911-1999）對中國宗教的研究影響深遠。對於身處西方一神教基督教體系的學者而言，巫或以祠廟為中心形成的祠神信仰（或稱民間宗教、民間信

1 蒲慕州，〈中國古代的信仰與日常生活〉，林富士主編，《中國史新論——宗教史分冊》（臺北：聯經出版公司，二〇一〇），頁一四～一五。

2 蔡彥仁，〈從宗教的「不可化約性」論華人學術處境中的宗教研究〉、黎志添，〈宗教學對儀式研究方法的啟迪〉。黎志添主編，《華人學術處境中的宗教研究——本土方法的探索》（香港：三聯書店，二〇一二），頁一五～四五、四六～六七。

仰、祠祀信仰等）在祭祀對象、儀式等方面的多元性與靈活性，時常感到難以理解，甚至因此認為中國缺乏宗教。楊慶堃藉由對中國宗教的分類，提出不同的看法。他主張中國宗教可分為兩類：一是制度性宗教（institutional religion），其獨立於世俗社會組織之外，具有自成體系的神學、儀式、組織；二為瀰漫性宗教（diffused religion，又譯為擴散性宗教），具神學理論、崇拜對象、信仰者等，但較缺乏獨立性，容易滲透而與世俗觀念、儀式與結構融合。[3] 瀰漫性宗教的定義，精確呈現中國巫與祠神信仰世俗化的特質，證明這類普遍存在於中國的宗教，亦屬於宗教的範疇，進而反駁過往西方學界認為中國缺乏宗教的論點。對於今日的中國宗教研究者而言，楊慶堃的著作仍極具參考價值。[4]

以上粗略介紹現代學術定義中宗教，接著將說明錢穆對中國宗教的看法。

對中古宗教的總結

錢穆在第十三章〈統一政府之迴光返照〉第六節，以「新宗教之侵入」為題，初次提及宗教，全節僅云：

> 代表此期中國之衰弱情態者，一為中國文化中心之毀滅，又一則為異族宗教之侵入。

（上冊，頁三二五）

他對宗教的實質討論，則見於第二十一章〈宗教思想之瀰漫〉，該章開篇即云：

代表魏晉南北朝長時期之中國衰落情態者，有一至要之點，為社會宗教思想之瀰漫，同時又為異族新宗教之侵入，即印度佛教之盛行於中國是也。（上冊，頁四四一）

對照兩段文字，可知錢穆認為魏晉南北朝為中國歷史上長期衰落之時期，而將此部分歸因於「社會宗教思想之瀰漫」，並直指此一宗教思想即印度佛教，且將其傳播視作「異族新宗教的侵入」。從上引史料的文脈與用詞，可見他對外來宗教傳入的批評，與其對文化中心中原崩壞之感

3 楊慶堃（C. K. Yang）著，范麗珠譯，《中國社會中的宗教——宗教的現代社會功能與其歷史因素之研究（修訂版）》（成都：四川人民出版社，二〇一六；初刊於一九六一），頁二二八～二二九。

4 對於楊慶堃中國宗教研究的介紹，另可參金耀基、范麗珠，〈研究中國宗教的社會學範式——楊慶堃眼中的中國社會宗教〉，《社會》第二七期（上海，二〇〇七），頁一～一三。

嘆緊密相連。其所在意者，在於中國古代宗教地位之下降。[5]

相較之下，錢穆對中國古代宗教則給予較高評價。他提到中國古代對上帝的信仰近似於「一神教」，隨後敏銳指出古代一般民眾只是信仰、尊敬上帝之存在，而不參與對上帝的祭祀。祭祀上帝的禮儀，只有天子能夠執行，天子是天與人民之間的媒介。天子作為統治者的正當性，源自其是否履行祭天之責任。（上冊，頁四四一～四四二）

錢穆在一九四五年的討論中，亦述及以上概念。他先提到宗教擁有出世、個人主義兩大特質，並主張中國亦有信仰鬼神的宗教。但中國宗教不同於西方宗教之處，在於其政治化。錢穆將中國古代宗教分成三個層次，由上至下為上帝、天子、民眾。對於一般民眾而言，上帝是陌生的存在，因為他們沒有權力祭祀上帝，天子是唯一有此權力者。錢穆認為此一宗教體系的特點，在於重視所謂地上大群體或大王國的結合。上帝位乎上，天子取信於上帝，其下由民眾組織為大群體、大王國。如此便形成了一種人與人之間的相對秩序，此秩序讓人們依據身分執行相應禮儀，使其意識、區別彼此上下尊卑的關係。古代宗教觀念關懷的是地上大群體，或為國家、國度，個人地位並不受到重視。[6]

《國史大綱》第二十一章前半的宗教論述，可以視為前述論點之前身，且是一部以先秦儒、墨、道、陰陽天人關係學說為主的政治思想史。他認為儒家延續了中國古代偏重地上大群體的宗教觀，但對後者做出一重要修正，即以「仁」強調人跟人之間的互相體恤，以提高個人之地位，有效彌補古代宗教對個體關注的不足。墨家對於宗教的理解，接近重視大群體的古代宗教，且主張拋棄等級束縛，但個人在其觀念體系中更無地位。道家著重個人與天的結合，最終尋求群體之消失，形同推翻古代宗教觀念，因此被錢穆視為消極、無為的反神論。陰陽家根據建立地上王國的政治需求修改了古代宗教觀，並由儒家重視人道回歸對天的關懷，形成所謂天人相應的學說。其後又融合混雜神仙思想的道術，例如秦漢方士主張變法改制以應天命，或強調封禪可以追求長生等說，俱因此而衍生（上冊，頁四四二～四四五）。綜合上述，可以發現錢穆對諸家宗教內涵的界定，是以該家對天人關係的認知為依據；也可以發現錢穆所謂古代宗教，其所關注的是天人關係。儒、墨、道、陰陽等家對天人關係的解釋各異，但都可對應各自關於統治國家的規劃，故皆可歸入政治思想的範疇。

同章的後半部，先後討論東漢以下的道教、魏晉南北朝的佛教、北朝的佛道衝突、隋唐時期

---

5 有關錢穆對中國文化精神的追尋，可參余英時，〈一生為故國招魂——敬悼錢賓四師〉（初刊於一九九〇），《猶記春風水上鱗——錢賓四與現代中國學術》（臺北：三民書局，二〇二三；初刊於一九九一），頁一七～三一。

6 錢穆，〈東漢以下宗教思想之復活〉（初刊於一九四五），《中國學術思想史論叢》第二冊（臺北：聯經出版公司，一九九四），頁三四一～三四六。

佛學的中國化等課題。由此可見，錢穆是將先秦天人關係政治思想與佛、道並列。此不禁令人產生兩個疑問：其一，為何錢穆將先秦政治思想與道教、佛教一同歸類於宗教？其二，錢穆對宗教的界定究竟為何？欲解決這些問題，或應從中國士人對「教」的認識出發。

中國的「教」

錢穆將儒、墨、道、陰陽家與佛、道教並觀，顯示這幾類對他而言是同類事物，此見解涉及「教」義在中國的歷史脈絡，陳熙遠對此有深入探討。他在梳理宗教成為現代學術用語的過程時，指出在十九世紀末以前中國少見宗教一詞，教則多為士人所用。教在當時是指宗旨學說，即英文中的 teach 或 instruction。中國士人所謂的教，與 religion 有所差異。佛教、道教是與儒教並列的學說，且與儒家一樣受到官方認可而被賦予教之稱呼。現代人習稱的宗教，其實是十九世紀末自日本傳入的翻譯，當時的日本學者接觸 religion 一詞時不知如何翻譯，後以漢譯佛典中的宗教來對譯。漢譯佛典所見的宗教，是指某學派的宗旨學說，即所謂宗派之教，非指對鬼神的信仰；其後，儒教、道教文獻也開始出現宗教。一八七四年，森有禮（一八四七—一八八九）在其〈宗教〉一文中，正式將 religion 翻譯為宗教。後宗教概念自日本傳入中國，然並未立刻改變中國舊有的「教」義。由中國傳統的教至現代概念的宗教，經歷了漫長的過程。期間部分西方傳教士在解釋

《聖經》時，反而混雜了中國教的概念。另外，有不少知識份子尋求教與宗教的接軌。最終，作為中國諸教典範的教義，便逐漸在宗教論述中走向邊緣化。[7]

根據以上脈絡，即可理解中國的教是一種政治學說，而非獨立於政治之外，且與現實政權是有密切關係。以此理解道教，可知道教是將老子神格化為「道」，以「經」即《道德經》闡述其學說，進而教化人民。道教就是發揚老子之道的教，性質上近乎宗旨學說。中古時期官方以三教講論形式，令儒、釋、道三方公開辯論彼此學說優劣，是因為官方將三教視為統治所需政治學說的提供者，此更彰顯中國的教具有高度政治性。

錢穆在討論宗教時，之所以聚焦於天，以及儒家、墨家、道家、陰陽家等政治學說，是由於這些學說都涉及對天人關係的解釋，這些解釋是必須要應用在現實政治。中國早期即存在宗教，只是都消融於政治裡，所以古代宗教皆與政治有關。

其次，錢穆對宗教的定義帶有折衷性質。一方面他受中國傳統教義影響，故多關懷政治，而將先秦儒、道、墨家跟佛、道二教並列討論，這些學說都與政治、社會的發展有密切聯繫。另一方面，他對西方宗教定義亦有認識，故能比較中國宗教在出世、個人主義兩方面與西方宗教的差

---

7 陳熙遠，〈「宗教」——一個中國近代文化史上的關鍵詞〉，《新史學》第十三卷第四期（二〇〇二，臺北），頁三七～六六。

異，論證中國宗教的特點。

值得注意的是，此書中未見有關祠神信仰的論述。即使在他其餘著作中，也未將祠神信仰納入考察範圍。以對祠神崇拜為中心的祠神信仰，因其缺少關於政治學說的論述，或因此不在錢穆討論範疇之中。宗教既被他視為政治思想，可見其仍受中國傳統教義的影響，使其理解的宗教雖牽涉鬼神信仰，但不完全等同於現代學術概念中的宗教。他將中國古代以至儒家的教義為中心，擴及佛、道教的筆法，顯示其使中國傳統教義與現代宗教之義銜接的企圖，並由中國自身思想的脈絡出發，掌握中國宗教的發展。

政治關懷下的宗教評價

評價宗教之標準

錢穆認知的宗教既與政治高度相關，故其對宗教的評價都出自其政治關懷，他以魏晉南北朝為一衰落時期的判斷便是一例。該時期與先前時代宗教的落差，在他看來在於與政治結合程度的衰退。那麼，對其所謂衰退的現象，錢穆是以什麼標準加以評判呢？

第一個標準，在於宗教是否具備對「大群體」的關懷。他在探討宗教時，留心該宗教是否關懷大群體，以及關懷程度深淺，以此兩項為其評價之基礎。換言之，該宗教若越關心大群體，他便給予較好評價，反之亦然。這是由於人的歸宿在身、家、國、天下的融洽與安全，人則追求政治、社會、風俗、經濟等方面的向上發展。以古代宗教為例，古代宗教中的祭天，是以天子代表上帝，地上王國是天上神國在地上的反映。人間社會中所謂大群體，是以禮樂區別人與人之間的相對秩序，個體間的對立在大群體中被消融。儒家延續古代宗教，又以仁關懷個體差異。古代宗教觀念中，個人最優層次是修身、齊家、治國、平天下。在此基礎上，人們便可追求政治、社會、風俗等方面的改變。錢穆進一步主張，儒家的壯大及其對大群體之重視，形成秦漢統一帝國的政治基礎。在此情況下，當時的社會不需要其他宗教，因而獨尊儒術。儒家思想之完備，促成了國家的統一。(上冊，頁四四一～四四八)

由於佛教在東漢才傳入，道教亦在東漢末成形，秦漢時期仍以古代宗教為主，因此在宗教上聚焦於大群體的發展，關懷社會問題並以仁弭平個人間的差異，就其所見是最理想的狀態。魏晉南北朝一者為分裂時期，二者儒家思想衰落，三者有佛教等外來宗教傳入，對其而言便不如作為統一國家的秦漢時期。

至於陰陽家，他認為其重視陰陽五行，回歸到對天的討論，而使個體的差異再被忽視，施政上只要配合陰陽五行之理即可。另外，陰陽家又融入道家消極的觀念。陰陽家輕視個人，道家卻重視個體解放，兩種思想在對待個人的態度上出現矛盾，而後又與神仙思想結合，以求仙為解放個人之道，而出現提倡封禪求長生的觀念。對於陰陽家與結合神仙思想的道家融合，他以「樂利主義」形容之，視其為超越個人宗教觀之墮落，以個人意志為主的方術權力則為之擴張。初始道家重視國家施政的大方向、法律等方面，但與陰陽家結合後轉向個人追求，甚至著重對方術的討論，終而趨向末流。（上冊，頁四四二～四四七）

道教的興起，則與東漢末年政治、社會秩序的解體有關。其時大一統政府的腐壞，導致禮樂秩序之解體，以私人需求為主的方術再次興盛，道教開始流行於下層社會。黃巾之亂、漢中五斗米道張魯勢力的擴大等，使方術信仰逐漸失去士大夫的支持。對東漢以降的士人而言，對東漢以降士人而言，因大群體腐壞毀滅而在政治、社會方面無從施力，使他們退至個人追求，由方術轉向清談。道家重心由黃老轉為莊老，對政治、群體的關懷有所減少。不過，東晉士族多信奉天師道，因此平日雖然以清談老莊面對國家事務，但在面對孫恩之亂的個人求生需求時，又回歸方術。道教追求的是個人福祉觀念，有的是求仙，有的是希望建立宗教王國，並非真正關心大群體的發展。（上冊，頁四四八～四五三）[8]

論及魏晉南北朝佛教時，錢穆尤其關注大乘佛教對社會的積極作用。對於佛教在中國之盛行，他指出兩個內在條件，一是佛法強調自立、不依他力。此與儒家「人皆可以為堯舜」的觀念相近，認為經由對自己的修養，可以達到聖賢之境界。二者，佛法主救世、不主出世，大乘佛教更強調應拯救社會大眾，此和儒家對大群體的重視相通。因此，他對大乘佛教「眾生不成佛，我亦不成佛」之說表示稱許。因為此中關懷的是大眾是否得到拯救，而非個人修行成敗。魏晉南北朝眾多高僧的努力，也是佛教在當時興盛的一大原因。這些僧人誠心求法、宏濟時艱，因而積極從事翻譯經典、傳布佛法、救濟民眾等事業。他認為這些僧人的熱誠跟兩漢時期儒者、儒生之理想相通，兩者可謂貌異神是，皆具關懷大眾的本質，故他給予佛教大乘佛教高度肯定。他以侵入稱呼佛教在中國的傳播，不免予人帶有華夏中心視角之感。但與此同時，他也留意大乘佛教救度眾生的精神，而予其較高的評價。（上冊，頁四五四～四六〇）

第二個標準，繫於宗教是否能夠經世致用。如前所述，錢穆認知中的宗教與政治思想緊密聯繫，宗教應能對政治有所助益，經世致用是他理想中的宗教功能。道教在東漢以降之崛起，在前述標準下便被視作追求個人福祉觀念的興盛，而被以「瀰漫」形容。錢穆以「侵入」形容佛教，雖

---

8 錢穆在探討黃巾之亂對東漢政權之破壞時，認為在東漢末大饑荒的背景下，農民因宗教與迷信而結合起事。但因太平道迷信成分太多，宗教質地太差，故容易發動而不易成功。

顯示其華夏中心視角，但佛教卻以大乘思想獲其重視。他討論佛教時之所以專論大乘，即在於重視大乘救世的理想。反之，小乘佛教以及淨土、維識等思想，在他看來無益於大群體之發展，故在《國史大綱》中幾無著墨。要言之，錢穆是以儒家為本位的視角出發，利用對宗教的評價，追求「經世致用」之理想。

史識的展現

《國史大綱》作為一部教科書，又兼具通史之性質，在有限篇幅之中，如何為讀者找出歷史變遷的重點，考驗作者之史識。錢穆對中國宗教的論述比重，便展現其對中國宗教重心演變的論斷。例如在討論魏晉時期宗教時，以佛、道教為中心。其有關道教之考察，則只論古代道家思想、東漢末太平道、東漢末至南朝天師道的政治活動等，而未處理中古時期道教內涵的變遷。談到南北朝時期的宗教時，重北朝而輕南朝。進入隋唐時期部分時，重佛教禪宗而輕道教。

上列論述重心的變化，顯示錢穆對各時期宗教重點之判斷，基準在於宗教對政治、社會影響程度的多寡。在此標準之下，南朝居士佛教偏重個人修行，或隋唐道教多與上層人士活動結合等特質，被認為對社會中的大群體影響較少，便遭其排除於討論範圍之外。

又例如錢穆在中古宗教討論對象上的考慮，與北齊史家魏收（五〇七—五七二）所撰《魏書》

有相通之處。舉例而言，《魏書》有一特別體例〈釋老志〉，為此前正史所未見。〈釋老志〉顧名思義是以記載中古佛、道教的發展為旨。魏收撰寫此志的原因，在其注意到「釋老當今之重」。[9]魏收觀察到佛、道教對中古時期政治、社會多有影響，因而創作〈釋老志〉之體例以記錄這一重要現象，可謂識見卓著。又如他之所以分析北方佛道衝突，是因其注意到北方佛、道教皆深度涉入政治，而佛教在經濟上影響極廣，此皆使北方宗教發展異於相對偏重義理的南方，使其專論北方。箇中關鍵，在於宗教與社會中大群體的關係緊密與否。

隋唐佛教諸宗中，錢穆特別重視禪宗，這與其對儒學的關懷相連。因為他認為禪宗的「教外別傳」，即主張不立經典、不立文字等，有效泯除了南北朝時期佛教出世、入世的爭議。大乘佛教當強調眾生慈悲的觀念，跟儒家的仁也能夠相通。而且，唐代禪宗確實對社會造成廣泛且深入影響，因而被其視作唐代宗教的代表。（上冊，頁四六八～四六九）

在禪宗之外，中古時期另一傳播深遠的是淨土思想。該思想對基層社會影響極大，但與政治層面的結合相對較少。錢穆關注的是政治對大群體的作用，而非中古基層社會，淨土思想在其討論中就顯得無關宏旨，便不適合放入此書。研究脈絡的不同，當影響撰述的重心。

---

9 魏收，《魏書．前上十志啟》（北京：中華書局，一九九五），頁二三三一。

此外，他指出佛教對於大群體的重視，對宋代的思想與社會影響甚深。思想方面，宋代儒者回歸到古代著重大群體之教義，且與大乘佛教的群體關懷呼應。社會方面，中古佛教寺院開展諸多社會福利事業，對宋代義莊、義倉等社會救濟措施的產生多有啟發，寺院、義莊、義倉等共同發揮救濟功能。不過，他對佛教的討論止於隋唐，對宋代及以降佛教甚至其他宗教皆未置一詞，在通史體例中極為特別。錢穆在第二十一章末的一段話，即透露其中緣由，其云：「此下佛、道兩教事跡，乃不復足以轉動整個政治社會之趨嚮。」（上冊，頁四六九）在他看來，兩教若不足以牽動政治社會，即無繼續探討之必要，此與其對大群體的關懷可謂一脈相承。

余英時為此書新版所撰的〈導讀〉中，引用清代章學誠《文史通義．書教篇》中「撰述欲其圓而神，記注欲其方以智」之語，提出《國史大綱》非僅記述之學，而是一種「圓而神」之「撰述」，是具有系統性觀點的一部通史，藉以表達他對中國歷史的一家之言，即余英時所稱「專門名家之業」。（上冊，頁一七）對照前述以儒家立場出發，關注宗教經世作用的標準，確實可見錢穆意在以通史的寫作，回歸傳統史家評判史實的角色，呈現其對中國宗教的系統性觀點，以作為現實施政之參考。

循此脈絡，錢穆或試圖回歸中國傳統史官的職能，如西漢司馬遷云：「究天人之際，通古今之變，成一家之言。」古代史官不僅職司撰述，也作為天人之間的媒介，以其史筆對歷史中的人、事進行最後評判。在他對宗教的討論中，則是經由探討對象的揀別、對宗教經世致用功能的評價等，為讀者揭示宗教對政治之作用。[10]又如余英時所云，此書以「究天人之際」為旨，解釋歷史上客觀存在力量與人的主觀力量之互動，並以眾多史料為基礎的系統觀點「通古今之變」，終而「成一家之言」（上冊，頁一二）。上述撰述精神貫串於其對宗教的討論，而以古代以至儒家的教義為中心，詮釋其眼中的中國宗教發展脈絡。

小結

今日歷史學研究領域的分類更趨細緻，學者們在各自專精範疇中耕耘，如《國史大綱》般通貫數代的著作已不易見到。錢穆在此書中不滿足於羅列史實，而以對國故、民族性的追求貫串全書。他一方面承繼了中國古代以至儒家對教的理解，另一方面嘗試將傳統教義與現代宗教意涵加

10 關於古代史官職能的演變，可參徐復觀，〈原史——由宗教通向人文的史學之成立〉，《增訂兩漢思想史》第三卷（臺北：臺灣學生書局，一九七六），頁二一七～三〇四。

以聯繫，為中國古代至中古宗教的歷史進行總結。以微言大意表達儒家關懷社會中大群體的精神，引導讀者思考如何以史學達到經世致用之目的。

據此書對宗教的論述為基礎，或可延伸思考：第一，如撰寫一部貫串數代的中國宗教通史，那麼中國宗教的特色是什麼？第二，若以宗教作為觀察中國歷史的主軸，是否可能為中國歷史帶來不同的理解？這兩個問題源自林富士（一九六〇—二〇二一）對中國宗教研究策略的梳理。他將研究中國宗教分為兩種具差異但不相悖反的策略，一是由中國史看宗教，二是由宗教看中國史。前者討論中國不同歷史時期中的主流或優勢宗教，從信徒、社會或政治等層面對中國宗教進行總體性的觀察；後者探討個別宗教發展與宗教間的互動，且關注政治、經濟、族群、地域文化、日常生活等方面與宗教傳播的關係。[11] 從上述策略出發，或可為中國宗教史、中國史建構不同的歷史圖像，且使宗教成為中國史研究的重要範疇。

11 林富士，〈導言——中國史研究的宗教向度〉，林富士主編，《中國史新論——宗教史分冊》，頁一。

以政治為走向的書寫

《國史大綱》的宋元史

鄭丞良／天主教輔仁大學歷史學系副教授

在進入正式內容之前，我想先說明本文的基本思考。本文會介紹現今宋史學界對《國史大綱》若干議題的回應意見，甚至是修正看法；但是重點並不在於「糾錯」，因此我並不會刻意闡述這十年或近年來宋史研究的趨勢。文章重點應當是在於「重返」，也就是試著重新理解錢穆究竟如何對宋、元時代在中國歷史中進行歷史性定位。當然，兩者往往仍是具有一定重疊，但我想這中間還是有區別。

我特別喜歡書名《重返國史大綱》的「返」字。歷史學研究不斷推陳出新的同時，總是需要在一定時間之後重新反思、審視前輩學者談的概念。隨著學術的推衍，新潮流、新學說、新理論不斷出現，我們是不是對於原本經典著作與概念，反而變得懵懵懂懂，甚至積非成是？所以，文章前半部主要圍繞在《國史大綱》內容，談談錢穆先生在宋、元的相關篇章中提出哪些重要的想法，以及重溫他在書中的精采論述。

再者，我們可以針對《國史大綱》的若干爭議論點進行討論。例如，宋代究竟是否「積貧積弱」？宋代宰相制度究竟是否「相權低落」？在元朝的部分，錢穆提到元代行省制度是「中央臨制地方」，對中國古代地方行政具有極重要影響。另外，傳統認為元代的士人地位低落，有「九儒十丐」之稱，錢穆在《國史大綱》承襲未改，但元代士人地位真是這樣子嗎？我們不妨藉由以上四個例子，重新審視錢穆說法是不是全部都需要被推翻？或是回到錢穆的立場重新理解，他是如何、又是為何提出這些觀點？

在最後，想與大家分享個人在重新閱讀《國史大綱》宋、元相關篇章過程中，有關錢穆在書中拈出的潛流、趨勢、脈絡的體會，充作本文的結語。

內容要點

《國史大綱》宋、元章節在下冊第三十一至三十五章。宋朝的第一章主標題是〈貧弱的新中央〉，副標題「北宋初期」，可見錢穆有意依時序先後編寫。第二節「宋初中央新政權之再建」，雖是講述耳熟能詳的宋朝開國歷史，但是可以發現錢穆從四個角度來解釋宋朝如何再建「中央新政權」：他先講述「杯酒釋兵權」，說明宋朝如何將權力從晚唐到五代藩鎮節度使體系重新收歸中央；再講述宋朝在州、府一級地方行政體系之正長官「知州」、「知府」之外，多設立副長官「通判」，用以協助並監視正長官；在州的上一級有「路」，路級有帥、漕、憲、倉四個監司，其中漕司（即轉運使）主要工作便是將所轄州縣財務稅收，匯整搬送到中央。宋朝中央政府透過通判、轉運使等官職，逐步將以往屬於地方的行政權、財政權，收攏統歸於中央政府。最後就是選兵補禁旅，就是將地方軍士中優秀的、體格好、有戰鬥力的士卒，透過選兵徵調到中央禁軍。可以清楚看到，錢穆並不是單純講述宋朝開國史，而是有意挑選宋朝如何解決前一階段制度弊端，設立穩定中央政府的新制度。

第三節是我特別喜歡的一節。雖然標題「宋代對外之積弱不振」看似單純陳述宋朝武力不振，但事實上本節是在講宋朝的立國規模與困境。錢穆明確說：「有契丹而無法消滅契丹，是宋朝最大，而且是唯一的弱徵。」北宋初年正是因為在契丹外患的外部格局之下，內部又因為裁抑兵權、缺乏理想士大夫官僚、定都開封等等因素，構成宋朝內外先天條件不良的狀況。所以，我覺得這一節真的很有意思，標題是「對外之積弱不振」，其實錢穆把宋朝立國之後的內、外都說了一番。

第四節「宋室內部之積貧難療」聯繫上一節，錢穆將宋朝國家歷史地位確立為「積貧積弱」。這節提到宋朝的「三冗」——冗兵、冗官、冗費，特別宋朝就是優待士大夫的階段。

本章最後一節注意到宋朝政治制度的一些弱點。錢穆特別注意到臺諫言官，也就是監察體系的勢力太強。原本的監察體系像御史臺針對行政官僚，諫官應該是針對皇帝，可是宋朝諫官、御史全部都去監督宰相與行政官員。行政體系動輒得咎，當然也造成了相權低落的問題。

下一章講到〈士大夫的自覺與政治革新運動〉。本書也有一篇是以〈士之自覺〉為題，這確實是錢穆非常關注的課題。然而，讀者應當會在這章發現到，錢穆在其中提出「學術思想之新曙光」，並不是討論宋代理學或是相對抽象的哲學思辨。這絕非代表錢穆忽略宋明理學在中國思想史上的地位，而是因為錢穆認為必須由宋代士大夫在政治領域的實際表現與自我認知，才能真正理解其自覺。稍微離題談一下，從這個角度來看，余英時的《朱熹的歷史世界》，仍是立足於《國史大綱》此一對宋代士大夫精神的把握。稍後我會摘錄幾段這章精采論述，與讀者分享、討論。

經過宋初百年培養，士大夫階層至仁宗朝產生范仲淹「先天下之憂而憂，後天下之樂而樂」。士大夫自覺以治天下為目標，而非謀發達、取官位，此便是「士大夫的自覺」。正是在此自覺精神之下，北宋部分士大夫開始致力於改革原本不甚理想的制度，衍生了兩次的變法運動。由此來看，這章與上一章不僅是時間相連（北宋初期到中期），內在脈絡其實是相聯繫的：北宋中期士大夫自覺之後，興起修正北宋初期制度弊端的想法。如此一來，也更清楚錢穆為何在士大夫自覺集中講述政治表現，而非抽象學術思考。

在北宋變法內容中，錢穆談到王安石「重法意輕人事」，批評了王安石在變法過程忽略了冗官與吏治改革，衍生不必要的人事糾紛等等負面評價。可是錢穆最後又很微妙地肯定王安石變法，認為王安石變法是有它背後的理想性存在。錢穆對王安石變法的評論，看似模稜兩可，既批評又肯定，但是如果順著「士大夫自覺」脈絡，可能更清楚錢穆立場。這是我自己覺得挺有意思的地方。

王安石變法後造成新舊黨爭。錢穆注意到在黨爭背後存在一個南北地域的差異性，南方人支持新法、北方人反對新法。此一南北地域差異或許有兩點因素：一是南方經濟較北方更為發達；二是南方士大夫的性格較為創新激進，北方士大夫較為傳統穩健。

在北方士大夫群體亦即是舊黨人士中，可細分為洛、蜀、朔三派。錢穆認為洛黨以程顥（一〇三二—一〇八五）、程頤（一〇三三—一一〇七）兄弟代表，強調王霸之辨，是經術派、理想派。司馬光為首的朔黨是史學派，強調逐步改良，要一步一步地來做，至於採行方法是王道或是霸道並不重要。至於蘇軾（一〇三七—一一〇一）、蘇轍（一〇三九—一一一二）所代表的蜀黨是縱橫派，強調權變。

在舊黨三派中，錢穆認為洛學程頤強調王霸異同，其實較接近王安石的觀點。有趣的地方是在於：我們即使知道二程兄弟曾經支持協助變法，但是後來與新法黨分道揚鑣，卻仍然更慣常理解洛學及其後繼者朱熹竭力反對王安石。但是錢穆由「王霸異同」一點，看出洛學的思想、思考，以及追求政治理想的目標，毋寧是更為接近王安石。

在北宋後期的黨爭政治中，錢穆注意到在黨同伐異之外，宋人開始將立場不同之政敵貶為道德瑕疵的小人。宋代這種對政敵動輒扣上「小人」的現象，其實造成一個很不好的風氣：就是重小節、忽大略，但求無過、不求有功。因此北宋晚期政治也就變得比較消極、怠惰，此一負面影響特別顯現在南宋後期。

順著北宋初期、中期、晚期的時序，錢穆接著談「南北的再分裂」，只不過錢穆先生將南宋歷史全部壓縮在這一章。本章先說到女真渡海、靖康之難，至於南宋與金之和戰更是本章描述重點。接續談到南宋的財政。北宋已是積貧積弱，南宋不僅疆域版圖更為縮減，財政支出卻比北宋更多，因此南宋財政必須依靠經總制錢、月樁錢、板帳錢、折帛錢這些苛捐雜稅。在南宋財政極度壓迫之下，一般民眾生活實屬不易。

最後，錢穆也以一章篇幅來談元朝，標題為〈暴風雨之來臨〉，代表錢穆對於元朝的基本想法。如果各位細看本章內容的話，可以發現錢穆認為元朝蒙古貴族強調階級、等級的劃分，某種程度退縮回到先秦封建時代。甚至錢穆把它比擬為一種變相的封建。

第一節「蒙古入主」，錢穆認為蒙古入侵華北之時，金朝也已經呈現積弱之勢。但是錢穆特別指出：宋、金縱使積弱，但在蒙古向四周征服過程，中國華北（金朝）、江南（南宋）是抵抗最久的，顯現中國強韌的特性。

元代政治形態相對不看重文治，科舉施行時間不長，效果不大。元朝士人若想做官，無法像宋朝一樣由科舉入仕，多數只能選擇當胥吏，或者到書院當山長一類比較低階的官員。

至於元代的稅收、經濟，書中描述重用色目人、回回人，以及撲買聚斂之風，大致評價並不高。但是錢穆注意到元朝使用紙鈔、銀幣，對明朝經濟影響甚大。另外，錢穆對蒙古人統治注重水利工程一事亦給予贊許。不過，錢穆對於元朝軍民分途，也就是用不同的官員來分別管理軍人與百姓，倒是給予負面的評論。最後便提到元朝九儒十丐、重視佛教等社會現象。

在剛剛簡單回顧內容重點之後，請讀者稍微冷靜想想，錢穆在《國史大綱》宋、元篇章談了什麼？或者說，錢穆在此一階段究竟以何作為中國歷史演進之「大綱」？從內容簡介中不難看出，《國史大綱》採取的是傳統政治史、相對單一面向為主軸的敘述路徑。讀者可能以為傳統歷史學只會寫帝王將相、王朝興衰，《國史大綱》偏向政治史的敘事方式根本不足為奇。

我們在此不妨以繆鳳林《中國通史要略》作為對照組。巧合的是，這本書也是在臺灣商務印書館出版，而且在民國四〇、五〇年代時，這本書的評價不亞於《國史大綱》，具有一定的代表性。我們只需要約略瀏覽一下《中國通史要略》宋、元時期的章節目錄，就可以大致掌握繆先生的寫作意圖。

簡單的說，《中國通史要略》相關段落的前半部，還是談到宋、元政治史變化。可是繆先生在後半部則是更多地談文化的部分，譬如蒙古文字、契丹文字、民族遷徙、諸族之華化、學校、書院、史學、地志、金石學、天算學、工藝等等內容。從兩本書章節架構進行比較的話，我們可以很清楚地看到兩者的敘述差異。如果是以當前教學的立場做比較——現在教學內容大多為豐富多元，那麼繆先生的敘述方式應該更符合現今教學需求。

可是這樣就引申出一些問題：錢穆難道不知道宋、元有那麼豐富的內容嗎？如果知道，他為什麼不談？假如錢穆談宋代商業發達、海外貿易，那麼他還會主張宋代是積貧積弱的朝代嗎？以上問題雖然未必有答案，但是在翻閱兩部同時期通史性著作的時候，我還是不由自主地思考：錢穆先生明明知道可以這麼寫，但是為什麼他最終選擇以政治史為主的寫作方式呢？

這個問題或許是理解《國史大綱》的關鍵問題。我們可以先看看《國史大綱》精采的歷史論述，之後再針對這個問題進行討論。

史識舉隅

嚴耕望曾經說過，他讀《國史大綱》的深刻印象，就是錢穆不需要長篇累牘，就可以提煉出非常精采的歷史論述。[1]剛剛對《國史大綱》章節結構、內容重點，有一定程度理解之後，我們可以回頭閱讀《國史大綱》一些篇幅不長的段落，試著慢慢體察錢穆的文字與關懷，或許會更深入地體會這部書的歷史論述。

重文「抑」武或重文「輕」武

宋代既立意要造成一個文治的局面，故一面放寬了進士的出路，一面又提高文官的待遇。處處要禮貌文官，使他不致對武職相形見絀。

「五代以來，藩鎮節度使諸武臣，非重祿厚賜不足饜其欲。宋既積重難返，又深懲武人跋扈之病，意望提獎文吏，退抑武臣。既以高官厚祿奪武臣之權，自不得不以高官厚祿慰文吏之心。」（下冊，頁二九）

這段涉及宋代到底是「重文輕武」，還是「重文抑武」？宋代「重文」毋庸置疑，可是宋朝為什麼要這麼做？大家可以注意到錢穆的解釋是：經過五代藩鎮，武人將領的待遇已經很高了，現在是希望提高文官的地位，讓文官看到武將不會覺得自己矮了一截。所以他說是「退抑武臣」，而不是「輕視武臣」，甚至是為了「抑武」才會「重文」。短短數行所透露出來的歷史解釋，恐怕更符合北宋初年的實際情況。

宋制之弱徵

四司中尤要者為轉運使，務令地方金穀財貨全集中央，而地方政事的性質，似乎只在為中央聚斂。

1 嚴耕望，《錢穆賓四先生與我》（臺北：臺灣商務印書館，二〇〇八年二版），頁一四。

宋代的政制，既已盡取之於民，不使社會有藏富；又監輸之於中央，不使地方有留財；而中央尚以厚積鬧窮。宜乎靖康蒙難，心臟受病，而四肢便如癱瘓不可復起。

（下冊，頁三七～三八）

這一段也很精采！在州縣官員徵集稅收、製作帳冊之後，轉運使便依據帳冊將稅收物資送抵首都中央。這些地方稅收名義上都屬於中央的，即使部分物資留在州縣倉庫存放，州縣官員還是沒有動用的權力。對於宋朝財務稅收制度設計，可以想像成一個人的軀體與四肢，由於血液不斷往心臟送，故而所有營養都到了心臟，四肢卻是營養不足的。等到欽宗（一一〇〇—一一五六）靖康之難時，女真一包圍汴京，那就等於人的心臟大動脈破裂，那四肢還動得了嗎？所以錢穆用「癱瘓」來形容北宋的滅亡。北宋滅亡是非常快速的，在錢穆的論述中，北宋亡國與財政、行政、軍事等等權力全都收歸中央有關，一旦中央被包圍了，地方根本無所適從，也無力反擊。

宋代雖稱中央集權，而其權實不在宰相。人主雖猜忌相臣加以裁抑，亦不能如明代之直廢相臣，集大權於一身。則宋制乃適成其為一種弱徵，雖遇大有為之君臣如神宗、王安石者，乃亦束手而莫如何矣。

故就王室而論，雖若唐不如宋。然唐承北朝方興之氣，宋踵五代已壞之局。唐初天下文教已盛，規模早立。故漸弛漸圮，乃以奢縱敗度。宋建天下，垢汙方濃，蕩滌難淨。雖漸展漸朗，而終止於以牽補度日。（下冊，頁四三）

錢穆以唐、宋兩朝立國氣象，解釋宋朝是在何種環境下締造？又為何無法大刀闊斧地展開勵精圖治？即使神宗（一〇四八－一〇八五）、安石試圖變法，又為何不見成效？一連串問題的總結在於：錢穆認為宋朝政制處在一個模稜兩可的狀況，處在皇帝必須依靠宰相施政，而宰相又無實權的狀態，即便遇大有為君臣，也只能束手無策。關於宋代政治制度究竟是否如此，我們暫且不延伸討論，但是錢穆顯然是從政治制度、政治文化的角度，對宋朝政治萎靡不振的困境，提出他個人的歷史解釋。

宋學精神之所在

他們更進一步看不起唐代，而大呼三代上古。他們說唐代亂日多，治日少。他們在私生活方面，亦表現出一種嚴肅的制節謹度，而又帶有一種宗教狂的意味，與唐代的士大夫恰恰走上相反的路徑，而互相映照。因此他們雖則終於要發揮到政治社會的實現問題上來，而他們的精神，要不失為含有一種哲理的或純學術的意味。所以唐人在政治上表現的是「事功」，而他們則要把事功消融於學術裡，說成一種「義理」。「尊王」與「明道」，遂為他們當時學術之兩骨幹。（下冊，頁四七～四八）

此段是《國史大綱》談宋代學術精神的重要文字，卻沒有出現天理人欲的理學命題。錢穆說宋代士大夫的精神與生活，在於關懷政治社會現實，卻仍「不失為含有一種哲理的或純學術的意味」。實體與抽象並非兩極存在，此段文字展現宋人是「在關懷現實中進行哲理思維」的交匯融合，也同樣出現在唐人重事功，宋人「把事功消融於學術」，成就「義理」，而這正是宋人超越漢、唐的自信之所在。當然，錢穆以事功、義理分別指涉唐、宋士大夫精神之所在，或許還值得進一步討論，但是從整體時代氛圍來說，還是有他一定的道理。

士階層活動的四階段（一九四〇年初版未有的內容）

春秋戰國奠定為士階層為之領導之基礎，為第一期；兩漢農村儒學，創設了此下文治政府的傳統，為第二期；魏晉士族門第成為士的新貴族，為第三期。晚唐門第衰落，五代長期黑暗，以迄宋代而有士階層之新覺醒。此下之士，皆由科舉發跡，進而出仕，退而為師，其本身都係一白衣、一秀才，下歷元明清一千年不改，是為士階層活動之第四期。此四期，士之本身地位及其活動內容與其對外態勢各不同，而中國歷史演進，亦隨之而有種種之不同。亦可謂中國史之演進，乃由士之一階層為之主持與領導。此為治中國史者所必當注意之一要項。（下冊，頁四八）

《國史大綱》最早版本沒有上述的內容，錢穆在一九七八年的版本幾乎增補了足足一頁，堪稱是錢穆對中國歷史發展的總結之語。同時，我們也可以留意到錢穆重視政治史相關發展之外，進一步觀察到政治演變背後，其實還有一個更深層的士階層變化。換句話說，錢穆雖然重視政治史，可是跟民國初年所批判的古代歷史都是帝王將相之傳統政治敘事不一樣。

新法之爭議

王安石對財政的意見，似乎偏重開源；而當時一輩意見，則注重先為節流。而安石之開源政策，有些處又跡近為政府斂財。

而且宋朝那時已嫌官冗，安石推行新法，又增出許多冗官閒祿。冗官不革，政治絕無可以推行之理。（下冊，頁五七～六〇）

依照當時情況，非先澄清吏治，不足以寬養民力。非寬養民力，不足以厚培國本。非厚培國本，不足以遽希武功。安石的新政，一面既忽略了基本的人的問題，一面又抱有急功速效的心理。在國內新政措施全無頭緒的當日，卻同時引起邊釁，對外便覬開疆用武。因此更是加意聚斂，而忽略了為國家的百年長計。（下冊，頁六七）

與王安石變法相比，錢穆給予范仲淹改革較高評價，原因在於他認為范仲淹是從澄清吏治入手，處理冗官、冗費等問題，重整整個官僚隊伍。這是他認為宋朝問題根源在此，也據此判斷來評論王安石變法之不足。

在錢穆眼中，新法不僅沒有對症下藥，反而是變本加厲。原本宋朝已經存在集財、集權於中央的問題，新法更有強化聚斂、斂財的嫌疑。再加上王安石、神宗推動河湟開邊之舉，財政支出更大。新法推動期間，在內部斂財，外部開疆交替影響之下，無疑更加放大宋朝政制弊端的負面影響。

但是就像前面提過，錢穆最後對王安石還是抱以一定的同情。王安石新法畢竟在其政制的後面，有一套高遠的理想，甚至不是一般俗儒所能夠理解的。錢穆歸納出來王安石變法的最終目的：第一是「欲造成一個兵農合一、武裝自衛的社會」，比如說保甲法。第二是「欲造成一個裁抑兼併、上下俱足的社會」，所以有青苗法、方田法、均輸法、市易法。以市易法為例，其實就是要打擊權貴，讓宋代城市貨物價格不是由少數權貴商賈控制，是政府要介入調控物資。第三是「欲造成一個開明合理、教育普及的社會」，所以要興學校、改科舉。

所以我們看到錢穆對王安石變法並不是單純的肯定或否定，而是站在宋朝政制弊端、推動手段、時空背景、新法理想等等複雜面向，來講述他對王安石變法的理解，為這個極為關鍵且重要的事件尋找更確切的歷史定位。就我個人的體會，錢穆或許是對新法內容抱持疑慮，但是並不妨礙他對王安石變法理念的肯定。

> 安石的新政雖失敗，而新學則不斷的有繼起者。直到朱熹出來，他的四書集注，成為元、明、清三代七百年的取士標準。其實還是沿著王安石新經義的路子。（下冊，頁六九～七〇）
>
> 新學、洛學皆欲以師傅之尊嚴，駕漢、唐君臣形跡之上。此義亦本孟子。……〔洛黨、新黨主尊師，即主尊相，總之求以學術超駕於君權之上也。……此後元、明、清三朝，正向此項理論加以迎頭之挫壓。〕（下冊，頁八五）

余英時《朱熹的歷史世界》提出朱熹處於「後王安石時代」的說法，引起不小的討論。然而在上面文字當中，我們不難發現錢穆早就提出類似的觀點。朱熹《四書集註》與王安石《三經新義》

當然雙方思想、內容差異極大，但是在他看來「路子」卻是一致的。所謂「路子」又指的是什麼呢？在我來看，就是下一段所說的：洛黨（理學一派）、新黨皆主尊相、尊師，皆「求以學術超駕於君權之上」。

這裡也牽涉到君權、相權的問題。本書〈《國史大綱》與通史精神〉已經討論過錢穆對於「皇帝獨裁專制」說法的意見，與主張「唐宋變革論」的日本學者不一樣。錢穆認為明代廢宰相才是真正君主獨裁的開始，宋代士大夫特別是洛黨、新黨兩派，仍主張尊相、尊師。其實朱熹也是秉持同樣的想法。朱熹擔任寧宗（一一六八—一二二四）的經筵講官，屢屢展現試圖指導皇帝的態度，頗讓寧宗無法忍受。這個例子也正好說明了朱熹確實處在「後王安石時代」吧！

新舊黨之地理關係

元祐諸君子，則大多是北方人。他們中間卻又分洛、蜀、朔三派。這三派裡面，便無閩、楚南方的分。〔當時所指楚人，乃江西以東耳。湖北荊襄不在其列。……閩、浙之盛自唐而始，乃獨為東南之望。一地人文之興衰，大抵觀其所受兵禍洗蕩之程度也。蜀人自荊襄轉中原，其風氣乃與大江下游轉不接。〕

（下冊，頁八〇）

我們可以注意到錢穆對於南北界限、文化風氣的看法。前面我們說到錢穆認為新舊黨存在南、北之分，然而這種說法卻與現在對於中國以秦嶺、淮河為南北界限不同，特別是四川應是南方地區，蘇氏兄弟的蜀黨為何列入北方？這裡錢穆解釋了為何「蜀」（四川）屬於北方，還另外解釋「楚」此時特指「江西以東」，不包括湖北。原來，錢穆不以單純地理界限為南北分界，而是以交通、人文為界限，因此「蜀人自荊襄轉中原，其風氣乃與大江下游轉不接」。這句話的意思是四川人順長江而下，再由湖北荊襄一帶，經由漢水向西北進入關中地區，或是向東北進入洛陽盆地，因此蜀地此時仍歸類於北方。

我覺得錢穆的解釋挺有意思的。我自己在讀《太平廣記》、《夷堅志》這類筆記小說時，注意到故事人物行動往來的範圍與路線。至少可以確定的是，從唐代晚期起，荊襄、汴河是商旅往來南北的兩條重要路線。讀到《國史大綱》這一段，特別由衷地佩服錢穆對於這些小問題的處理方式，不僅是別出心裁，還真正是由小窺大，看出南北範疇在唐、宋時代的不同轉變。

元代政制之失

（行省）此由中央政府常派重臣鎮壓地方之上，實為一種變相之封建。而漢、唐州郡地方政府之地位，渺不再得。（此制大體上為明、清所承襲，於地方政事之推進，有莫大損害。

自此遂只有中央臨制地方，而中央、地方共同推行國政之意義遂失。」行省長官，貴倨如君長，同列跪起稟白，同於小吏。

（下冊，頁一三三～一三四）

最後我們以「行省」為例，談一下錢穆如何看待「元代政制之失」。所謂的「省」不是指省分的意思，當時「省」是中央行政機構，如中書省、尚書省、門下省。錢穆在《中國歷代政治得失》對「行省」的定義，就是「行動的中央政府」[2]。行省長官帶著「平章政事」這樣的宰相職銜，相對於地方來講，這是以中央宰相的身分常駐於地方，不是巡迴、視察而已。這樣一來，地方政府的地位、權力越來越小，從此只有中央臨制地方。錢穆所感嘆的是，中央宰執親臨地方，地方官員卑躬屈膝的姿態，喪失了漢、唐以來中央、地方共同治理的精神。

我想透過以上列舉的諸段文字，應該讓我們對於《國史大綱》歷史論述的深度與精采，有了更具體地體會。

爭論焦點

宋朝是「積貧積弱」還是「造極之世」？

接下來談談現今宋史學界對《國史大綱》若干具爭論性議題的討論與反思。之所以使用「爭論焦點」這個標題，主要因為我在撰文時接到中國朋友傳來的訊息，特別提到：「錢穆先生認為宋朝『積貧積弱』，真的要改了。」據他的說法，中國大陸歷史教科書原先也是說宋朝「積貧積弱」，近年來似乎不再使用「積貧積弱」來談宋代。

到底錢穆為何使用「積貧積弱」評論宋朝？在我接觸到有限的二十世紀中國通史性著作，發現不是只有錢穆如此說。在一九四九年之前，呂思勉、周谷城（一八九八－一九九六）、繆鳳林、金毓黻（一八八七－一九六二）都有提到這四個字；四九年之後，臺灣宋史學者方豪（一九一〇－一九八〇）、中國宋史學者漆俠（一九二三－二〇〇一）也都還是使用「積貧積弱」來定位宋朝。可見，二十世紀中國歷史學界對宋朝歷史定位的總結，大致上就是「積貧積弱」這四個字。相比之下，王國維說：「宋代學術進步最著，方面最多。……故天水一朝人智之活動與文化之多方面，前之漢唐、後之元明皆所不逮也。近世學術多發端於宋人。」[3] 陳寅恪說：「華夏民族之文化，歷數

2 錢穆，《中國歷代政治得失》（臺北：東大圖書公司，一九九〇年八版），頁一〇八。
3 王國維，〈宋代之金石學〉，《王觀堂先生全集》第五冊《靜安文集續編》（臺北：文華出版公司，一九六八），頁一九二五。

千載之演進，造極於趙宋之世。」[4]等等正面推崇宋朝的觀點，卻顯得相對侷限且不受重視。

對於二十世紀較為盛行的「積貧積弱」說，已有學者認為不妥，應當加以批評。例如中國宋史學者李裕民認為，以宋代手工業、農業產量、政府財政收支等等層面來看，宋朝不存在「貧」的問題；南宋長期有效抵抗橫掃歐亞大陸的蒙古軍隊，也不能說宋朝「弱」。[5]上述觀點具有一定代表性，大致皆是由宋朝經濟發達、軍事表現等等外部觀察來否定「積貧積弱」說。

換另一個角度來看，也有些學者想替「積貧積弱」說找出根源。如中國學者李華瑞便認為宋朝士大夫——例如南宋魏了翁（一一七八—一二三七）——自稱本朝「積弱」，也舉出王夫之《宋論》批評「仁宗之過於弛而積弱」[6]。不過，剛剛我們已經看到，在上個世紀有多位重要歷史學者都採取「積貧積弱」說，恐怕不是某一位南宋士大夫的自我認知，或是對某一位君主的評論，就足以建構當代學者對宋朝整體的普遍認知。我個人比較傾向的是，可能當代學者共同繼承了某一個學術遺產，進而形成這樣一個普遍性看法。問題是，這樣一個影響民國學人集體產生「積貧積弱」之學術共見的學術遺產是否存在？如果存在，又會是什麼？這個問題涉及民國學術發展，我沒有深入研究，不敢漫談泛論，只能提供個人的粗淺理解與體會。如果只看《國史大綱》而不談其他學者的話，我個人認為清代學者趙翼（一七二七—一八一四）《廿二史劄記》有不少條目內容，可能對《國史大綱》影響頗大，甚至是導出「積貧積弱」說的重要出處。個人淺見是否成立，還請專家學者予以指正。

經過簡單的對比，我發現《廿二史箚記》卷二十五部分條目與《國史大綱》在史料運用上存在相當高的重疊性。我先列舉幾條《廿二史箚記》相關條目：

「宋郊祀之費」[7]：「南郊之費，大概出於外僚科斂所進之羨餘，是又因百官之濫恩，而朘萬民之財力。立制抑何謬耶！」

「宋制祿之厚」[8]：「恩逮於百官者，惟恐其不足；財取於萬民者，不留其有餘，此宋制之不可為法者也。」

「宋冗官冗費」[9]：「宋開國時，設官分職，尚有定數。其後薦辟之廣，恩蔭之濫，……祠祿之多，日增月益，遂至不可紀極。……舉此類推，國力何以支乎？」

4 陳寅恪，〈鄧廣銘宋史職官志考證序〉，《金明館叢稿二編》（北京：三聯書店，二〇〇一），頁二七七。
5 李裕民，〈宋代「積貧積弱」說商榷〉，《陝西師範大學學報》（哲社版）三十三卷三期（二〇〇四年五月，西安），頁七五～七八。
6 李華瑞，〈宋朝「積弱」說再認識〉，《文史哲》二〇一三年六期（臺北），頁三三～四二。
7 趙翼著，王樹民校證，《廿二史箚記校證》卷二五（北京：中華書局，一九八四），頁五三二～五三三。
8 同上註，頁五三三～五三四。
9 同上註，頁五三八～五三九。

「南宋取民無藝」[10]：「宋初國用雖濫，然主皆恭儉，吏治亦淳，尚無甚病民之事。自王安石行青苗等法，而民始受害。然猶為富國強兵起見也。……統觀南宋之取民，蓋不減於唐之旬輸月送，民之生於是時者，不知何以為生也。」

若讀者有興趣，不妨將《國史大綱》與《廿二史劄記》這幾條引用的史料相比，留意兩者哪些地方重疊？應該可以發現，除了常見的事例之外，連宰相過世，皇帝賜錢助葬這一類較罕見的例子，都被錢穆使用。或許我們可以大膽地說，錢穆編寫《國史大綱》時，應該相當程度的參考《廿二史劄記》所列舉的史實內容。

我們再來看看趙翼如何評論宋代之制？趙翼認為宋代財稅制度基本立場是「朘萬民之財力」、「財取於萬民者不留其有餘」。對冗官冗費等嚴重負擔的宋代財政困境，趙翼評論「立制抑何謬耶」、「此宋制之不可為法者也」、「舉此類推，國力何以支乎」。簡單地說，趙翼認為宋代財政制度設計搜括席捲百姓財富，不在地方、民間存留財富。到了南宋，「取民無藝」的「藝」是極限之意，代表趙翼認為南宋括取百姓財富更是沒有極限。以上這些觀點，都能夠在《國史大綱》中看到。甚至可以說《國史大綱》之「積貧積弱」說與《廿二史劄記》立場密切相關。

接下來我們可以檢討到底什麼是「積貧」？是國家貧，還是民眾貧？還是上（國家）、下（百姓）

俱貧？如果是國家貧，那可能就像李裕民說宋朝國家財政沒有赤字，國家怎麼會貧呢？可是我們注意到《二十二史箚記》批評宋朝「取民過甚」，所以是民貧了，是百姓窮了，貧弱說便有其道理。所以，我認為《國史大綱》「積貧積弱」說，其實是相當複雜的問題，至少可以從國家財政、百姓負擔兩個角度來各自衍申討論。

這兩個角度也不是我個人隨意舉出，而是詳讀《國史大綱》後發現相關段落的著眼立場。剛剛舉出錢穆引用不少《廿二史箚記》所使用的史料與評論，可見他本來就承繼了由百姓負擔的角度，批評「財取於萬民者不留其有餘」的宋制。那麼，錢穆有沒有站在國家財政角度，談宋朝國家之貧？《國史大綱》說「宋代對外既如此不振，而內部又終年鬧窮。而且愈鬧愈兇，幾於窮得不可支持」（下冊，頁一九），這便是錢穆從國家財政負擔的角度來看宋朝貧弱。

既然《國史大綱》「積貧積弱」同時著眼於國家財政、百姓負擔，或許錢穆「積貧積弱」真正想表述的是，「上下俱貧」才是宋朝面臨的困境。也正因為如此，大家可以注意到錢穆在北宋新法段落，提到王安石事實上想要形塑一個「上下俱足」的社會。「上下俱足」或許便是錢穆對理想社會的標準。

---

10 趙翼著，王樹民校證，《廿二史劄記校證》卷二五（北京，中華書局，一九八四），頁五三九～五四一。

《國史大綱》談「宋代的政制，既已盡取之於民，不使社會有藏富」，收括民間財富至官府，造成民（社會）貧；「又監輸之於中央，不使地方有留財；而中央尚以厚積鬧窮」，官府又分中央政府、地方政府，而地方政府不留餘財也鬧窮，中央政府又因冗官、冗費實在太多，還是鬧窮。所以，我們可以看到，《國史大綱》其實分了很多層次，不同的角色都存在困窘、窘迫的問題。「上下俱窮」是宋朝實際困境，「上下俱足」是安石變法的理想，從這裡更清楚看到錢穆為何肯定王安石變法的理想，並非單純的士大夫自覺精神而已。《國史大綱》對北宋滅亡的根本原因，甚至認為與此密切相關，錢穆最後說：「宜乎靖康蒙難，心臟受病，而四肢便如癱瘓不可復起。」（下冊，頁三八）

總之，《國史大綱》所謂宋朝「積貧積弱」，並不能單純地從宋代商業發達或是農業發達就可以消除掉。即使要進行批評或反思，也應當注意到錢穆是在更深層的制度與社會景象中思考，才得出這樣的結論。

宋朝「相權低落」／「君主獨裁」？

第二個爭論議題便是錢穆認為宋代「相權低落」。《國史大綱》說：

宋代相權之低落。宋代政制，雖存唐人三省體制，而實際絕不同。宋初宰相，與樞密對稱「兩府」，而宰相遂不獲預聞兵事。又財務歸之三司，亦非宰相所得預。宰相之權，兵財以外，莫大於官人進賢，而宋相於此權亦絀。又宰相坐論之禮，亦自宋而廢。

（下冊，頁四一～四二）

簡單地說，錢穆認為宋代宰相管行政，樞密院掌軍事，財政又歸三司，宰相因而無法參與兵事、財務相關討論。此外，人事權、坐論之禮也與唐代宰相相形見黜。因此他認為宋代「相權低落」。由上引文字論述中我們可以討論兩個問題：第一，錢穆所說宋代「相權低落」，與內藤湖南「唐宋變革論」提到宋朝君主獨裁的說法，能否相提並論？第二，更根本的問題是：宋代宰相權力真的低落嗎？

日本學者「唐宋變革論」認為唐代是貴族政治，三省長官（宰相）是貴族代表，皇帝必須尊重宰相決定；宋代是君主獨裁，君權高漲，宰相地位下降視同君主的祕書跟代筆。[11]單看唐宋時期

---

11 內藤湖南，〈概括的唐宋時代觀〉，劉俊文主編，黃約瑟譯，《日本學者研究中國史論著選譯》第一卷．通論（北京：中華書局，一九九二），頁一一～一三。

君臣關係變化的話，《國史大綱》與「唐宋變革論」似乎頗有相似之處。我們暫且不論錢穆從三省制度職權分割的角度，解釋宋代相權職能之侷限，與內藤湖南等人的討論方向不一致。不過，我們再回到《國史大綱》來看，錢穆說宋制集權，權不在宰相，而又不把宰相廢掉，所以形成一個尷尬期，也成為宋制之弱徵。即使是宋神宗與王安石，有心大有為之君、臣（即是宰相）處在其間，雙方都束手無策。依照錢穆的說法，宰相權力當然是受到限制，但是帝王君主也沒有在制度裡面得到獨裁的機會。這樣就應該很清楚看到《國史大綱》「相權低落」的說法，不能簡單等同於「唐宋變革論」之「君主獨裁」。

其次，宋代宰相權力真的是被分割嗎？這個問題已經被學界澄清，目前很少使用宋代「相權低落」這樣的說法。相反來說，宋代宰相的地位與職權是逐步在收攏、提高。關於這點，我們必須先說明樞密使在晚唐、五代的發展；錢穆也有提到樞密使。晚唐時期以宦官擔任樞密使，在內廷禁中協助皇帝批閱公文書；到了五代時期，樞密使由文臣擔任，且由內朝走向外朝，而且其權力地位甚至有超越宰相之勢。

晚唐、五代樞密使由內朝走向外朝的趨勢，屢屢出現在中國宰相制度演變過程。無論是秦漢御史大夫、東漢魏晉之尚書令、中書令、侍中，都是從君主身旁之內朝走向外朝，成為外朝行政官僚的領導階層，甚至正式成為宰相；薩孟武（一八九七—一九八四）便說中國宰相制度存在一個「內朝官外朝化」的趨勢。[12]晚唐、五代時期的樞密使，也正從內朝逐步走向外朝，照以往經驗來看，樞密使應該會取代「同中書門下三品」、「同平章事」等相職，成為正式的宰相。以宋太祖（九二七－九七六）為例，當時宰相雖然是范質（九一一－九六四）、王黼（一〇七九－一一二六），但是樞密使趙普（九二二－九九二）才是太祖最信任的幕僚。換言之，在宋太祖之時已出現樞密使取代成為宰相之職的可能性，可是宋朝最終並未出現樞密使成為宰相的現象，而是與「參知政事」並列執政之列。從這個大趨勢來看，宋朝宰相（中書門下體制）是從被取代的邊緣，重新回到政治權力的中心。所以也有學者認為，與其說宋代相權低落，不如說宋代宰相重新整頓與恢復其職權。

此外，宋朝宰相真的不能參與討論軍事、財政等事務嗎？我們僅舉一段《宋史．職官志》史料：

（南宋）然維時多艱，政尚權宜。御營置使，國用置使，修政局置提舉，軍馬置都督，並以宰相兼之。總制司理財，同都督、督視理兵，並以執政兼之。因事創名，殊非經久。惟樞

12 薩孟武，〈中國歷代中央政制〉，《中國通史論文選集》（臺北：中國通史教學研討會編印，一九九一），頁九四。

密本兵，與中書對掌機務，號東、西二府，命宰相兼知院事。[13]

可以看到，南宋初年宰相不僅兼國用使（財用）、御營使、軍馬都督（管軍政），還比照北宋仁宗慶曆時期以宰相兼樞密使。換句話說，雖然中書、樞密分立，但是宰相可以兼樞密。事實上，當戰事越頻繁，宰相預聞軍事的需求越是強烈，宰相兼樞密使實屬必要，也常常出現在宋代歷史。關於用人權的問題，宋朝宰相有「堂除」權力（宰相中樞議政之地便是政事堂，因此宰相頒布的人事命令就叫堂除）。如果得到堂除，在日後升遷一定有優先序位，所以宋代宰相雖不像漢、唐時期可以任用自己僚屬，但在用人權上還是有一定的特殊地位。

最後，我們也可以繞開繁瑣的學術討論，直接回到宋代歷史現象，應當會注意到宋朝屢屢出現權相。假如宋朝真是相權低落，那麼又為何會出現王安石、蔡京（一〇四七－一一二六）、秦檜、韓侂胄（一一五二－一二〇七）、史彌遠（一一六四－一二三三）、賈似道（一二一三－一二七五）等等權相呢？如果相權低落，上述權相又如何可能掌握各種權力呢？總之，宋朝皇帝與宰相的互動關係十分複雜，必須由制度演變、規範運作、文化象徵等等層面更加細緻地討論，單純由制度權力分割來說相權低落，或是有權相現象便說相權高漲，恐怕都不是全面地客觀描述。

元朝行省造成「中央臨制地方」？

接下來討論元代行省制度的意義，究竟是地方分權、封建復活（地方權力擴大）？還是如錢穆所說的「中央臨制地方」（地方權力縮減）？

先來看前一種說法，日本學者村上正二（一九一三—一九九九）、前田直典（一九一五—一九四九）等人很早就提出元朝行省是一種地方分權制，是「圍繞腹裡的域外統治最高機構」，權力甚大。稍後域外學者傅海波（Herbert Franke, 1914-2011）也提到：「中央機構僅主管腹裡事務，權力不及於各省，各省與中央關係鬆懈。」以上所舉的學者，大多是從蒙古封建舊俗、行省名義上權力，主張行省是地方分權的制度。[14]

錢穆並不否認行省制具有封建之意味，不過他更看重「中央臨制地方」壓縮地方政府的面向。《國史大綱》原文是：

> 此由中央政府常派重臣鎮壓地方之上，實為一種變相之封建，而漢、唐州郡地方政府之地

---

13 （元）脫脫等撰，《宋史》卷一六一〈職官志〉（北京：中華書局，一九七七），頁三七七〇。

14 關於域外學者針對「行省」性質的各種討論，參見蕭啟慶，〈元朝的區域軍事分權與軍政合一：以行院與行省為中心〉，《元代的族群文化與科舉》（臺北：聯經出版公司，二〇〇八），頁二七三。

位，渺不再得。〔此制大體上為明、清所承襲，於地方政事之推進，有莫大損害。自此遂只有中央臨制地方，而中央、地方共同推行國政之意義遂失。〕（下冊，頁一三三～一三四）

但是微妙之處就在於：既然是「變相之封建」，不正是地方有權，甚至足以與中央對抗，錢穆又為何說是「只有中央臨制地方」，造成地方政府權力被壓縮的問題？如果再更細緻思考，不難發現錢穆這段論述其實相當複雜，我們必須借助相關研究成果，才能釐清這段文字究竟是前後矛盾還是圓融綜合？

歷史學者李治安認為元代行省具有中央與地方的雙重性質。從行政地位來看，行省雖然是地方官最高官府，但不能忽略它也是中央派出機構的性質。從徵集財賦說，行省既必須為中央搜括地方財賦，但它也具有為地方分留部分財賦的作用。至於行省權力，李治安認為不如日本學者所說的「地方半獨立王國」，類似封建諸侯的地位。[15]中研院院士蕭啟慶（一九三七—二〇一二）曾經從軍事的角度來理解地方政府行省跟中央權力，他認為行省無法決定地方大規模部隊調動、軍官銓選與獎懲，可見行省權力不若想像中得大，而且蒙古貴族宗王出鎮地方，也具有監視行省軍隊動向之目的。

蕭院士文章的結論非常值得引述。他在提及《國史大綱》的說法之後，說到：

中央集權與地方分權原是一個政治連續體中的兩個極端。在現實政治中，原無絕對的中央集權與地方分權，任何政體都混合這兩種因素。從元朝軍權分配看來，政府透過區域分權來達到控制地方之目的，亦即是看似分權，實則集權。

「看似分權，實則集權」[16]這樣的論斷，似乎正符合錢穆「變相之封建」（看似分權）、「中央臨制地方」（實則集權）的說法。更重要的是，蕭院士在虛、實之間明顯偏向集權，也與錢穆判斷一致。我不清楚錢穆編寫《國史大綱》時，是否已經意識到這麼複雜的問題？更擔心我以李、蕭兩位先生研究成果輔助闡述《國史大綱》語義，是否犯了深文周納、去脈絡化的毛病？不過，既然研究元代行省之近代學者都提及行省兼具集權與分權、中央與地方之雙重性質，再經過詳細討論之後，認為集權、中央的性質更高一些，那麼我們再來理解錢穆如何在篇幅不長的一段文字中，簡要而融會地提出元代行省在中國地方行政制度中的歷史意義，更清楚知道那絕不是件容易事。

15 李治安，《元代行省制度》下冊（北京：中華書局，二〇一一），頁九二三～九四五。

16 蕭啟慶，〈元朝的區域軍事分權與軍政合一：以行院與行省為中心〉，《元代的族群文化與科舉》（臺北：聯經出版公司，二〇〇八），頁二九五。

元朝士人地位真是「九儒十丐」？

最後「九儒十丐」這個問題。《國史大綱》說因為有階級分立的關係，「當時社會因有十色之傳說」。錢穆使用「傳說」似乎代表他對這種說法也有所保留，不敢斷言是事實。可是如果再看《國史大綱》後續說明文字，錢穆引陶宗儀（一三二九－一四一〇）《輟耕錄》之後，直言儒生在蒙古人眼中，既不能從軍、經商、納稅，又無特殊技藝，故與乞丐同列。換句話說，錢穆雖然說「九儒十丐」是「傳說」，但是他並不排斥據此立論儒士地位低落。

我稍微查了一下「九儒十丐」的出處，陶宗儀《輟耕錄》似乎沒有這一段文字。趙翼《二十二史劄記》雖然提到「九儒十丐」，卻是引用自鄭思肖（一二四一－一三一八）《心史》。一般學者使用「九儒十丐」，好像也不會引用《輟耕錄》，為什麼錢穆會說是出自陶宗儀《輟耕錄》，目前我無法解釋。

與錢穆約略同時的學者，其實已經很少相信「九儒十丐」的說法。如陳垣（一八八〇－一九七一）說：「九儒十丐之說，出於南宋人之詆詞，詆毀元朝，而不足為據。」[17]范文瀾《中國通史簡編》（一九四二年出版）指出：「南宋遺民鄭思肖說，元人分人民為十級。……這當是宋末儒生紛紛降元，無恥可賤，行同乞丐，因而民間有九儒十丐的傳說。」[18]

無論是「詆詞」還是「傳說」，當時學者大概都會認為「九儒十丐」這種說法不是社會真實景象，可能是跟南宋亡國的失落心情有關係。錢穆也注意到這種說法出現的背景，但是他想要藉著「九儒十丐」的說法與元朝社會區分階級的現象進行呼應，突顯元代社會發展與儒生地位的倒退。當然，他使用「傳說」也是相對比較謹慎的用法。

關於元朝士人的地位、待遇，最具代表性的研究成果當推蕭啟慶。簡單地說，他認為元朝儒戶是以學校或書院為中心，不僅可以領取學習的費用，還可以享受賦稅減免的優待。儒戶與其它戶計等級相比，儒戶的地位還更為優越。即使跟後來明、清鄉紳相較，元代儒戶的待遇也不遜色。蕭院士最後結論已經很清楚了，元代儒戶並未淪為宋朝遺民所說「九儒十丐」之慘境。[19]

17 陳垣，《元西域人華化考》（上海：上海古籍出版社，二〇〇〇），頁八。
18 范文瀾，《中國通史簡編》（上海：上海書店，一九八九，據新知書店一九四七年版影印），頁四七〇。
19 蕭啟慶，〈元代的儒戶——儒士地位演進史的一章〉，《元代史新探》（臺北：新文豐出版公司，一九八三），頁四〇。

小結：錢穆在《國史大綱》的潛流脈絡

我在最後尾聲想談談這次重新翻看《國史大綱》的體會，當作小小的結語。我個人以為制度、儒士、理想社會三點，在《國史大綱》不同段落都可能反覆提到。可見錢穆對這三點的看重。

首先，錢穆非常注重政治制度背後蘊涵的理性精神。現在討論政治制度史，除了關注制度本身的延續性之外，也觀察制度與事件、人物的相互影響。中國歷史學者鄧小南提出「活的制度史」，即是著眼於制度與人為因素的交互作用。可是，錢穆特別注意制度本身的邏輯是什麼？錢穆會藉由政治制度的細微變化，談論更抽象層次的歷史意義。換句話說，他更在意的是制度背後是基於什麼理念來做調整？制度調整之後，又形塑出什麼想法理念？我覺得這是錢穆的核心關懷，無論討論宰相權力、行省、文武分途，都能看到這個想法的蹤影。回到一開始所提到的問題，錢穆之所以著重講述政治發展脈絡，以此為中國史之「大綱」，正是必須要從政治制度沿革以及理念變化來加以理解。

其次，錢穆當然特別注意士大夫自覺精神的抬頭，士大夫階層在政治、在社會的領導地位。最後，在王安石新法的理想、元代社會階級不平等，我們都可以看到錢穆對於理想社會具體實踐的追求。無論是「上下俱足」或是社會階級平等，都是錢穆心目中理想社會的具體標準。以上三點可能也不限於宋、元時期的篇幅內容，應當是貫穿《國史大綱》全書的通論，是錢穆一以貫之的立場。

如果再多說一點我個人體會的話，我對於《國史大綱》以地理空間詮釋歷史趨勢十分感興趣。想起三十年前剛踏入歷史系、剛開始閱讀《國史大綱》，印象最深的不是書上的文字，而是書中的手繪地圖。從《國史大綱》一開篇，錢穆由古今地名勾勒傳說黃帝巡狩的空間範圍、春秋五霸興衰來看黃河下游南北岸到長江、太湖流域加入華夏集團，乃至於我們剛才提到的北宋南北士大夫的差異、四川與北方的交通聯結，都是令人記憶猶新的例子。現在，我自己也常常要求學生拿著地圖，將歷史事件中的地理位置按圖索驥。坦白說，我只是很單純地想讓現在的學生有一定的、粗略的中國地理概念，遠遠不及錢穆以地理空間詮釋歷史趨勢的學術高度。不過，就我個人研究與教學來說，將文字的事實、事件的變化放在地理空間上去做理解，確實是件非常有趣的經驗。

專制下的經濟與學術

《國史大綱》的明清史

丘文豪／中央研究院近代史研究所博士後

前言

《國史大綱》不是一本容易讀的著作，它的困難，不只是對現代人而言。儘管書的字數相對地少，若是只看大字，更是可以很快地瀏覽過一遍。但是，早在一九七〇年代，錢穆便已經意識到《國史大綱》並不是一個很好讀的書，他相當擔心當時的大學生沒辦法讀懂。為什麼錢穆會認為

《國史大綱》不容易讀呢？這是一個值得我們去探索的問題。

《國史大綱》不容易讀，但它是一本至少對歷史系的人來說，相當熟悉的著作。歷史系課程多半會閱讀這本書。此外，《國史大綱》至今已出版八十年以上，依然頻頻再刷，可見還是有許多現代讀者對《國史大綱》有興趣。換句話說，為什麼一本一九四〇年代討論中國的學術著作，至今仍能吸引許多目光？又為什麼還有許多歷史系老師將《國史大綱》列為參考書目？這些都是值得討論的問題。《國史大綱》的意義不可能有一個簡單、輕鬆的答案。但是透過本書的系列文章，重新閱讀、討論，我們可以嘗試著摸索這些問題。

我的題目是「《國史大綱》的明清史」。其中有兩個關鍵字，第一是《國史大綱》，第二是明清史。首先，《國史大綱》為什麼重要？事實上，辛亥革命（一九一一）以後到一九四九年之間出現多種中國通史以及教科書：一九一二到一九二〇年，有三種；一九二一到一九三〇年，有十四種。到了《國史大綱》誕生的一九四〇年代，有三十種；一九四一到一九四九年，有三十七種。簡而言之，在這近五十年之間，我們有八十幾種中國通史著作。那麼，為什麼到現在我們一般僅看到《國史大綱》，而不是其他？值得一提的是，當時章太炎（一八六九－一九三六）與梁啟超都有撰寫中國通史教科書的計畫，但他們最終並未成書，只有提出一些概念或是目錄。[1]所以說，錢穆的《國史大綱》不僅完成了基本的雛型，並且存留至今，這本身就是一個值得注意的事情。

接著，第二個關鍵字是「明清史」，這涉及了歷史分期的大問題。我們現在相當習慣將「明清」這兩個字連稱，不管是在學術界，或是通俗的影視、小說，基本上都是以「明清」為主題。歷史要如何分期本身就是一個大學問。譬如說，當初錢穆教導余英時，他也強調研究一個題目，必須先考量研究的時段要從什麼時候開始，又到什麼時候結束。設定了起點與終點，就表現了研究者要怎麼解決這個問題，以及可能的解答。那麼，「明」為什麼要跟「清」放在一起？譬如，我們也可以把「元」跟「明」放在一起。像是加拿大漢學家卜正民（Timothy James Brook），他就是從「元明」的角度，探討這一時期的歷史變化與特色。[2]「明清」放在一起確實有它的歷史意義，就是說，明清史既可以是「帝制晚期」，在明清歷史裡可以看到很多傳統中國的成分；同時又是「早期近代」，在明清歷史裡也可以看到很多所謂現代性的東西，包括商業文化、戲曲小說與流行時尚。總之，對現代學術界來說，明、清兩個朝代放在一起，一方面它具有傳統延續的意義；一方面也有許多現代的因素，已經開始萌芽。[3]

以下，我會分三個部分來談《國史大綱》明清史的部分。第一，《國史大綱》創作的背景。前面已有學者談過民國的學術背景，以及《國史大綱》的通史精神，因此我特別會集中在《國史大綱》

與錢穆當時的明清史研究氣氛的關係。第二，我會討論錢穆為什麼將明清放在一起討論，對《國史大綱》而言，明清史有什麼意義？最後，我們進入《國史大綱》的內容，這包含兩個主題。一是中國政治的特質與特色——中國是不是專制？另一是錢穆強調的兩個大變遷——南北的經濟轉移以及社會講學的興起。

《國史大綱》的創作背景

首先討論《國史大綱》的創作背景。討論錢穆的著作有一個前提，我們應該將錢穆的作品視為一個整體，這些作品都是他對中國文化的整體思考。就今天的主題而言，至少《國史大綱》、《中

1 相關研究請見李淑珍，〈二十世紀「中國通史」寫作的創造與轉化〉，《新史學》十九卷第二期（二〇〇八年六月，臺北），頁八五～一四九；宋家復，〈現代中國史學中「國史」實作意義的轉變：從章太炎到錢穆〉，《清華學報》四十九卷四期（二〇一九年十二月，新竹），頁六五一～六八一。

2 卜正民著，廖彥博譯，《掙扎的帝國：氣候、經濟、社會與探源南海的元明史》（臺北：麥田出版，二〇二〇）。

3 趙世瑜，〈明清史與近代史：一個社會史視角的反思〉，《學術月刊》二〇〇五年第十二期（臺北），頁一〇一～一〇八。關於歷史分期的思考，可參考岡本隆司、吉澤誠一郎編，袁廣泉、袁廣偉譯，〈序章：研究的前提與現狀〉《近代中國研究入門》（北京：當代世界出版社，二〇二二）。

國近三百年學術史》以及《中國政治歷代得失》這三本書應該要一起考慮。

一九三一年，錢穆在北京大學講授「近三百年學術史」，他對中國學術、文化的看法與梁啟超不同，更是刻意與梁啟超打對臺，這在當時是一件很引人注目的大事。一九三二年，錢穆講授「中國政治制度史」，這堂課也造成一些波折。當時北京大學有人反對開設這堂課，他們認為中國政治制度就是專制，不值得開一堂課討論。因此，錢穆藉由「中國政治制度史」表達他認為中國不是專制的看法。同時，錢穆也開始編纂課程講義。一九三三年，錢穆開始講「中國通史」，這些講義就是後來《中國政治歷代得失》的基礎。除了課程外，錢穆在當時也有許多學術討論。一九三五年，他在《禹貢》雜誌上討論中國「北強南弱」的問題，後來也成為《國史大綱》的一部分。最後，一九三八年，陳夢家勸錢穆撰寫「中國通史」，錢穆正式開始動筆。然而，其實在此之前他已經累積了很多的筆記與草稿，所以才可以在一九四〇年的六月完成《國史大綱》。值得注意的是，這是一本未完成的書。此後，錢穆不斷修改，一直到一九七〇年，都還在與嚴耕望討論《國史大綱》的修改問題。

在《國史大綱》的撰寫之外，《中國政治歷代得失》的發展也是同時並行的。一九五一年，錢穆在臺北政戰學校講授「中國歷代政治得失」。《國史大綱》中許多政治制度的部分，搭配《中國政治歷代得失》會更為清楚。接著，為什麼《中國近三百年學術史》也很重要？因為，儘管錢穆的學術最主要的貢獻是在學術思想史，但《國史大綱》學術思想史的篇幅並不多，故而我們必須搭配這本書參照，才會比較清楚他對明清政治、社會與文化的整體看法。此外，錢穆對中國歷史有一個很根本的看法，他認為理解中國史一定要從宋史開始。宋明學術是中國整個近世中國的根源，所以我們要理解明清史的話，宋元學術一定要懂。因此，在這個概念下，《中國近三百年學術史》就相當重要。

總之，從上述一九三一年到一九五一年的發展，我認為有四個重點。第一，《國史大綱》的背景必須從新文化運動開始，錢穆是為了反駁新文化運動者的觀點。第二，他是在抗戰時期動筆，也就是說《國史大綱》是挖掘中國文化，鼓勵大家在艱苦的困境下奮起。第三，一九四九年之後，錢穆還是繼續講，對錢穆而言，講中國文化也是有反共的意義。第四，《國史大綱》有強烈的現實關懷，他討論的問題絕對都是與現實相關。那個時代的史學家，幾乎都有強烈的現實關懷。在現實關懷之下寫歷史，就帶來兩個問題。第一是他們到底是要提出觀點，還是蒐集材料？第二個問題是要寫通史還是斷代史？對於這兩個問題，錢穆其實他都有他的解答，他的解答其實都跟當時的主流不是太符合。

首先，在蒐集材料或是提出觀點上，傅斯年認為史學便是史料學，近代歷史學只是史料學。當時史語所是主張這種史學態度。一直到了一九八六年時，繼續檔案整理工作的張偉仁也認為，我們只要整理這些檔案，不要做研究，只要把史料整理出來就好了，不需要帶入我們的研究觀念。但是錢穆不一樣。錢穆在撰寫《國史大綱》以前，就已經指出中國並不缺乏積存的歷史材料，而是缺乏今日所需的歷史知識。他認為時代改變也需要不同的知識，因此歷史需要以不同的問題意識不停改寫。當務之急，是一種簡要而有系統的通史。接著，撰寫《國史大綱》時，他又說中國沒有歷史智識。錢穆所謂的歷史智識，就是指一種隨時變遷與現代種種議題有密切關聯的知識。相較於傅斯年主張斷代史，他認為現在是一個專家的時代。因此，儘管北大需要中國通史的必修課程，但北大找不同斷代的老師分別授課。然而，錢穆爭取自己一個人教通史，他也強調通史必須在一年之間講完，不能間斷。總之，錢穆不但要提出觀點，還是要以通史的方式來表現。

接著，我們討論《國史大綱》中的明史與清史。《國史大綱》沒有明顯地將「明清史」作為一個整體的意識，要理解這部書中的明史跟清史，就得先把它們分開來看。錢穆是在中國歷史整體的發展角度，分別討論明史與清史，但是他也注意到明代跟清代有很密切地關聯，「明清史」本不是一個理所當然的分類。錢穆在當時並不是一位以明史、清史抑或明清史聞名的史家。當時真正以明史、清史聞名的孟森（一八六八－一九三八），其實也沒有明確的明清史概念。譬如孟森最著名的《明清史講義》，在當時是分為《明史講義》跟《清史講義》兩本書，是後來的出版社將二書併為《明清史講義》。

錢穆在中國通史整體的發展脈絡下，注意到明史跟清史有非常密切地聯繫。這就必須要回到上面，談到歷史分期的問題。進入二十世紀之後，許多學者都想要重新解讀中國歷史。梁啟超就批評中國以前的歷史寫法，都是一朝一史，即使《資治通鑑》這種所謂的通史，也是一朝一代的講述。梁啟超因此建議學習西方歷史的寫作方法，採取上古史、中古史、近世史這種分類。在這樣的風氣下，當時許多人採用西方分期方法。一九〇一年到一九〇三年，粗略估計翻譯了一百二十種日本的歷史或地理著作，這些著作就是使用上古、中古、近世的分期。因此，中國教科書也模仿日本人的做法，如呂思勉、夏曾佑、劉師培等人也都使用這個分期法。換句話說，錢穆以朝代分期，反而是一種非主流的做法。這種討論其實至少到一九三〇年代社會史論戰都還在激烈地論戰，到現在其實都還不是有答案的一個問題。

《國史大綱》的架構已經顯示錢穆對明清史的基本態度。錢穆的著作中，目錄與大綱是進入錢穆思考的重要線索。《國史大綱》分上、下兩冊，八編四十六章，前面的五編就是上古三代、春秋戰國、秦漢、魏晉、隋唐；明清史主要是在下冊，下冊包括兩宋、元明，還有清代。值得注意的是，錢穆把宋以下劃入下冊，其實跟我們剛剛講的中古、近世分期法有點類似。錢穆強調唐宋之際的大變遷，以及安史之亂後中國進入新局面。這些說法跟日本學者的思考很雷同，譬如內藤湖南就提出了中國近世說。關於錢穆這些看法與日本學者的關係，目前學界沒有定論。但可以說，當時有一個這樣的共同趨向。

明清史在《國史大綱》的第七、八編，分別被劃分在「元明」跟「清代」，並沒有一章叫作「明清史」。首先，我們來看元明之部，這部分主要講的是唐宋以下的發展。第三十五章〈暴風雨之來臨〉討論元代，錢穆對元代評價非常低，講得也比較少。再來是第三十六章、三十七章，討論傳統政治復興下之君主獨裁，這兩章主題是明代政治。值得注意的是，三十八、三十九、四十、四十一章為元明之部，可是當錢穆在三十八、三十九、四十章，討論南北經濟文化時，卻是從安史之亂一路講到明代。換句話說，元明之部是從宋代開始。同樣地，四十一章〈社會自由講學之再興起〉也是從宋代開始，討論宋代的學術如何發展、延續到明代。

接著，清代之部的討論時段相當值得注意。《國史大綱》的清代之部，除了滿清入關、盛清之外，也包括中晚清，以及清末的狀況，並一路講到抗戰勝利跟中華民國建立。這點，在現在可見的清史研究中，是相當少見的。總之，《國史大綱》的章節安排告訴了我們什麼？第一，錢穆是用「博綜會通」的特色，去講整個中國歷史，明清史當然也是在整個中國通史的角度下理解。因此，錢穆不僅是重建歷史事實，而是把他認為中國歷史中最核心、最本質的東西指認出來。再來，錢穆跳脫就斷代論斷代的方式書寫，他超出「明清」的範圍，而是由「兩宋」進入「元明」再進入「清」，最後一路講到真正的晚清與清末。最後，緊接在清朝滅亡後的是辛亥革命以後之政局、文化革命與社會革命、三民主義與抗戰建國。這都顯示《國史大綱》的明清史具有強烈的現實關懷。

通史視野下的明清史

明清史目前發展得非常地豐富且多元，研究成果不計其數。因此，在此要強調，這裡的重點只放在《國史大綱》中的明清史，也就是說，錢穆認為明清史中什麼是最重要的議題。以下第一個重點是明清之專制，第二個重點就是南北經濟轉移的大趨勢，以及連帶的民間社會學術興起變化。

生原與病原：士人政治與專制

與錢穆同時的許多學者都批評中國就是專制，包括傅斯年、毛子水（一八九三－一九八八）、張君勱（一八八七－一九六九）、徐復觀、蕭公權。因此，當錢穆發表《國史大綱》，強調中國並不是專制，而是士人政治時，就受到許多辯駁，這些反駁的重點一方面是說錢穆講錯了，一方面是批評錢穆根本搞不懂「專制」的意思。但是，錢穆思考的重點並不在於專制的定義，以及中國是不是專制。錢穆的基本原則是，要以中國自身的標準去理解中國政治、文化。換句話說，對錢穆而言，如何準確認識中國政治的特質跟發展，才是他最關心的事情。

《國史大綱》〈引論〉有一段話非常重要，是讓我們理解《國史大綱》明清史的關鍵鑰匙，這段話在〈引論〉的第二節。錢穆認為，一個民族國家有自身的「生原」與「病原」——「生原」是指生力，「病原」則是「病態」。錢穆認為，生原是一個國家的潛在本力，它是一個根本的動力，這個本力會推動民族、國家與文化一切的發展；病態就像生病，是來自於外在。一個民族、國家與文化會有一個根本的發展，但也會遭遇到種種外在所導致的病態。所以我們探究生原，是要看一個國家根本、古老的部分。至於病態，則要從近代的部分下手，思考中國到底生了什麼病。這部分，錢穆認為要從明清開始看。錢穆討論明清史時，是從安史之亂的變遷說起，他注意到安史之亂後，中國有一個非常大的變遷。簡單來說，錢穆認為安史之亂以後，中國主要有三個問題，一是社會與皇室及政府的距離拉開，雙方脫節，上下無法溝通。二是社會雖然越來越平等，但沒有力量必須仰賴政府，但雙方又已經脫節。三是科舉失能，以前用來溝通政府跟社會的科舉也逐漸失去功效。錢穆在討論明清史時，即是集中在這三個問題。

「生原」跟「病態」的概念將幫助我們更理解錢穆怎麼看明清史。許多當代學者指出，錢穆認為中國政治不是「專制」而是「士人政治」。[4] 如此對錢穆的描述並沒有錯，但當我們在理解《國史大綱》的明清史時，情況就比較複雜。錢穆認為士人政治是中國政治的生原，但到了明清時期，確實發生了政治專制的病態。換句話說，錢穆並沒有否認中國政治有專制的問題，他只是不同意大家把專制當作是中國政治的本質與常態。

錢穆認為，中國到了明清時期其實是出現了病態。雖然，大家都很清楚錢穆是以溫情與敬意看待中國史，但是他對明清史的批評卻是比較多且嚴厲的。在《中國歷代政治得失》中，錢穆指出明清兩代可以說是專制以及皇帝獨裁，但他不認為明清以前也是這種狀況。錢穆認為中國的「生原」是士人政治，在士人政治的原則中，皇權跟相權是劃分且彼此制衡。但是，明太祖（一三二八—一三九八）時廢相，從此之後皇權與相權就分不清楚，皇帝某種程度代理了相權。當皇權與相權互相節制的機制消失後，中國就可以說是一種專制。總而言之，就錢穆對中國歷史的整體態度而言，他認為中國是士人政治，但若是只看明清史的部分，錢穆同意中國是專制的。對錢穆來說，明清的發展正是中國專制的發展，也就是中國病態的發生。

---

4 事實上，問題並不在於中國是否專制。真正重要的是，我們該如何準確地認識中國政治的特質與發展。相關討論請見閻鴻中，〈職分與制度——錢賓四與中國政治史研究〉，《臺大歷史學報》三十八期（二〇〇六年十二月，臺北），頁一〇五～一五八。

大體而言，錢穆認為，宋代有懲於五代的軍閥問題，走向相對中央集權的路線。同時，宰相的權力也被分散，權力慢慢地集中在皇帝身上。元代統治者為了防止漢人反動，所以壓抑士人的地位。明代更進一步廢相，擴大皇室，並且防範士大夫。這就是中國政治的歧途。因此，錢穆用了病態、歧途、退步、惡化這些詞來形容傳統政治的發展。錢穆同意，廢相之後中國制度上是君主獨裁。但是，明成祖（一三六〇—一四二四）以後的皇帝沒有能力也沒有意願治國，因此政府機構無法運作，而有意願進行改革的大臣失去了宰相這個職位。因此，大臣成為名不正言不順的權臣，甚至要聯繫宦官，反倒激起其他士大夫的反對，這就造成了晚明之後的黨爭問題。至於清代，錢穆對清代的評價相當地低，他認為清代是部族政權，延續並加劇了明代的病態發展。

關於明代政治惡化，錢穆相當重視明代內閣制度的演變。明太祖廢除宰相後，吏、戶、禮、兵、刑、工六部，變成六部長官，就等於有六個行政長官。但是皇帝還是需要人幫忙，因此就出現了內閣大學士，內閣大學士基本上只是屬於顧問與祕書的性質，但是因為這個職位是皇帝的親信，所以掌握了某一些權力。內閣大學士是五品官，官品很低，所以為了要推行政治運作，他們通常會兼任某一部的尚書，必須仰賴二品的六部尚書行政長官身分，才能名正言順地推行政策。基本上，內閣大學士是顧問或祕書，所以他只能建議皇帝，並以條旨或是票擬的方式，回應皇帝的諮詢；皇帝若是認同，便以紅筆批示，發下給六部長官執行。總之，發布命令的其實是皇帝，也就是說權力的來源在於皇帝，而不是內閣大學士，所以從制度上而言，內閣大學士沒有權力去管六部。這個制度在明太祖與明成祖時還可以運行，但是到了萬曆時期，正如同黃仁宇（一九一八—二〇〇〇）《萬曆十五年》所言，萬曆皇帝不上朝辦公。大學士寫了條旨需要皇帝朱批，但是皇帝不辦公，事情就不能做，大學士又叫不動六部，這時候條旨上陳以後，皇帝與內閣大學士之間就出現了一批宦官。譬如說，張居正（一五二五—一五八二）雖然身為大學士，但他想推行政務也必須與宦官馮保（一五四三—一五八三）合作。從當時的許多記載來看，士大夫是很不滿的，他們認為張居正勾結宦官。總之，我們在這裡可以發現，明代廢相之後走向君主獨裁，雖然明太祖與成祖有能力獨裁，政治可以維持運作，但是後來的皇帝沒有能力與意願，制度上就會產生這些弊端。因此，錢穆認為這是中國政治惡化的關鍵時期。

總而言之，錢穆認為明代已經惡化到病態的程度。這個病態的關鍵是明太祖廢相，從此皇帝直接統領六部。雖然皇帝也依靠內閣大學士幫忙政務，負責票擬，但皇帝掌握了最後的權力，最終是由皇帝下朱批去執行政治。此後的皇帝倦怠了，就導致權臣跟宦官的勾結。這是明代一直到滅亡前的大問題。

錢穆認為，中國政治惡化的趨勢在清代更為嚴重。要提醒的是，錢穆對清代有許多偏見，現在的清史學者紛紛提出不一樣的看法。這裡我們先不看這些學術爭議，僅就從錢穆的角度去看。

在《中國歷代政治得失．清代》中，錢穆指出清代所有的制度都是根據明代，更在已經不好的制度設計中，加入了許多私心——錢穆所謂的私心便是標題出現的「部族政權」。對錢穆而言，清代是以八旗為統治階級，不準確地說，也就是一群特權統治階級。他認為，清代其實就是以這一群統治階級的利益為優先，作為統治整個中國的前提，因此特別壓抑漢人。清代一方面延續君主獨裁的發展，並且加上滿漢區別的制度設計。以尚書為例，尚書就需要一個滿人尚書長官、一個漢人尚書長官，事實上滿人長官的權力又比漢人長官大，這就使得獨裁的狀況變得更嚴重。此外，清代對於漢人又採取懷柔利用與高壓並行的統治方式，換句話說，就是胡蘿蔔與棒子。清廷一方面利誘，所以漢人也漸漸失去骨氣；另一方面是高壓，譬如大家熟悉的文字獄，也使得漢人不敢反抗。所以在這樣的情況之下，政權集中在中央，而這個所謂的中央，特別就是錢穆講的「部族」，也就是八旗。對錢穆來說，清代把中國的獨裁病態發展得更為惡化。

清代的部分由於錢穆講得比較少，本文將參考一些近代的研究。許多學者都同意，不論好壞，清代很多制度是延續明代的，所以我們一般才會將明清放在一起討論。清代的政務運行方式其實相當複雜，根據李文杰的研究，清代本來是用題本與奏本進行朝會，也就是宮廷劇裡面的場景，大臣們跪在下面，皇帝在上面發布命令，但實際上並非如此。事實上，皇帝不會天天面對眾臣，實際的進行方式是，大臣們把要報告的事務寫在題本、奏本，再送上內閣。接著，內閣大學士一樣先進行票擬，換句話說，內閣大學士閱讀了這些公文，並且寫下意見；最後，再由皇帝批示，然後就發下六部執行。這便是清代基本政務的運行程序。然而，康熙時開始有了奏摺制度，大臣們直接寫奏摺給皇帝，不再通過六部，大學士也不再進行票擬。皇帝透過一個新的機構「奏司處」，可以直接看到這些奏摺，因此在大臣與皇帝之間就可以容納許多祕密，皇帝可以直接下達密令給負責辦理的處司。雍正時期設立軍機處，這個態勢就更為明確。從此，就是由皇帝直接先閱讀奏摺，再發下去給軍機大臣辦理。總之，本來具有先行票擬權力的內閣大學士，至此已經失去了這個權力。

值得一提的是，大家都很熟悉咸豐皇帝（一八三一－一八六一）過世之後，慈禧太后（一八三五－一九〇八）爭權的過程。慈禧太后跟恭親王奕訢（一八三三－一八九八）想要把六大臣排除在權力核心之外，不但是一個有趣的故事，其實也與上面談的制度有關。這場政爭的制度背景是，當咸豐皇帝病情不樂觀時，他想要恢復過去內閣大學士先行票擬的制度。然而，他的想法正好與我們剛剛談的、整個明清內閣大學士虛化的過程違逆。也就是說，咸豐皇帝的授意下，六大臣也自以為恢復到當初的權力，要進行票擬，讓慈禧太后變成橡皮圖章。但是慈禧太后不願意，所以才發生了後來這場政治鬥爭。總之，從慈禧太后的政爭故事，我們可以知道明清的政治就是一路往君主專制、君主獨裁的路線發展。當內閣大學士想要拿回某種程度的權力，足以節制君權的時候，就發生了政爭。[5]

既然對錢穆而言，明清是一個病態的發展階段。那麼，中國真正的本質是什麼？其實就是士人政治，他認為士人政治在明清是被壓抑的，而錢穆主張中國史的演進是由士階層的主持跟領導。我們看錢穆講上古史與中古史時都非常清楚，他對宋代的討論就是強調士大夫的自覺精神，前面有學者專文討論過這部分。錢穆在談宋代以降時，不斷強調自覺精神，他認為這種自覺精神可以說是中國某種程度的宗教；余英時則是用政治主體意識去解釋自覺精神。錢穆認為傳統政治就是士人政治。秦、漢時的政治發展，就呈現政府與皇室互相節制的情況。他認為政治脫離皇室，君權與相權互相節制，這才是中國的正途，也就是中國的「原力」。但是，宋代皇帝開始分化宰相的權力時，就是走偏的開端。但是，錢穆並不認為宋代如明清般惡化，這是因為他相當看重宋代的儒者，錢穆最喜歡的士大夫們，包括范仲淹、朱熹等等，他們試圖要重新以學術去領導政治，想要提高宰相的權力壓抑君權，這正是錢穆最看重宋代學術與宋儒的原因。錢穆指出，這時開始有一種士大夫以天下為己任的「自覺」，這是當時的時代精神，主持並且領導中國史的演進。他也認為，正是這股士大夫的自覺精神，所以當時的儒者有一種以儒學矯正現實的抱負，他們不願意只是聽從皇帝的命令，而是要去節制皇帝。換句話說，就是要用「道統」去限制「政統」。對於錢穆而言，自覺精神是整個中國最重要的精神。

由於重視士人政治與自覺精神，錢穆對於明代的稱讚，多半集中在有利於培養士人精神的部分。接著，我們來看他屢屢讚許的明代學校制度以及考試制度。《國史大綱》關於明代優點的部分，很大的篇幅是學校制度。錢穆認為，學校跟考試這兩件事是不一樣的，學校重視的是培育，考試重視的是選拔。錢穆指出，明代一開始是很重視學校教育的，府有府學，州有州學，縣有縣學，甚至認為明初的學校制度比唐宋兩代還完善且興盛。在明初，士人只要通過考試，就可以去國子監或是翰林院。明太祖的設計是，進入國子監的學生，會被派去做一些很實際的政務，譬如收稅與丈量土地，明太祖希望學生在實務中磨鍊實際的政治歷練，而不只會讀書。接著，翰林院就更重要了。我們現在看宮廷劇，容易誤會考上進士就等於功成名就，但事實上，就明初的設計而言，考上進士之後還要入翰林院讀書，而且進入前還需要再經過考試。翰林院是一個儲才養望的地方，進入翰林院後，基本上不用工作，每天悠閒地讀書，會有大官來講課，帶領大家認識政治。也就是說，翰林院集合了一群最優秀的年輕人，彼此學習、互相討論，並且累積人脈與實際經驗。明初透過這樣的制度設計，將考試與培育融合得相當密切。錢穆認為，經過這樣的培育，才能夠養成既有學問、又有實際辦事能力的士人，進而實行好的士人政治。但是好景不常，這樣

5　李文杰，《日暮乾清門：近代的世運與人物》（上海：上海人民出版社，二〇二〇）。

的設計，不久之後便腐化了。明初的制度設計在理想上，先經由科舉考試選拔，而後進入學校進行培育。可是，到了後來大家只重視考試了，當時的學校已經失去教育的功能，士人考取功名後，在地方上有一定的權力，可能就作威作福，反而造成很多社會問題。除了培育機制出現問題外，考試也開始惡化，只考八股文，大家也已經不像前面講的具有歷練與學習的機會。所以對錢穆來說，明代的教育與考試制度就腐化了。

腐化的情形到了清代更為嚴重。錢穆討論清代時，是以異族政權為前提。因此，清廷延續明代的考試制度，是威脅利誘漢人讀書人。清代的書院全部都是官辦的，只講程朱學，而且是一種僵化的程朱學。錢穆認為，清政府的這種措施，是為了全力打壓宋代以來的士大夫自覺精神，包括像乾隆與雍正，他們都明白地反對「天下之亂付之宰相」的說法。再以學術的角度來看，錢穆認為明末清初遺留下來的士大夫還有遺民精神，但是在乾隆中後期考據學流行之後，這些士大夫的精神也消失。用錢穆的話來說，就是中國士大夫失去了「秀才教」這種所謂的宗教精神，也可以說是失去了政治主體意識。到了嘉道時期就更惡化了。曾國藩（一八一一－一八七二）就說過，當時士大夫為官，都表現出一種寬厚的態度，講一些模棱氣象，不黑、不白、不痛、不癢的話。換句話說，曾國藩批評當時官場很鄉愿，大家不敢講真話、得罪人，也不願意點破問題，大家都只願意當個「好人」、「好官」。這是清代、特別是清代中期之後，自覺意識或是說政治主體意識消耗殆盡的現象。

總而言之，錢穆對於中國是否專制的思考，不是一個簡單的「是或不是」的問題，還需要跟生原、病態的概念一起看。所以，在明清史的部分，錢穆講的中國政治的生力，也就是士人政治；中國政治的病態，也就是專制的部分，在明清時期是一種互相消長的關係。到了清代，士人政治已經被專制消磨得很嚴重了。接著，我們來看錢穆認為的兩個「絕大」的變遷。

南北經濟轉移：南強北弱的趨勢與原因

無論在一九四〇年代《國史大綱》面世，以及至今的討論中，一般比較注意其中中國政治制度史的討論，學者們會關注中國是否專制，以及士人政治的問題。然而，《國史大綱》的內容顯示了錢穆對地理學與經濟史也有很強烈的興趣，第七編「元明之部」的七章中，經濟方面便佔了三章。錢穆的《國史大綱》是以通史的眼光，來看待中國歷史，所以明清史也必須在唐宋以降的發展脈絡來理解。錢穆特別指出這段期間，中國的發展趨勢，從以黃河為主轉變為以長江為主，也就是從北往南發展。

錢穆對地理學的興趣，來自於對當時現實議題的關懷。一九三〇年代，陶希聖（一八九九—一九八八）辦了討論經濟的《食貨》雜誌，顧頡剛則創辦討論地理的《禹貢》雜誌。儘管錢穆的學生，建議錢穆辦專講制度的《通典》，但事實上，他也相當重視地理與經濟。一九三五年前後，錢穆於北平舊書店買到顧祖禹（一六三一—一六九二）《讀史方輿紀要》，便立刻撰文刊於《禹貢》。一九四〇年前後，錢穆建議即將上戰場的西南聯大學生要注意軍事地理，需隨身攜帶《讀史方輿紀要》；當時學校也要求他開設軍事地理的課程。《國史大綱》完成後，錢穆動筆撰寫了《史記地名考》。一九五〇年代到一九七〇年代間，錢穆與嚴耕望通信時，還是在思考要如何將《國史大綱》中的地理部分呈現得更清楚？由此可見，從一九三〇年代開始，錢穆就有濃厚的經濟地理方面的關懷，這也伴隨著《國史大綱》發想、創作與後續修改的過程。

《國史大綱》關於〈南北經濟轉移〉的部分共有三章，分為上中下篇。首先，上篇主要是談現象，指出中國的國力有一個從北到南的轉移。錢穆認為，近世中國的新基運在南方，這當然也是與當時的現實政治有密切地關聯。在這裡，他一一舉證如漕運、絲織業、陶業、木棉、鹽、茶、鐵礦、漁業，說明這些產業慢慢都從北方移到南方。就文化而言，錢穆列出南方考中科舉、當上宰相的人數，也逐步增加。再就行政區劃的角度，他指出南方的行政區劃越分越細，是因為人口增加導致治理上的複雜化。相反地，北方則因為人口移出，所以很多行政區域不僅沒有細分，反而合併。現象層面的敘述比較容易理解。接著，中篇討論原因時，錢穆特別討論黃河水患與北方社會經濟文化緊密的因果關係，他以一整章的篇幅，反駁自然因素導致南強北弱的現象。相對而言，我們現在有些學者喜歡用全球氣候變遷的角度，解釋朝代或帝國的衰亡。但是，錢穆很強硬地指出，南北重心轉移的主因不是氣候，並且特別反駁「黃河為中國之患」的說法。

「黃河為中國之患」的說法在當時相當流行。中唐以後，即有這個說法，經過宋元明清歷代之相傳後，這種說法日益堅固。一八六八年，來到中國的西方人，也給予黃河負面的形象：「中國之患。」（China's Sorrow）接著，一九三三與一九三五年，黃河流域發生空前的大水災。一九三、四〇年代，又因為長江、黃河頻繁的水患，許多知識份子——包括地理學家以及其他領域專家——都參與討論。在這樣的背景下，錢穆在一九三五年就寫過相關討論文章。然而，錢穆並不認同問題的關鍵在於自然災害，他認為關鍵是「人」的問題，表示黃河之所以成為「中國之患」，並不只是黃河的自然因素，而是因為中國的政治敗壞，由於北方戰爭不斷，外族不斷在北方「作亂」，再加上河工治理也有問題，如元代並沒有好好地經營、管理北方的土地。是這些人為的因素導致黃河的災害，所以才會有南北偏重的轉移。相反地，為什麼南方的發展會越來越好呢？錢穆認為同樣也是人力。他指出，宋代開始以政治力推動社會，做了種種地治河措施，使得天然環境越來越好，有利於人們利用。總之，他認為江南的財富累積是建立在唐中葉以後，特別是宋代的人力經營而來，到了明代北方的財富便都轉移到南方了。當然，錢穆也指出連帶而來的賦稅不均、土地兼併以及貧富差距等等的問題。南北轉移的種種優點與缺點，都一併延續到清代，甚至是錢穆所處的時代。

《國史大綱》的章節安排，為什麼要在明代的部分，突然插入三章，如此大篇幅地討論經濟與地理的問題？這就與錢穆要談的第二個「絕大」變遷——社會學術氛圍有關。

社會學術氛圍：興起與衰弱

前面提到，錢穆的學術成就很大一部分是思想文化史，但是《國史大綱》中卻佔了比較少的篇幅。以章節比重來看，經濟地理佔了三章，社會學術氛圍卻只有一章。錢穆自己其實解釋過，他認為學術絕對是最重要的，但受限於《國史大綱》的體裁，與其講得語焉不詳，不如別講。因此，大家若想了解錢穆談明清學術思想的部分，可以參考《中國近三百年學術史》與《中國思想論叢》。在此，僅集中於《國史大綱》的內容討論。

《國史大綱》明清時期的社會學術氛圍，必須在我們前面談的脈絡中理解。政治上，士人政治惡化為專制政治，士人精神逐漸消逝；社會經濟上，南方越來越富裕，社會也越來越蓬勃。錢穆認為，這兩個因素促使宋代以下，南方的社會學術氣圍的興盛發展。錢穆同樣在通史的眼光下觀察這個趨勢。因此，要充分地了解，就必須跳脫「明清」的框架，從宋代講起，並一路看到晚清。

首先，錢穆在宋代〈貧弱的新中央〉一章後，緊接的是第三十二章〈士大夫的自覺與政治革新運動〉，討論宋代士階層的自覺精神。接著，跳到第四十一章，也就是接著〈南北經濟文化轉移〉後面的是〈社會自由講學之再興起（宋元明三代之學術）〉，討論民間學術的政治與社會環境。再來，第四十四章〈狹義的部族政權下的士氣〉，指出清代的政治與學術脫節。最後，在第四十六章〈除舊與開新〉，指出明清時段士階層失去自覺，學校也失去宋代的書院精神。

從分散在各章的討論可以發現，錢穆一方面討論宋代以下士人的精神，如何被君主專制消磨；另一方面，他也指出社會上卻有一股新的力量——士的自覺精神。錢穆認為，來自民間的「士」的自覺精神，是以南北社會經濟轉移為基礎。首先是印刷術的發展使得書籍普及，學術流傳得以廣泛。接著，正如同前面提到的，由於皇室政府跟社會越來越脫節，社會失去了政府的幫助，因此社會上的「士」承擔起這個責任，成為一股新力量，負責領導社會與監督政府。再者，書院與學校的發展，也成為士階層興起的基礎。宋代是採取聚徒講學的形式。到了明代，也就是錢穆稱讚學校制度，承擔了培養人才的責任。明代後期，則出現了講會，講會可以吸引許多人前來聽講，參加的人員也很廣泛，除了士大夫之外，還包括商人、農夫等等。雖然主體仍是士人，但可以反映當時社會對學術的興趣，以及講學活動的熱潮。這樣的背景加上陽明學盛行，士人關心的學術就不再只是家庭禮教與國家制度，而擴及到宇宙人生等等的面向。除了學術面向的擴大外，他們對社會產生一種自覺意識與責任感，會進行種種社會事業，如義莊、社倉、保甲、書院與鄉約等。

以上是民間學術崛起的背景，接著我們要來看這股民間力量的學術核心——宋明理學。伴隨著上述社會學術氛圍的，正是宋明理學的發展。錢穆認為，宋明理學是一種士人集團的學問，他們所談的「理」近乎是一種宗教精神。因此，士的自覺精神不完全等同於政治意識，而存在宗教性特徵。他們關心的問題不再只是以前的典章制度與禮法，以及佛法比較出世的那一面。宋代理學家開始關心宇宙人生的道理，他們也有一種覺醒意識，除了政治面也開始有社會與教育面的關懷。到了明代，正如前面所述，社會上的講學越來越蓬勃。

然而，這股來自民間、社會的學術力量，到了清代就衰落了，這又是明清的「病態」所導致。錢穆認為，滿清入關之後，許多明代士大夫拒絕與清政府合作，成為「遺民」，這些遺民不願參加科舉，也抗拒任官，因此他們就只能務農、經商或是從醫。換句話說，這些成為遺民的士人，失去了傳播學術文化責任的位置；到了乾嘉時代更是每況愈下。錢穆認為清廷威脅利誘士大夫，一方面施行文字獄，讓士大夫不能暢所欲言；另一方面則是獎勵考據學。在這樣的條件下，乾嘉時期很多士大夫開始從事接近現代意義下的學術研究，這些研究是相對不會觸犯到政治問題，如考證字音、字形等等。在這種學術氛圍之下，士的自覺精神與責任感就越來越薄弱。同時，雖然清代推崇宋明理學，但是他們僅強調朱子學講究綱常名教，維持政治穩定的那一面。清代的理學已經不是宋明時期那種講求政治承擔，甚至敢於以道統節制政統，限制皇權的那種理學。因此，錢穆認為清代的朱子學已經失去了其宗教性意義的士人精神。

錢穆對清代的學術與理學抱持著非常負面的評價。雖然在《國史大綱》講得不多，但看《中國近三百年學術史》與《中國思想史論叢》，會發現錢穆認為清代講理學的士人，如陸隴其（一六三〇—一六九二）、李光地（一六四二—一七一八）與熊賜履（一六三七—一七〇九）基本上順從皇帝的命令辦事，卻不敢持理學反抗皇權。他們頂多是個「好官」，是有負面意義的「理學名臣」，他們在學術與政治上不敢有意見，更遑論創新，因此都沒有發揮士大夫與理學的真正作用。晚清的狀況更嚴峻，當時講理學的人甚至是「假理學」。若不從批評的角度來看，「假理學」是一種照著經典、照著官方解釋的理學，表現出穩重、持平的態度，不存在懷疑與反叛精神，晚清很多講理學的士人其實就只是如此。對錢穆而言，這些人完全失去當初宋代的理學與士人精神。總之，從《國史大綱》討論學術的這幾章可以發現，錢穆認為中國學術的精神到了清代已經被消磨殆盡，晚清時則完全走向衰敗，甚至可以說，晚清已經沒有所謂的學術界了。清中葉以下思想界空虛，士大夫們紛紛投入佛學，地方上也由於失去了士人這種中間力量，興起許多地方性宗教，如白蓮教、太平天國等。錢穆認為清代學術與士大夫的腐化，直接影響了晚清的政局。當晚清發生變局時，士大夫無法積極地提出回應，同時，社會與政府越來越脫離，社會上即使有一些好的想法與建議，也無法上達。錢穆看重的學校，完全由政治力主導，士人只學習八股文，準備科舉，即使是晚清的新式學校，也只是從學習八股變成學習西學以求官職，不再有宋代的那種自覺精神了。

最後，《國史大綱》是一直談到辛亥革命以後的，儘管篇幅較少，但也應該視為明清史的最後一部分。延續前面的觀點，錢穆認為晚清一直到辛亥革命以後，不僅政治完全衰敗，即使是期待由社會來領導、改變政治，社會也是無力的。值得注意的是，雖然錢穆指出明清時期「士」在社會與民間上的力量，但他並不完全同意由社會領導政治。畢竟，他認為士是一種政治性的存在，發展成社會性的力量，其實是一種無可奈何的狀況。換句話說，正是因為政治沒有士的立足之處，才轉移到社會上。錢穆認為，若要改善中國政治，終究需要由好的政治來領導社會，而不是社會來領導政治。這也又讓我們回到前面所述，中國政治的原力是士人政治，應該由這個中國政治真正的力量，來回應當前所有的問題。

小結：如何看待《國史大綱》？

我們現在還需要讀《國史大綱》嗎？批評錢穆與《國史大綱》保守、老舊的聲音，自創作之初的一九四〇年代至今，都一直存在。另一方面，我們也不能不加思索地全盤接受錢穆的觀點。在二分法之外，有沒有另外一種閱讀錢穆與《國史大綱》的方式？特別是在今天，明清史研究發展得非常蓬勃，有各種角度的視角，也挖掘出許多不同形式與層次的史料，學者紛紛提出各式各樣的觀點。這些研究取徑與成果都提供我們對明清史有更多的認識。這裡相當值得推薦杜正勝的建議，他曾經談過他對錢穆的看法。他認為，我們閱讀錢穆的著作時要有這兩個原則：第一，不以之後的研究成果去評論《國史大綱》的缺失；第二，不以別人研究的重點，批評《國史大綱》為什麼沒有涉及。[6]總之，《國史大綱》是一部內容龐大精深，且蘊含豐富意義——無論是學術意義，或是他所反映的時代意義。值得我們一讀再讀。

6 杜正勝，〈錢穆與二十世紀中國古代史學〉，《新史學之路》（臺北：三民書局，二〇〇四），頁二三九。

歷史・中國史

重返《國史大綱》

錢穆與當代史學家的對話

作　　者 — 王汎森、王健文、孔令偉、丘文豪、徐兆安、高震寰、許凱翔、游逸飛、傅揚、鄭丞良、閻鴻中
企　　劃 — 陳建守
發 行 人 — 王春申
選書顧問 — 陳建守
總 編 輯 — 張曉蕊
責任編輯 — 何宣儀
封面設計 — 萬勝安
內頁設計 — 林曉涵
版　　權 — 翁靜如
業　　務 — 王建棠
資訊行銷 — 劉艾琳、謝宜華
出版發行 — 臺灣商務印書館股份有限公司
23141 新北市新店區民權路 108-3 號 5 樓（同門市地址）
電話：(02)8667-3712
傳真：(02)8667-3709
讀者服務專線：0800056193
郵撥：0000165-1
E-mail：ecptw@cptw.com.tw
網路書店網址：www.cptw.com.tw
Facebook：facebook.com.tw/ecptw

局版北市業字第 993 號
初　　版：2023 年 7 月
印 刷 廠：沈氏藝術印刷股份有限公司
定　　價：新台幣 690 元

國家圖書館出版品預行編目 (CIP) 資料

重返<<國史大綱>>：錢穆與當代史學家的對話 / 王汎森, 王健文, 孔令偉, 丘文豪, 徐兆安, 高震寰, 許凱翔, 游逸飛, 傅揚, 鄭丞良, 閻鴻中著. -- 初版. -- 新北市：臺灣商務印書館股份有限公司, 2023.07
416 面；17×23公分. -- (歷史.中國史)
ISBN 978-957-05-3506-8(平裝)

1.CST: 錢穆 2.CST: 史學 3.CST: 史學評論 4.CST: 文集

607　　112007548

法律顧問 — 何一芃律師事務所
有著作權・翻印必究　如有破損或裝訂錯誤，請寄回本公司更換